心理学が描くリスクの世界

行動的意思決定入門

第3版

広田すみれ・増田真也・坂上貴之 =編著

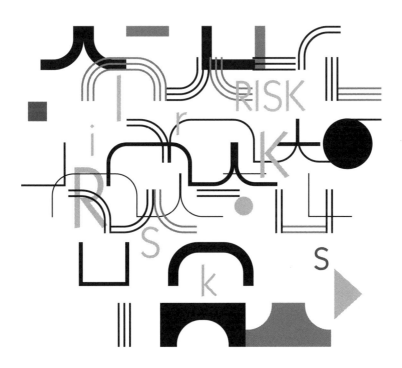

慶應義塾大学出版会

はじめに

　この本を書くことになった母体は著者3名（坂上、増田、広田）が91年秋頃から続けているU研（Uncertainty 研究会）という研究会である。当時私（広田）は慶應義塾大学大学院社会学研究科岩男寿美子研の博士課程の学生だった。修士の頃から事故・災害リスク認知の研究をしていたが、途中リスク研究には意思決定分野の知識が不可欠であることを知り、博士論文を書く前にここをどう埋めるかを模索していた。たまたま、学部で所属していた心理学専攻の坂上先生が行動経済学の専門で、やはりリスクに関心を持っていることを知り、話し合ってリスクに関する読書会をしよう、ということになった。大学院棟の休憩室に出した募集掲示に応じ、当時山本和郎研究室のM2だった増田君が勇敢にも（？）参加。それから10年、原書や論文を読み、議論をし、近年は共同研究をしている。参加者が増減し、また増田・広田の所属もいろいろに変わった。しかし、大体1～2週に1度半日かけて行って、その後夕食を兼ねて飲みに行く形式で続いている。共著者井垣・石井両氏は我々が研究会を続ける横で、いつの間にか学部生から若き研究者に変貌していた坂上ゼミの大学院生である。

　本を書く直接のきっかけは本書でたびたび取り上げる Plous の本に刺激されたことにある。この本は非常に平易に、かつ興味深くリスクの世界の基本的知見を紹介してとても魅力的だった。それで、ぜひ我々もこんな本を、という話になったのである。10年の記念にそろそろ何かまとまったものを、と考えたこともある。（……とはいえ、結局出来上がったものは我々の特徴が色濃く出て Plous の本の魅力とはやや異なったものになってしまったが。）ほとんどの編集作業は3名共同で進め、最終的には広田が全体をまとめた。

＊

　お読みいただければわかるが、本書は確かにタイトル通り心理学からリスクに焦点を当てた本である。が、恐らく多少珍しい心理学書だし、リスクの本だと思う。それは各著者の専門分野がやや異なっていることによる。坂上、井垣、石井は実験心理学で行動分析学の立場に立ち、私は社会心理学やコミュニケーション、増田は臨床的な領域での社会心理学である。一見共通点はなさそうに見える。しかし、リスク研究は極めて広い領域に跨っており、様々な学問分野、例えば経済学や生物学、統計学、工学、社会学等からのアプローチが存在して

いる。研究を進める中に他分野の知見や観点、研究者との出会いがあり、その中で自分の研究の広がりを感じる学際分野ならではの面白味があった。リスクというこの学際的なテーマには、専門分野が多少違っても共通して面白がれる広がりがあったのである。

またリスクが計量的性質を持ち、そうでありながら「でたらめさ」を内包しているというのも我々が惹きつけられる理由だと思う。計量的手法による莫大な蓄積を持った統計学や経済学は、それ自体非常に魅力的な領域である。が、これらは数学の苦手な人間には近寄りがたくもある。一方で、現実の人間の振る舞いが経済学や統計学の示す規範的な解とどう一致し、どう異なり、人間自体のどんな独自の体系やルールを持つのか、が心理学の関心の所在である。計量的アプローチの緻密・堅牢さと、迷信的な振る舞いやギャンブル志向のような人間の持つある種のでたらめさ。これらがリスク研究の中には混在し、不思議な魅力の源泉となっている。

さらにもう1つの魅力は、リスク研究の扱うギャンブル、株式投資や医療場面などでの選択行動がまさに今日的な問題で、多くの人々が関心を持つ現実の社会問題へのアプローチであることも挙げられる。

こうしてみると、もともと専門の違う人間達が寄り集まって研究会を続けられ、本を書くところまでに到ったのは、やはりこの「リスク」というテーマの特性が大きかったのではないかと思う。

＊

本書は5章から構成されている。Ⅰ章（広田担当）はⅠ-8，9を除くと導入部である。リスクの面白さの1つは社会的適用分野の広さにあり、これを伝える目的で簡単に書いた。さらりと読んでいただければと思う。Ⅱ章（広田・坂上担当）は経済学と認知心理学からの意思決定理論である。物足りない部分もあると思うが、それは経済学や認知心理学の専門書に譲る。本章の特徴は行動分析学や行動生態学等他分野との関係を意識してアプローチの違いや合理性について論じた部分にあると思う。Ⅲ章（増田担当）はランダムネスや曖昧性、社会心理学の認知不協和理論やストレス等との関係を扱っている。医療等の応用分野で必要性が高まっている決定とストレス等の問題を扱い、いわば「やわらかい」リスク研究の部分と見ることができよう。また、曖昧性研究の部分は現在我々が研究を進めている問題で、新しい知見にまとめて接していただけると思う。

　Ⅳ章（井垣・石井担当）は行動分析学からのアプローチで行動経済学や行動生態学での知見も述べられている。Ⅳ章の内容は一般にリスク研究の中に含められる機会は多くないが、それだけにこの本の１つの特徴でもある。心理学でリスクや不確実性は認知心理学の専門領域のようにとられがちだが、行動研究の分野では選択行動に関する動物実験での長年の蓄積があり、また不確実性という点に関しても近年活発に研究が行われている。実験経済学や行動生態学との交流という点でも興味深い。こういった分野に初めて接する読者もいるかと思うが、人間と動物の選択行動が同じか違うか、といった問題はさて措いて、様々な興味深い実験研究に接していただきたい。第Ⅴ章（広田担当）は集団での意思決定や事故・災害を主対象としたリスク認知やリスク・コミュニケーションを扱っている。集団での意思決定や問題解決は実験研究ならではの面白さ、意外さを味わっていただけると思う。また、後者は広田の専門であるが、現在この分野は事故・災害だけでなく、環境問題に適用領域を広げている。Ⅱ章の基礎的な知見を踏まえつつ、現実場面への応用を主とした研究がどのように進められているのかの一端を知っていただければと思う。Box は各章に関連はしているものの、直接に文中で扱えなかったり、流れの関係で本文中に含めなかったリスクに関する興味深い話題を取り上げた。内容についてはできる限り正確を期したが、お気づきの点があればぜひご指摘いただきたい。

＊

　本を書くにあたって、様々な方にお世話になった。東京工業大学山岸俟彦先生には大変お忙しい中初稿を読んでいただき、重要で貴重なご助言をいただいた。深くお礼を申し上げたい。また東京女学館大学の高野昌行先生にはⅤ章 Box の内田百閒の興味深い文章をご紹介いただいた。慶應義塾大学出版会の村山夏子氏には終始お世話になった。原稿は遅れがち、校正を何度やってもなぜか真っ赤になる原稿に、村山さんは大きな目でびっくり顔をしつつ、付き合ってくださった。可愛いイラストを描いて下さったおかじ伸氏へと共にあわせてお礼を申し上げたい。

　この本をきっかけに、私達がずっと魅かれ続けてきたリスクの世界に興味を持ってくれる人がより増えてくれれば幸いだと思う。

　　2002年2月

広田すみれ

改訂版によせて

　「本が売り切れています」というニュースを増出君から E-mail でもらったの
は初版を出して 1 年ほどたった 4 月末だった。それまでも、Amazon のサイト
で書評がついたりしたことに驚かされていたのだが、1 年で売り切れるとは実
は誰も全く思っていなかった。もちろん部数がそれほど多かった訳ではないの
で、著作の多い方なら別段不思議はないだろう。しかし、少なくとも本を出す
のは初めて、という私にとってはとても驚きだった。そして本はその後も刷を
重ね、未知の方に連絡をいただいたり、学会で「読みました」と感想を言って
いただけるようになったのである。

　追い風はあった。II 章で取り上げているプロスペクト理論の提唱者 Daniel
Kahneman は出版した年の秋、2002 年にノーベル経済学賞を受賞した。同時受
賞の Vernon L. Smith は実験経済学者で本書の IV 章と関係が深い。2005 年秋に
は某証券会社の CM に、III 章に出てくる社会心理学者 Gilovich 博士と行動フ
ァイナンスの Camerer 博士が自ら登場した。そういう意味では、時代によく
合ったところもあるのだと思う。

　売れたことが励ましとなり、また読んだ方からのリクエストもあって、修正
を加え、新しい知見を追加して、今回改訂版を出す運びとなった。約 28 ページ
が新規執筆部分である。特徴の第一は、最近の研究動向を反映し、行動ファイ
ナンスや行動的ゲーム理論など、行動経済学と関わる部分を追加した点にある。
これらはまさに今注目されている分野である。また、初版を読んで U 研に参加
するようになった方々のうち、三田地・山田両氏を新しく執筆者に迎えた。

　読んでいただいた方に比較的共通した感想として「ある領域に関心があって
買ったのだが、さらに別部分を読んだら面白かった」というものがある。それ
はとても嬉しい。編著者がいうのも何だが、この価格でこの密度はお買い得だ
と思う。まず、どこか興味のあるところから読んでいただきたい。そして、あ
る一部分に興味がある方や心理学はほとんど知らない方にも、とても広く深い
この分野をさらに知っていただくきっかけに本書がなれば幸せである。

　　2006 年 3 月

　　　　　　　　　　　　　　　　　　　　　　　　　広田すみれ

第3版刊行にあたって

　本書は初版が2002年、改訂版は2006年に出て、ありがたいことに着実に増刷を重ねてきた。ただ、初版から15年。D. Kahneman に続いて R. Thaler がノーベル経済学賞をとる等の大きな状況変化から、今では行動経済学の本が次々出版・翻訳されている。また、2011年の東日本大震災はリスクコミュニケーションという用語を一気に一般化した。こうして従来どちらかというと日本ではマイナーな領域だった意思決定（特に行動的意思決定）は急速によく知られるものとなった。第3版の企画はこの状況を受けたもので、章立て・構成を一新、内容も大幅に更新した。

　研究領域自体が知られていない時期に出した初版と改訂版は、読者をあまり限定せず研究領域を広く知らせる目的のものだった。だが多くの本が出ている今、第3版はむしろ我々の専門領域を意識し、心理学の中の意思決定領域を初学者に知ってもらう、というスタンスで、従来からの章や BOX についても心理学の概念やモデルを用いた説明、実証実験を取り入れるように心がけた。また、注目を集めている感情や直観に関わる部分は新たに章を立てた。もちろん経済に関わる章も独立させたが、全体として行動経済学の多くの本とは一線を画すものになったと思う。また近年、医療の意思決定やリスコミの重要度が増していることから、リスコミに関わる節も加えて医療系の研究や事例も増やした。さらに、今回は本書を基礎編と位置付け、授業での利用を意識した。現在、アドバンス編の企画も進めているので、発展的な内容はそちらをお読みいただきたい。

　なお、個人的にも第3版には多少の自負がある。海外の定評ある教科書は版を重ねて第10版というものも珍しくない。だが、日本では新たな別な本としての出版が多く、改訂版は少ない。それは改訂版を出してもあまり評価されないからだと思うが、そのことが授業をしにくくしている側面もある。改訂版が出れば新しい内容が追加・更新されていくので、授業をする側としては安心感もあるしやりやすいのでは、と思う。そういう意味での第3版でもある。

　なお、本書の編集にあたっては、研究会の一員で今回の執筆者の1人でもある森久美子教授（関西学院大学）に多くの助言や手助けをいただいた。編者に名を連ねることについては辞退されたが、改めてここに感謝申し上げたい。

　研究会はまだ継続し、新しい人も入ってきているが、我々も随分齢をとり、坂上先生は来年度末ご定年という年になってしまった。「光陰矢の如し」である。しかし幸い学問とは「バトン」をつないでいくものである。行動的意思決定というこの研究領域について、日本の多くの研究者にもっと興味を持ってもらい、取り組み、つながり、活躍していただく契機となる 1 冊になれば幸いである。

　　2017年12月

　　　　　　　　　　　　　　　編者を代表して　広田すみれ

〈目　次〉

BOX 目次（　）内は執筆者

※「読者のための質問集」を www.keio-up.co.jp/np/isbn/9784766423341/ に掲載。

第Ⅰ章　意思決定、不確実性と心理学

　本の売れない近年でも、書店のビジネス書の棚で元気なのが「行動経済学」の本である。また以前にも増して「意思決定」や「不確実性」を題名につけた本がたくさん並ぶようになった。「行動経済学」「意思決定」はビジネスや経営、社会問題、政治問題、そして心理学のコーナーで、「不確実性」は経済の専門書や環境問題や統計学などの理学書コーナー、近頃は医療系でも見るようになった。このような状況は、本書が紹介する意思決定や選択、不確実性に関わる問題が極めて学際的で、また社会的関心を集めていることを表している。

　しかし、以前よりも目にすることが多くなったと言っても意思決定や不確実性について、それがどんなものか、何を扱っているかについて素朴な疑問を持っている読者もいるに違いない。そこでⅠ章はこうした疑問に答え、身近な問題や社会的問題が意思決定や不確実性にどう関わっているかを簡単に紹介することで、読者に関心を持っていただくのが狙いである。

　1節を導入に、2節ではギャンブル、3・4節では少し方向を変えて事故・災害、医療、環境問題といった社会問題との関係を述べる。5節はまたさらに方向を変え、近年政治学等で関心が持たれている公共意思決定や社会的選択理論とも関わりの深い、集団での合意形成の問題を取り上げる。ここでもいくつかの専門用語が出てくるが、詳しい定義は後に譲ることにして、まずはこの分野の広がりをあれこれ見聞するつもりで読み進んでほしい。6節以降からは本題に入り、6節ではリスクや不確実性とは何かについての詳しい定義を、次いで7節では少し詳しく曖昧性に関する研究について紹介する。なおこのようにⅠ章の1〜5節は導入部なので、教科書として使う場合はこれらを飛ばして6節から入るのもよいかもしれない。

Ⅰ－1　意思決定とは

　本書は意思決定という領域を扱うことになる。しかし、意思決定とは一体何を扱う領域だろうか。最近でこそ一般的になったが、もともと意思決定論は日本ではそれほど知られた領域ではなかった。意思決定論という領域が現れてきた理由は、この領域の関心の対象や後の広がりと深く関わる。まずそこを糸口としよう。

◆　意思決定論とは

　意思決定論（decision making）とは字のとおり、「物事を決める」、言い換えれば「物事を選ぶ」ことを扱う領域である。だが、私たちが日常的に物事を選び、決めるのはごく当たり前のことで、わざわざ取り上げる必要はなさそうにも思える。だがよくよく考えると、選択というのはそれほど簡単でも軽いことでもない。

　意思決定研究の第一人者の1人、シーナ・アイエンガーは盲目のインド系アメリカ人で、著書『選択の科学（*The Art of Choosing*）』（2010）の冒頭で、「選択」に関心を抱いた背景を次のように書いている。シーク教徒でインドの習慣を守ろうとする両親の下では「何を食べ、身に付け、学ぶか、または後にはどこで働き、だれと結婚するか」は「シーク教のおきてと父母の意向によって決められるはずだった」。だが、彼女が学んだ米国の公立学校では「自分のことを自分で決めるのが、あたりまえというだけでなく、望ましいことでもあると教えられた」（p. 12）。これは彼女の両親がとりわけ敬虔だったためではなさそうで、ピュリツァー賞受賞のインド系作家ジュンパ・ラヒリの小説『その名にちなんで』（2004）には、1970年頃にボストンで光ファイバーの研究で博士号を目指している顔も知らない男（同じ地域の出身）と、親の勧めに従って婚約・結婚し、ボストンで生活しながら食べるものも身に付けるものもインドの習慣に従う女性が出てくる。考えてみれば日本社会でも、つい最近まで、こういったことは決してまれではなかった。

　このように、何かを選ぶこと、選べることは必ずしも「当たり前」のことではない。それは重要な権利であり、機会である。だとすれば、そこでどう決めたら良い決定ができるかを考えることが必要になり、それが「意思決定論」なのである。なおアイエンガーは米国社会の「選択」の自由さを強調しているが、意思決定は米国の専売特許ではなく、その源はむしろヨーロッパにあり、17世紀頃から研究が行われている。

◆ 不確実性とリスク

　加えて意思決定研究は、本書のタイトル「リスク」とも深く関わっている。選択肢が 2 つある場面で意思決定をしようとする時に、どちらか一方が自分にとって確実により良いものだとあらかじめわかっていたら、そちらを選ばない人はまずいない。とすればそういう状況では意思決定の問題は起こらない。どちらが良いか確実ではない、つまり不確実性や「リスク」があるから問題になる。例えばどちらの商品を購入すれば満足が高いか（商品を買っても使用感は 1 人ずつ違うし、そこに書かれている性能が必ずしも満たされているとは限らない）。どの大学に進学すれば良い未来が待っているか。就職するのと進学するとどちらがいいのか。乳がんで乳房切除手術を受けた方が良いのか、それとも温存した方が良いのか。ギャンブルで黒に賭けるか赤に賭けるか。いずれも結果には**不確実性**（uncertainty）が伴う。このような、確実ではないことについて、はじめはリスクという用語が、のちに不確実性という用語が使われた（正確な定義は⇒ I - 6 ）。このように、意思決定論には不確実性という問題がつきものなのである

◆ 神の手から人の手へ

　ではなぜ私たちはこういうことを考えるようになったのだろうか。バーンスタインの大著『リスク』（1998）は不確実性下での意思決定の歴史を扱って話題になったが、副題は「神々への反逆」である（原著ではこれが主題）。実は、この「神々への反逆」も意思決定論の出現に際しての大きな要素であった。キリスト教世界では、かつては不確実な未来のことは神の手の中、言い換えれば聖職者（権威者）に委ねられていた。生死に関わること、事故や災害——こういった不確実性に関することやその予想である「占い」は聖職者が司るもので、普通の人が行うような事柄ではなかった。しかし、16世紀の宗教改革や科学革命、そして確率の出現を経て、人々は不確実な物事を聖職者という権威者の「証言」（神のことば）によってではなく、証言とは切り離された、客観的な「物による証明」として確率や統計を用いて予測・把握するようになる。確率の出現は、人の生死に関する規則性の発見と生命表の作成、現代に見られるのと同様の保険の出現などと密接に関連しているが、このような時代背景が、次第に、不確実な未来を天に任せるのではなく、自分で合理的に意思決定するという意思決定論の出現につながっていくのである。

Ⅰ−2　ギャンブルと不確実性

　ではここから具体的に不確実状況での意思決定や選択研究が視野に入れている日常・応用場面を紹介する。まずは不確実性に関するわかりやすい例として、かのパスカルもはまったギャンブルから入っていこう。

◆　身近な不確実性　─ギャンブル─

　どのような結果が得られるかわからない状況で選択をする代表的な場面が**ギャンブル**（gamble）である（⇒Ⅴ−2）。競馬、くじ（lottery）、ポーカーのようなカジノでのゲームなど、我々が日常見る様々なギャンブルはみな共通した特徴がある。どれも複数の選択肢（例えば馬Aを買うか、Bを買うか）があるが、選択肢を選んだ後に、示された**結果**（例えば儲け）が実際に得られるか否かはわからない。この不確実さを取り扱うために経済学や心理学では、まず**確率**（probability）を導入し、さらにそれでは捉えられないものとして不確実性（uncertainty）に拡張したりこれを分類したりして研究を行ってきた（⇒Ⅰ−6）。「確率とは何か（確率解釈）」についてはいまだに議論があるが、当面、不確実性の程度を表す数量、というくらいに考えておこう。あるギャンブルにおいて、結果が確率的に得られる1つの選択肢を選択したとき、平均的にどの程度の金額が得られるかを表すのが**期待値**（expected value）であり、当たった時の賞金と当たり確率をかけ合わせたもので表される。

　また、不確実状況での選択には宝くじのように結果が**利得**（gain）として得られる状況だけでなく、患部の摘出手術を受けるか穏健な放射線治療を受けるかによって余命が変わってしまうような**損失**（loss）状況もありうる。ところが、不確実状況での個人の選択は必ずしも期待値に従うものではなく、様々な心理的要因に影響される。代表的には、利得状況では期待値が多少小さくても100%などの確実な選択肢を選びがちな**リスク回避**（risk averse）、損失状況では同じ期待値であっても確率の高いものは避けられがちな**リスク選好**（risk prone）の傾向が知られている（⇒Ⅱ−3）。

　確率も、理論や過去の長期的なデータから定められた**客観確率**（objective probability）ではなく、直接的には**主観確率**（subjective probability）が選択行動に影響を与えていると主張する研究者もおり、特に心理学者ではこの立場が多い。毎日の体験から、「今日はどのくらい雨が降りそうか」の確率を個人はそれぞれ主観的に持っており、それによって傘を持っていったりいかなかったりする行動に影響を

与えているという。また、個人が持っている**確信**（confidence）**の度合**と客観確率とのずれも報告されている（⇒Ⅲ-7）。

◆ 自分だけは当たる　─帰属の誤り─

　賭博者の錯誤（gambler's fallacy）は、例えばルーレットで赤か黒かに賭ける時、本来赤または黒が出る客観確率は毎回1/2であるにもかかわらず、赤が続けて出ると次の回は黒が出やすそうだと錯誤するように、特定の事象が連続的に生ずると、本来は毎回独立であるはずなのに、次回は他の事象がより生じやすくなるかのように錯覚することをいう。客観確率から乖離した人間の認知や行動は他にもある。例えば宝くじは何千万人という人が買っているから、購入者の総数を考えれば全員が当たるわけがない。しかし多くの人はこうしためったに起こらない事象であっても、多数の購買者が長期に購入し続けることで起きる珍しい現象を経験しており、こうしたことが自分に起こっても不思議はないと考えているから購入するのであろう。一方、Ⅵ章で扱う地震災害や交通事故等に対しては、逆に「自分だけは起こらない（**否認** denial）」と思っている。いずれも**帰属の誤り**（attribution error）と呼ばれる現象である（⇒Ⅲ-3）。

　何とかして当てるために努力する行動も日常よく観察される。双六であがろうとして1の目を出すためにサイコロに息を吹きかけたり、何度も手の中で転がしたりすることがある。そういう行為が結果に影響を与えることはないはずだ。が、人間はそういった確率現象に対しても何らかの働きかけをすることで、あたかもサイコロの動きを制御できるような**制御幻想**（illusion of control）を持っているのである。提唱者のLanger（1975）は様々なくじを引くときの対価を参加者につけさせた結果、参加者が自分でくじを選んだ時は、人から渡された時よりくじを売りたがらない（したがって自分のくじの方が高い価値を持っている）ことを明らかにした。また、対戦相手の身なりによっても支払う対価が違うことも観察されている（⇒Ⅲ-5）。これら統計的観点では合理的でない行動がなぜ起こるのかについて、意思決定や選択行動分野の中で現在研究が進められている。

I－3　事故・災害、環境問題のリスク

　事故や災害も意思決定論が適用される分野である。事故や災害は発生する時間や地域が事前に確実にわかるものではなく、本質的に不確実性が含まれているからである。リスクを伝えるリスクコミュニケーションは海外の意思決定研究では一般的テーマの1つで、近年では後半で述べる環境問題にも適用範囲が広がっている。

◆ 事故・災害と不確実性

　事故や災害に関する認知や意思決定の研究は、安全工学の発展の方向性とも密接に関係している。例えば地震工学では、地震災害の発生時間、発生地域を現時点では確実に予測できないものの、地域を限定してその地域に50年に1回発生する、といった再起確率の表現を用いて出現可能性を記述することが考えられている。では「50年に1回ここで地震が起こる可能性がある」と人々に伝えたら、その情報は意図したように正しく認知されるのだろうか。また、そのメッセージで人々に適切な対処行動を起こさせることができるのだろうか。交通事故や他の災害に関しても同様である。東日本大震災の後には、低線量放射線の影響について、また食品のリスクについてどのように適切に伝えるのか、また逆に人々からの疑問にどう答えていくのかはリスクコミュニケーションに課せられた重要な課題であった。

　また、社会的政策決定も重要な適用分野である。コストの制約下で様々な事故・災害のどれに対し、より優先的に安全対策を立てるべきか。その際、出現頻度が重要なのか、他に考慮すべき要素があるのか。行政機関が専門家判断に基づいて説明する方策に人々が不安や疑いを表明するのは、説明の方法が悪いのか。人々の不安にはどのような心理的機制が働いているのか、またそれを対策に生かしていくことはできないのか。言うまでもなく、これらは東日本大震災後の低線量放射線に関するリスクコミュニケーションで、そしてその後の地震や洪水といった自然災害の危険性のコミュニケーションでクローズアップされた問題である。以上のような問題はリスク認知やリスクコミュニケーション研究の分野で検討されている（⇒Ⅵ-6〜Ⅵ-8）。

◆ 環境問題の不確実性と意思決定

　環境問題も、意思決定研究やリスクコミュニケーションがしばしば適用される分野である。1998年1月の「予防原則に関するウィングスプレッド宣言」では「人間

の健康または環境に対して傷つける恐れのある活動が行われるときには、たとえ原因—結果関係が十分科学的に確立されていなくても、予防的手段が取られるべきである」（Wingspread conference, 1998）とされた。

このような宣言がなされた理由は、環境問題が不確実性と深い関連性があるからである。環境問題の複雑さと解決困難さを生み出している理由の１つに、多くの環境問題で因果関係が科学的に特定しにくい点がある。特定の化学物質や活動が、環境や人間の健康に対して影響する程度は明確ではないことが多く、どの程度危険であるかについて、専門家間でも議論が分かれることは珍しくない。実験室実験のように完全な条件統制が可能な場合とは異なり、影響は必ずしも直接的には明らかにならず、他の様々な要因と関連しながら複雑に作用する。原因—結果間に時間差がある場合も多く、結果として両者の因果関係の科学的証明はいよいよ困難になる（時折、公害等の裁判で「科学的に因果関係が特定できない」として訴えが却下されるのを思い出していただきたい）。一般社会では関係があることを強く疑われたものの、科学的な検討の結果では因果関係が見られなかったものも少なからずあり、これは人間の共変関係の認知についての心理的なメカニズムの影響もあると思われる（⇒Ⅲ-2，Ⅲ-3）。

たとえ科学的に不確実であろうとも、人間の健康や環境に影響があると推測される科学技術や活動・物質を、害を適正に制限し、合理的でかつ社会的に受容されるよう意思決定をすることは必要である。だがその際、不確実性があるからと言って予防原則がむやみに適用され予防的手段が採られるのも望ましくはないだろう。なぜなら一般的な信念には前述のような因果関係の認知の誤りも存在するからである。また関与する技術のベネフィットとの関係も考慮すべきだという考え方もあり（⇒Ⅵ-6）、防衛的に判断することが必ずしも常に社会的に有益とは限らない。1970年代に生まれたリスク・アセスメントやリスク便益分析といった意思決定手法、80年代に生まれたリスクコミュニケーションは、いずれもこのような問題を合理的に判断したいという動機が背景となっている。これらの方法はなお議論も多いが、具体的提案であるゆえに議論になっていることは確かである。このように現実の科学的不確実性の問題に対し、その評価や合理的意思決定手法、社会的合意形成手法の検討の際に、意思決定研究は重要な枠組みを与えているのである。

8

Ⅰ—4　医療意思決定、その他領域での展開

　前節では安全問題や環境分野への意思決定の関わりについて述べたが、同様に不確実性が強く関与する応用分野は医療や健康、政策など多数ある。本章の役割に鑑みて、その一端だけ紹介しよう。

◆ 医療における不確実性と意思決定

　中川（1996）によると、医学はその科学的なイメージとそうでなければならぬという期待から、正確で確実なものであると思われがちであるが、本質的には不確実であるという。というのも、膨大な要素が複雑に関わりあっている人体というシステムにおいては、ある時間を経過したときに、それがどのような状態になっているかを予測することができないからである。例えば、末期がん患者があとどれくらい生きられるかという見通しを立てても、それよりも患者がはるかに長く生存することもあれば、突然、死に至るという場合もある。こうした問題については、データを集めることで全体的な傾向については、次第に確実になっていくかもしれないが、個々のケースがどうなるかについては断言できない。

　したがって、インフォームド・コンセント（説明を受けた上での同意）を実施すること自体に難しい側面があるのだが、さらに医療従事者の患者に対する働きかけによって生じる患者自身の期待や心理状態が、症状の軽減を招いたり、治療の効果を減じたりすることがあるという厄介な問題がある。よく知られている例として、薬効成分の含まれていない偽薬が、本当の薬と同じように患者に良い影響を示すというプラシーボ効果がある。医学は原則として、化学的・生理学的な知識を基盤としているが、仮にこれらについて正確な知識が得られたとしても、医療行為が及ぼす効果には、人間関係や心理状態といった曖昧な要素が深く関わっているのである。

　こうしてみると、不確実性についての知見は医学・医療においても重要であり、不確実状況下での意思決定に関する研究の適用の射程に入ることになる。インフォームド・コンセントが浸透すれば、手術や投薬の危険性は何らかの形で患者に伝えられ、原則的には本人に治療法の選択をしてもらわなければならない。ある難病患者が治療法を選ぶときに、すぐに死ぬことはないが10年後には100％確実に死亡するような穏健治療を受け続けるか、それともリスクを伴う手術をして、成功すれば寿命が20年延びる成功確率30％の手術を受けるべきなのか？　医師が伝えようとしている「確率30％」はどうすれば正しく伝わるのか？　それぞれで示される寿命は、

20歳の患者と70歳の患者にとって持つ意味は同じなのか？ 手術について、成功するという観点から伝えるのと、失敗する確率も明示するのとでは異ならないのか？ 患者に伝えるときの、患者の情緒的な状態は決定に影響しないのか？

　患者の治療法の選択については、**期待効用理論**（⇒Ⅱ-2）に基づいて治療法の**効用**を測定し合理的決定を援助する試み（McNeil et al., 1978, p. 31参照）や、大学生が治療法に関する患者の決断を評価する際、文章中の患者の年齢によって期待される延命効果の効用評価が異なるという**年齢のヒューリスティック**の指摘（Rybash & Roodin, 1989）がされている。このように、患者が与えられた情報に対して犯す認知の誤りや意思決定の問題を検討するのも、リスク研究の重要な適用分野である。

　また特に緊急時には、医療提供者側は限られた情報のもとで短時間で判断・実行しなければならない、という問題もある。これらは医療ミスや過誤と絡み、医療提供者側の判断・意思決定の問題として検討されなければならない。

◆ 医療意思決定やその他の領域での展開

　意思決定はⅡ章で述べるように元来経済学との関係が最も深く、ビジネススクールでも熱心に研究が進められてきたが、2000年前後から、経済や工学以外の分野でも大きく展開し、そこでの問題意識も意思決定研究を刺激している。前項の医療意思決定（medical decision making）は中でも重要な領域で、米国の医療意思決定学会は1979年から毎年開催されており、その後欧州では1986年から、アジア・太平洋地域でも2014年からいずれも隔年で会議を開催するなど活動を活発化させている。医療意思決定の関心の1つはインフォームド・コンセントとの関連からリスクコミュニケーション（⇒Ⅵ-7）にあり、特に一般の人々に数量的情報を伝達するための手法の開発や影響要因に関する研究がなされ、受け手のリテラシーとの関係の研究（⇒Ⅵ-9）は元々この領域での問題意識から出発しているものである。健康に関する意思決定は経済での金銭の場合と異なっているという指摘（Chapman, 2004）もあり、医療意思決定は今後も注目される領域である。またほかにも多くの分野で意思決定研究が行われている。Cambridge University Press や Wiley、Blackwell では Judgment & Decision making のシリーズを多数出版しているが、そこで取り上げているテーマを見ても、社会心理学でおなじみの陪審の意思決定、行動ファイナンス、組織の意思決定、公共政策や制度設計との関係、法領域、予測の精度の問題、交渉と葛藤解決、消費者意思決定、倫理的意思決定など広がりを見せている（例えば Connolly et al., 2000; Gowda & Fox, 2002; Koehler & Harvey, 2004; Keren & Wu, 2016）。

Ⅰ─5　集団での行動、意思決定と生産性

　決定は個人が行うものとは限らない。企業の戦略会議、自治会の会議、審議会の審議、そして選挙。一般社会で行われている決定は、多くの場合、集団の合議により行われている。意思決定研究は、このような集団での合意形成についての問題も扱っている。まずは、このような集団での決定の例を見てみよう。

◆ 誰もが内心反対なのに……　集団意思決定の例

A「まったく今日の会議、まいっちゃったね。リーダー1人で盛り上がって学園祭にサークルで何か催し物をやるなんて決まってしまって。金もかかるし働くやつは少ないし、うちの貧乏サークルでどうするっていうんだ。現実的じゃないよ。」

B「ほんとに大変。僕も実はあまりやりたくなかったんだ。大体いつも上に逆らわないCが『絶対やろうよ』なんて煽るから余計まずかったんだよな。あいつはいつも上には逆らわないんだ。去年の時はリーダーが参加に反対だったから『そうだよ、絶対無理』なんてさんざ反対したくせに。まったく。」

A「決を採ったとき反対が誰もいなかったから、形の上では多数決で決まったけど、後で周りに聞いたら、ほとんどの人が本心はあまり賛成じゃなかったんだよ。」

B「そうだったのか。でも誰も反対しなかったじゃないか。君が反対だって言ってくれればよかったのに。」

A「そうなんだけど。でも誰も何も言わないから、皆賛成なんだろうと思ったんだ。1人で反対して、嫌われたり空気読めない、とか言われるのも嫌だし。それにリーダーの言うように参加することで連帯感を深めるというのも一理あるな、とは思ったからね。そういう君だって反対しなかったじゃないか。」

B「そうだよね……。僕も、皆賛成なんだろうと思ってたんだ。それに君も黙っているから、きっと金がなくてもやれるうまいやり方があるんだろうと思ってたんだよ。そういうわけじゃなかったのか……。（ため息）」

　読者は以上のような体験をしたことはないだろうか。ほとんどの人が無理だと反対している案件なのに、実際、会議をやってみると反対はほとんどなく、時には満場一致で可決してしまう。このような現象は深刻な誤りにつながることも少なくない。一体なぜなのだろうか。このような現象はじめ、主に社会心理学が扱ってきた集団意思決定特有の現象とそのメカニズムについて、また良い集団決定のためにはどうしたらいいかの処方箋についてⅥ章で紹介する（⇒Ⅵ-1，Ⅵ-2，Ⅵ-3）。

◈ 集団の合意形成と制度

　投票を行って多数決で決定するというのは民主主義の基本ルールであり、集団での意思決定ルールの1つでもある。しかし、多数決は本当に集団を構成する多数個人の意見を常にうまく反映する合理的な決定ルールなのだろうか。前述の事例はこのルールが心理的機制によりあまりうまく働かなかった例である。この例でなくとも、民主政治で知られるギリシャのポリスでは、優れた指導者を欠いた場合、多数決ルールが衆愚政治につながったことはよく知られている。また廃棄物の最終処分場建設の是非を問うような場合、建設予定地の周囲の住民の反対意見を、少数だからといって多数決ルールで却下してよいとは一概にいえないだろう。さらに決定ルールによっては選挙で多数の死に票が出て民意が反映されないことも起こるが、それで良いのだろうか。議論を行った後、多数決で決定する。そもそもこの決定手続きが決定の質にどんな影響を与えているのだろうか。公共選択や社会的選択理論といった研究分野では近年このような問題について理論的な検討を加えているが（例えば小林，1988；宇佐美，2000）、心理学の分野では実験を用いて実証的にこの問題にアプローチしてきた。Ⅵ章ではこのような研究も紹介する（⇒Ⅵ-4，Ⅵ-5）。

◈ 集団の生産性と問題解決

　社会心理学では、集団や組織になるとしばしば**社会的手抜き**や**同調**のような、パフォーマンスを下げる現象が起こることが指摘され、長らくその研究が蓄積されてきた（⇒Ⅵ-1）。**衆愚**という用語自体、そもそも集団になった時に中の個人が何らかの問題行動を起こす可能性があるという意識を反映している。

　しかし、ネット時代の到来とともに最近風向きが随分変わっている。ネットは従来なかった不特定多数の人々が参加できる場であり、そこでは「炎上」のような問題も確かにあるが、今までなかった協力や協調が実現し、優れた知を達成できるのではという期待もあり（スロウィッキー，2014）、実際そういった事例も見られる。**集合知**という用語は人工知能研究から出て、現在では認知科学でも使われているが、この表現は前述のような期待を背負い、従来の社会心理学の方向性とは逆に、むしろ集団になることで優れた意思決定、推論が達成される場面や条件、メカニズムに注目する（⇒Ⅵ-5）。そしてSNSやグループウェアの発展など、新しい環境の中で問題解決や生産性がどう変化したかについての研究には、社会心理学がこれまで明らかにしてきた概念や視点が生きている。Ⅵ章では、過去から現在までのこのような研究から、集団に関わる心理的現象の基礎、集団意思決定、問題解決、生産性に関わる問題を紹介する。

Ⅰ─6　リスクと不確実性、曖昧性

　前節まで、意思決定研究が視野に入れている不確実性のある様々な状況を紹介した。次章からは心理学における不確実性下での意思決定研究について説明するが、その前にリスクや不確実性に関する定義を紹介する。

◆「リスク」の定義

　ここまで意思決定で扱う「不確実性」「リスク」を大まかに「何が起こるかわからない」「どのくらい危険があるかわからない」といったように表現してきたが、ここでは正式に、リスクや不確実性の定義について述べる。

　リスク（risk）という用語は様々な分野で扱われてきたため、多くの定義が存在する。古くからこの用語を重要キーワードとして扱ってきた経済学の辞典（熊谷・篠原，1980）でも定義は3つ紹介されている。

---

①利得・損失を生じる確率（損失に限られる場合もある）
②事故・災害（hazard）・危難（peril）といった個人の生命や健康に対して危害を生じる発生源の事象
③損失の大きさとそれを生じる確率との積

（熊谷・篠原，1980）

　経済学や意思決定でのリスクはほぼ①に該当するが、工学等の分野ではむしろ③に類する定義が多い。いずれにしても、確率や確率分布が重要な要素である。

　リスクと類似の概念に**不確実性**（uncertainty）があるが、1921年にこれを主張した経済学者ナイト（F. H. Knight）は、リスクを「先験的・理論的に、あるいは統計的に確率が知られているもの」、不確実性を「確率さえ知られていないもの」として区別した（熊谷ら，1980）。時代順でいうと、経済学では確定的状況での意思決定研究から状況の不確実さを確率で扱えるリスク状況へ、次いで確率以外に複雑系等も用いて記述可能な不確実性状況へと拡張しており、21世紀現在は不確実性状況の意思決定を研究していることになる。よく "decision under uncertainty" という表現が出てくるが、これはリスク性も含んだ不確実状況下での意思決定を扱っている（ただ現在のところ心理学での不確実性は確率で記述可能なリスク性であることが多い）。

近年多くの領域がリスクマネジメントを重視する方向にあるが、その背景にはISOのリスクマネジメントの定義がある。その定義（2009年のISO31000）ではリスクを「目的に対する不確かさの影響（期待されていることから好ましい（positive）または好ましくない（negative）な方向にかい離すること）」と定義され、①に近い（ISO13000, n.d.）。ISOのこの定義は目的との関係で記していることと、好ましくないものに限定していないことが特徴で、組織の目的を明確に設定する必要と、肯定・否定の両面を考慮して意思決定することの必要性を念頭に置いて定義されたと考えられている。

　学際学会である日本リスク研究学会では③に近い次の定義を最も一般的な定義としている。工学や環境、食品分野のリスクはこの定義に近いものが多い。

リスクの一般的な定義（リスク学事典（2006）より）

　（生命の安全や健康、資産や環境に、危険や傷害など望ましくない事象を発生させる確率、ないし期待損失）×（発生した損失や傷害の大きさ）

（木下，2006）

　本書では、心理学の意思決定や選択のリスクの場合は、定義①の意味で用いているが、Ⅵ章でのリスク研究では木下（2006）の定義を用いている。

◆　確率の解釈

　前項のように不確実性を捉える上で確率（probability）は重要な地位にあるが、ではその確率とはどのようなものだろうか。数学的には確率はコルモゴロフにより公理系として整理されたとされるが、人が確率をどんなものとして捉えているかは多様で、確率解釈は科学哲学で長らく議論されてきたテーマである。Stanford encyclopedia of philosophy（Hajek, 2019）やギリース（2004）によると、主に表1—1のような確率解釈があり、大きく分けると客観的確率と認識論的確率に分けられる。詳しくは関連書を読んでいただきたいが、ごく大まかに説明すると、客観的確率は、例えば頻度説は手術の成功確率や事故の生起確率のように実際の頻度から計算されるもの、傾向説は、例えばサイコロが正確な6面体であれば、各面の出る確率は1/6と推測されるように、確率事象を生み出すものの（物理的）属性から生じるという考え方である。一方、認識論的確率は数学の教科書には現れないが、現代社会では重要性を増し、心理学にとっても同様である。認識論的確率の1つである主観確率はベイズ統計学の普及に伴って特に広がり、意思決定分野の初期（1950年

表 1 ― 1　確率解釈の現代の主要な説

確率解釈の立場	名称	代表的提唱者	特徴
認識論的確率 (epistemic probability)	論理説	Keynes, J. M. (1921) Carnap, R. (1950)	証拠 e が与えられたときの合理的信念の度合い。「確率論は論理的である。それは与えられた条件の下での合理的な信念の度合いに関わり、合理的かどうかわからない、特定の個人が抱く、単なる現実的信念の度合いに関わるのではない（Keynes, 1921, p. 4)。」
認識論的確率 (epistemic probability)	主観説 （ベイズ主義的解釈）	Ramsey, F. P. (1931) De Finetti, B. (1989)	ある特定の個人がもつ信念の度合い。ここではたとえまったく完全に理性的で、同じ確証を与えられても、すべての合理的人間が同じ度合いで信念を持つとは前提されない。
客観的（または偶然的）確率 (aleatory probability)	頻度説	von Mises, R. (1928) Venn, J. (1866) Reichenbach, H. (1949)	同じ事項の長い系列において、それが起こる一定の有限な頻度。
客観的（または偶然的）確率 (aleatory probability)	傾向説	Popper, K. R. (1957)	繰り返される一連の条件に内在する傾向。例えばある結果の生じる確率が p であるとは、ある条件が何度も繰り返される場合にその結果生じる頻度が p に近づくという性質を、その条件自体が持つと考える。(ただし、傾向説には複数学派があり、この解釈はそのうちの一学派によるもの。)

（広田，2011に一部追記）

代）には主観確率の測定の研究が多数行われた。リスクの定義①における確率は主観確率も含んでおり、これがリスク概念の適用できる場面を飛躍的に拡大していることは注目すべきである。客観的確率は、既に状況について起こるべき場合の数が判明している、または既に事象が過去に十分多数起こっており、その頻度が明らかな場合のみしか定められない。だが主観確率なら状況について不完全情報しかない場合や新規状況にも適用可能であるため、対象となる状況を大きく拡大した。ただし、このように確率には多様な解釈が存在し、のちに議論も引き起こしている（⇒例えばII-12）。

◆ ベイズのアプローチ

　ついでにベイズ（Bayes）のアプローチもごく簡単に紹介しよう（詳しくは繁桝

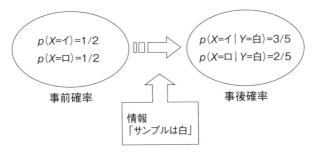

図1―1 ベイズ・ルールによる事前確率の事後確率への改訂

(1995) 参照)。ベイズのアプローチの基本は、与えられた情報に基づいて事前確率を事後確率に改訂していくというものである。ベイズのアプローチにおいて、事前確率は主観的に定められる場合が多いが、言い換えれば過去の情報が少ない状況にも適用可能だという長所とも言える。例として2種類の箱イ、ロのいずれかから玉を1つ取り出し、その情報に基づいて取り出した箱がイ、ロのどちらかを当てるゲームを考えてみよう。箱イには白玉3つと黒玉1つ、箱ロには白玉と黒玉が各3つ入っている。箱から玉を取り出す前には、箱がイ・ロのいずれかの決め手はないので、箱イである確率（$p(X=イ^{注})$ と表す）もロである確率（$p(X=ロ)$）も1/2である。これが事前確率である（図1―1参照）。

　ここで1つ取り出した玉が白だったとする。すると俄然白玉の取り出された箱がイである可能性は高くなる。箱イから白玉が出る確率3/4に対し箱ロから出る確率は1/2だからである。両者の比は3：2で、白玉を引いた箱がイである確からしさはロの1.5倍になる。記号で表すと、Yを引いた玉の色とすれば白玉を引いた後「白玉が出た（$Y=白$）」状況で「箱がイである（$X=イ$）」確率は$p(X=イ\mid Y=白)=$ 3/5で表される。このように、ある状況下である事象が起こる確率を**条件付き確率**という。ベイズは条件付き確率間の関係を与えるものとして**ベイズの定理** Bayes' theoremを明らかにした。$p(A)$を事象Aの事前確率、$p(B\mid A)$を既知の条件付確率、$p(A\mid B)$をBが与えられた時のAの事後確率であるとすれば、この定理により事象Aの事前確率と既知の条件付き確率で事後確率を求めることが可能になる。

　ベイズ統計は近年コンピュータの処理能力の向上により、データ解析で身近に使われるものになりつつある（例えば小島、2015など）。

注）　数式中にカタカナや漢字を入れるのは望ましくないが、わかりやすさを優先してこのように表記する。

[ベイズの定理]

$$p(A \mid B) = \frac{p(B \mid A)p(A)}{p(B \mid A)p(A) + p(B \mid A')p(A')} \qquad (\text{ただし } A' \text{ は } A \text{ の補集合})$$

[ベイズの定理（一般式。互いに排反かつすべてをつくしている事象 $A_1, A_2, \cdots,$ A_n と、他のもう 1 つの事象 B に対するもの）]

$$p(A_i \mid B) = \frac{p(B \mid A_i)p(A_i)}{\sum\limits_{i=1}^{n} p(B \mid A_i)p(A_i)}$$

◆ 不確実性の分類：曖昧性、無知性

　ナイトがリスクと区別した不確実性は、その後の研究によりさらに精緻化され（Einhorn & Hogarth, 1986）、**無知性**（ignorance）は「確率分布さえも全く特定できないもの」、**曖昧性**（ambiguity）は「リスクと無知性の中間に位置するもの」、とされ、不確実状況をより詳細に記述するものとして提唱された。さらに別種のものとして **vagueness** という概念もある。人は曖昧性選択肢を忌避するという結果がある一方、曖昧性を好む場合も想定されている。これらについては I - 7 で紹介する。

◆ 実験・調査における「リスク」

　リスク状況下の意思決定実験やリスク研究では様々な形でリスクが用いられる（ギャンブル状況において言語で当たり確率を提示するなど）。しかし現実場面で使われる確率やリスクは実に多様である。例えば事故・災害のリスクは死亡者数／（関与者数・関与時間）という指標が考えられるし、地震災害のリスクとして60年に 1 度 30％の確率で震度 5 弱の地震が発生するといったものも、実験を繰り返し物理的に破壊確率のような指標を用いることも可能かもしれない。これらは数学的な確率の定義に合致すれば形式上は等しく意思決定の考え方が適用可能である。しかし、それらが本当に等質な刺激とみなせるのかには疑問がある（この議論は Hacking (2001) にも現われる）。「コインを 1 回投げた時、表が出る確率が50％である」ことと、「明日午前中の降水確率が50％である」ことと、「この町では 2 人に 1 人がスリにあう」ことは、いずれも決定の際に等しい影響を与えるのだろうか。また認知心理学や経済学におけるリスクは％などを用いて言語的に提示されるが、V章で紹介する動物実験での選択行動ではリスクは選択行動を通して経験的に頻度を学習した結果に相当する。両者は同じとみなせるのか、あるいは別物か。これらの点については多くの議論があり（例えば坂上，1994a, 1994b; 小橋，1994）、研究を行う際に十分に考慮し、注意深く扱うことが必要である（広田，2011）。

✿BOX 1✿ Blue seven 現象

　Simon（1971）は、490人の学生（男子328名、女子162名、平均19.4歳）に0から9までの1つの数字と色名を書くように求めた。その結果、7を挙げたものが全体の32.86%（男子35.37%女子27.78%）、頻度の高い6色（青、赤、緑、紫、黄、茶）のうちで青を挙げたものが48.57%（男子52.44%　女子40.74%）を占めることを見出した。

　Simon & Primavera（1972）はさらに同じ調査を小・中学生533名（男子241名、女子292名、平均12.7歳）に行った。その結果、7を挙げたものが全体の24.02%（男子22.41%　女子25.34%）、頻度の高い9色（青、赤、紫、緑、黒、ピンク、黄、オレンジ、茶）のうち青を挙げたものが41.85%（男子39.66%　女子43.68%）であった。

　年齢による違いがあるのものの、いずれにおいても青と7は高い選択率を示していた。この調査そのものは、他の変数（文化、年齢、コーホートなど）と組み合わせることによって、より意味のある結果がもたらされるであろう。（例えばSaito（1999）は、日本の大学生586人についての調査で、Blue seven 現象を報告している。）しかし、このような強い偏りが、本来は等しく選ばれているはずと考えられる選択肢間に見出せることに、私たちは十分配慮しなくてはならないし（例えば選択肢間で番号や色を違えた場合）、そのような選択肢の特徴を商品名などに滑り込ませている可能性についても注意しなくてはならない。（1977年以降35年以上の長きにわたり我が国の代表的なタバコの銘柄であったマイルドセブンは如何？）

Ｉ－7　曖昧さは嫌われる?

　2つの選択場面での当たりの確率が同じであるならば、どちらで選択をするかの好みには差がないと考えられる。しかし Ellsberg の2つの壺の問題（⇒Ⅱ-3）では、（オ）と（カ）のどちらの壺でも同じ成功確率（.5）が期待されるにもかかわらず、（オ）で賭けをする方が好まれた。（オ）の壺は当たりの確率が.5であることが確実であるが、（カ）は不確実である。確率が明確でないような状況を曖昧性と定義すると、この問題は人が曖昧な状況を嫌うという**曖昧性忌避**（ambiguity aversion）を示している。

◆ 曖昧性忌避に関する研究

　上のような選択課題について、実際に大学生に回答を求めた繁桝（1988）の研究では、約80%が色玉の割合がわかっている壺での賭けの方を好んだ。また Einhorn & Hogarth（1986）は、賭けの結果として利益を得る場合と損失を被る場合の2つの条件を設定したが、いずれにおいても曖昧性忌避の傾向が見られた。

　曖昧性忌避を扱った研究は、リスク状況と曖昧状況との間で選択を求めるものが多いが、Curley et al.（1984）では、臨床場面や金銭場面について描かれた架空のシナリオを実際の患者に読んでもらって、ある治療を受けることに決める最低の成功確率を尋ねた。この成功確率は「10分の2」から10分の1ずつ値が上がり、「10分の9以上」までの8つからなる。

　次に場面は同じであるが、今度は成功確率が事前の回答値の±.2の幅で記されたシナリオが渡される。例えば、成功確率が最低でも10分の7あれば、その治療を受けると答えた参加者は、今度は成功確率が「10分の5から10分の9」である場合が尋ねられた。そして、その場合には治療を受けないというように、答えを変更した参加者の割合を算出したのである（図1－2）。ただし、最初の回答の時点で「10分の9以上」と答えた参加者は、2番目の問題には答えない。

　結果的には、上のようなリスク状況で治療を選んだ参加者の21.0%が、同じ平均成功率を示す曖昧状況では治療を避けた。同様に金銭に関する状況でも24.3%が以前の選択からの変更を示したが、両状況共に曖昧性忌避を示した参加者はほとんどいなかった。つまり、治療状況で拒否した人と金銭状況で拒否した人はほとんど重ならず、場面によって選択の傾向が変わっていた。

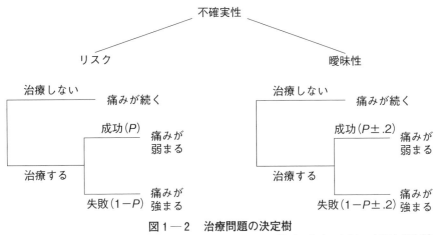

図1－2　治療問題の決定樹

(Curley, Eraker, & Yates, 1984より改変)

◆　2次確率分布

　Einhorn & Hogarth（1985）は、Ellsbergの壺のような曖昧性を、**2次確率分布**（second order probability distribution）という概念で説明している。2次確率分布はいわば「確率の確率（probabilities for probabilities）」であり、Ellsbergの2つの壺は1次確率が同じであるが、2次確率分布は異なっているのだという。そして、不確実性を他の事象生起の確率分布を排除できる程度に応じて、**無知性**（ignorance）、**曖昧性**（ambiguity）、**リスク性**（risk）の3種類に分けて議論を展開している。Gärdenfors & Sahlin（1982）は、この3つの不確実性のタイプを以下のような例で説明している。

　ジュリーが3つのテニスの試合についての賭けに招待された。試合Aに関して、彼女は2人のプレーヤーについてよく知っていた。（中略）こうした情報から、ジュリーはほぼ互角の試合になり、ほんのちょっとした運が勝者を決めると予想した。試合Bでは、プレーヤーの力の差について何も知らず、勝者を予測する他の情報もなかった。試合Cは試合Bと似ているが、たまたま1人のプレーヤーが強いということを耳にした点が異なっている。しかし、そのプレーヤーがどちらなのかはわからない。

　以上の試合は、いずれも一方のプレーヤーが勝つ確率を.5と推定できるが、試

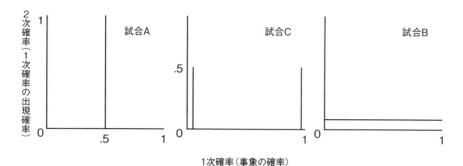

図1—3　テニスの試合におけるあるプレイヤーの勝敗についての2次確率分布

各試合の不確実性を2次確率分布で表現したもの。詳細は本文参照のこと。試合Bではプレイヤーの勝敗確率について一切の知識がないので、横軸と平行な線が描かれている。

合Aがリスク性を、試合Bが無知性を、試合Cが曖昧性を表している。

さらに、2次確率分布は、グラフ上では横軸にある事象の確率（くじでいう当たりの確率）をとり、縦軸にその「ある事象の確率」が出現する確率をとって表すことができる。例えば試合Aは横軸の.5の場所に1の高さの垂直線が、試合Cは横軸0と1の場所に高さ.5の垂直線が、その試合における、あるプレイヤーの勝敗の2次確率分布を表すことになる（図1—3）。

このような表現を利用して、曖昧さが様々に異なる賭けの間の選好の違いを検討することも可能となってきた。例えば広田ほか（2001）では、9種類の異なる曖昧性を一対比較し、その結果に多次元尺度構成法を適用することで、曖昧性間に見られる選好の特性を明らかにしようとしている。

◆ 曖昧性選好

曖昧な場面は常に避けられるわけではない。Becker & Brownson（1964）が紹介したEllsbergによる別の選択課題の例（⇒Ⅱ-3）では、生起確率が非常に低い場合にはむしろ曖昧な場面の方が好まれるという。この点については、利得状況では生起確率が.5よりも低いときに曖昧性選好が見られる（Curley & Yates, 1985, 1989など）が、損失状況では逆に生起確率が高いときに曖昧性が好まれるとの結果が得られている（Viscusi & Cheson, 1999など）。またLiu & Colman（2009）は、ギャンブルがただ1回だけではなく、複数回繰り返されるような場合には、曖昧性忌避が見られなくなることを報告している。

Heath & Tversky（1991）では、参加者が**有能さ**（competence）を感じていたり、知識があったりするような場合には、曖昧な選択場面を好むことが示された。そし

て Fox & Tversky（1995）は、こうした有能感は出来事についての限られた知識が、より優れた知識と比較対照されなければ生じないと考え、曖昧場面と非曖昧場面とが直接比較されない場合には、曖昧性忌避が生じないことを明らかにした。このように曖昧さを含む選択課題においては、有能感が選好に重要であることが示されている。詳しくは、増田ほか（2002a）を参照されたい。

なお Smithson（1999）は、曖昧性の中でも相異なる意見が対立するような葛藤場面が嫌われると述べている。例えば、参加者に自分が裁判官であると想定してもらい、「A：交通事故の目撃者の１人は車は緑であると言ったが、もう１人は青と言った」という証言と、「B：２人とも車は緑、あるいは青と言った」という証言のどちらを受け取りたいかを尋ねると、葛藤を示すシナリオ A は単なる曖昧性を示すシナリオ B よりも嫌われた。このような**葛藤忌避**（conflict aversion）効果も報告されている

◈ 不確実性・曖昧性とストレス

曖昧な状況では、事態を正確に捉えたり、予測をすることが難しくなり、適切な判断や行動が取りにくくなることから、不安が高まりやすくなるだろう。つまり、不確実性や曖昧性はストレスの原因になりうる。このような観点からも、曖昧性が嫌悪されることについて検討がなされている。

組織心理学では仕事における役割に関する曖昧性から、ストレスの研究がされている（House, 1972）。その中で、**役割曖昧性**（role ambiguity）は、「自身の行為の結果の明晰さや予測可能性の欠如」と定義される。特に新しい職務は、どのような役割を果たすべきかについての経験が蓄積していないため、曖昧さを体験しやすい。また**役割葛藤**（role conflict）は「役割に伴う期待が矛盾していたり不一致である程度」である。これは、同時に複数の役割に従事し、それらの役割が両立しないような状況で起こりうる。こうした役割ストレスは、職務満足、離職意図、緊張感、燃え尽き（burnout）と強い関連があることが示されている（Jackson & Schuler, 1985）。

また患者にとって、医療場面は曖昧性や不確実性の高いものである。King et al.（1986）では、看護を受けている高齢者でこうした不確実性や曖昧性を強く感じていると、日常生活を意味あるものと見なしたり、喜びを得ることが難しくなり、自己にポジティブなイメージを持ったり、幸福感を維持することができなくなるといった結果が得られた。

第Ⅱ章　認知からのアプローチ

　本章では不確実状況での経済学と認知心理学分野での意思決定の理論を紹介する。

　私達は確実には利益や損失が得られない状況で、どのようにして選択を行っているのだろう。また、どう選択すれば一番利益が上がるのだろう。ギャンブル、保険等に関する主要な関心はこの問題に集約される。経済学では、確率的にしか結果の得られない状況で複数の選択肢から選択を行う経済行為に関し、規範理論である**期待効用理論**や**ゲーム理論**を適用して研究を進めてきた。本章1～3節ではまず長らく経済学における意思決定の中心理論であった期待効用理論とこれに関する研究を紹介する。

　しかしこのような経済学の理論は実際の人間行動をうまく記述できないなど、いくつかの問題点も指摘された。そこで同様の状況での選択行動に関し、心理学では現象の記述を重視し経済学的理論の欠点を補う記述理論としてプロスペクト理論などが提案された。プロスペクト理論に代表される人間の認知を重視した意思決定理論は、人間の選択行動と経済学の予測とのズレに関する様々な実験研究の知見を基礎としている。例えば確率などの数量情報が与えられた時の選択は、統計学的に合理的であるとされる選択としばしば異なっている。そこでこのような数量情報に対する認知的バイアスや意思決定について、様々な問題を考案し検討を行ったのがヒューリスティックスとバイアス研究である。コンピュータで問題解決を行う際の処理手順であるアルゴリズムでは、問題解決は可能なものの、莫大な時間や計算・処理能力を要することがある。これに対し、人間が用いているヒューリスティックスでは必ずしも完全な正解を得られるとは限らないが、短時間で近似的な解が得られる。情報処理能力や情報処理に費やせる時間に制約のある人間は、問題解決の際しばしばヒューリスティックスを用いているといわれ、1970年代以降、多くのヒューリスティックス研究が行われた。4～9節ではこれらの研究を、具体例を挙げながら紹介していく。そしてこれらの集大成であり、期待効用理論に代わるものとして提案されたプロスペクト理論について、10節で紹介する。

　さらに、心理的過程をより考慮して提案されている二重過程モデルや、これまでのヒューリスティックス研究に対する批判（12節）、その他の心理学における意思決定の理論について、11～13節で紹介する。

II－1　不確実性下での意思決定と期待効用

　現代的な数的な確率の始まりと合理的意思決定論の始まりはほぼ同時期（17世紀後半）である。まずは意思決定論の枠組みを見てみよう。

◆ 不確実性下での意思決定

　不確実性下での意思決定（decision under uncertainty）は、合理的意思決定論、つまりどう意思決定すべきかという規範理論として、**期待効用理論**（expected utility theory）から出発した（Briggs, 2019）。例えばこれから外出をするとしよう。車で行くか電車で行くべきか。この場合、意思決定は表２―１の形に整理される。表頭に起こる**状態**（states）として「道路が渋滞しない」「道路が渋滞する」の２つが、表側には選択できる**行為**（acts）がおかれ、表内にはそれらの組み合わせとして起こることが**結果**（outcomes）としてまとめられる。期待効用理論は、これらの行為のどちらが選択する価値があるかにしたがって行為の順序付けを提供するもので、より期待効用の高い行為が選ばれることを想定する。ここで注目されるのは、結果として得られることに対して感じる満足感、例えば快適さや早く着くことについての感じ方は異なるため、このような各人の心理的満足感のようなものを**効用**（utility）と述べている点である。そして不確実状況では、各結果が起こるかどうかは不確実なので、その行為の下で結果が生じる可能性、すなわち**確率**を効用に掛ける。これを**期待効用**（expected utility）という（「期待値」という表現と対比するとわかりやすい）。行為 A について以上の期待効用（*EU*）をまとめると式(1)のようになる。

$$EU(A) = \sum P_A(o)U(o) \tag{1}$$

　　　　o：結果の集合
　　　　$P_A(o)$：結果 o が行為 A の下で起こる確率
　　　　$U(o)$：結果 o の効用

　効用は経済学で用いられてきたが、一種の心的概念といえよう。ただし効用は、直接的に満足や価値を尋ねた結果ではなく、各人が選択をした結果から推測される。選択肢 a , b について、a が選ばれれば a の効用（関数の形で $U(a)$ のように表現）が b の効用を上回っていると判断される（この点、古典的な行動主義心理学のアプローチと方法論上多少の共通性がある[注1]）。期待効用理論はこのような前提の下で経済学の

表 2 ― 1　不確実性下での意思決定の例

		状態	
		道路が渋滞しない	道路が渋滞する
行為	車で行く	車内は快適、電車より早く着く	車内は快適、電車より遅く着く
	電車で行く	満員で不快、車より遅く着く	満員で不快、車より早く着く

中で検討され、そこでは主に合理的行動がどのようにあるべきかが数式の形で追究されてきた。また不確実性については、最初は確率で記述されていたが、後に拡張され、より多様な不確実状況に対応できるようになっていく。

◆ **最初の意思決定　―パスカルの賭け―**

　意思決定の形式を初期に使った有名な例が「**パスカルの賭け**」である[注2]。現代的な確率論の考案者の 1 人であるパスカルは、賭けについての数学的な確率計算を考案した後、敬虔な宗教者となり、信仰を正当化する論理としてこの形式を使った。内容は表 2 ― 2 のようなものである。f_1、f_2、f_3 の結果は有限であり、神が存在する確率 g が 0 より大であれば、信仰することの期待効用は $(g\infty + (1-g)f_1)$、信仰しないことのそれは $(gf_2 + (1-g)f_3)$ となり、前者の方が大きくなる。パスカルはこの証明の結果、信仰する方にためらわず賭けたまえ、といっているものの、実際には論理にいろいろと穴があることもよく知られている（例えば伊藤，1997）（一例を挙げると、この論理だとキリスト教の神でなく異教徒の神であっても、信仰することが正当化されてしまう）。この点は哲学で古くから議論されているが、意思決定理論の観点では結果が「無限」であるということが問題にされている。「無限の効用」というのは存在するのだろうか。この点と関連して重要なのが、次の項で述べる聖ペテルスブルグのパラドックスである。

表 2 ― 2　パスカルの賭け

		状態	
		神は存在する	神は存在しない
行為	信仰する	∞	f_1
	信仰しない	f_2	f_3

注 1 ）　ただし、行動分析学の祖 Skinner は効用という心的概念を用いない（坂上注）。
注 2 ）　より古い時代にこの形式を使った論証があるという指摘もあるものの、その論証では不確実性の要素は含まれていない。

II—2　経済学における意思決定（1）効用逓減と期待効用理論

前節では経済学で重要な効用概念を紹介したが、効用理論で古典的にもう1つ重要なのが「効用逓減の法則」である。ここでは法則が出現する契機のパラドックスと、その後理論として整備され注目されてきた期待効用理論の一端を紹介する。

◆ 聖ペテルスブルグのパラドックス

1713年、Nicolaus Bernoulli は人々が次のようなルールを持つ賭けにいくらで参加するか、に関心を抱いた。以下、貨幣を円に変えて説明しよう。ある人Aが相手Bに対して、参加費用 x 円を支払って次のゲームへの参加を誘う。ゲームでは歪みのない硬貨を裏が出るまで投げ続ける。もし裏が最初に出たら、Aの負けでBに200円払う。2回目に初めて裏が出たら、400円Bに支払う。このように、k 回目に初めて裏が出た場合AはBに $2^k \times 100$ 円支払う、というものである。Bにとってこのゲームの期待値は、ゲームが無限回行われるなら無限大である。すなわち、

$$200円 \times 1/2 + 400円 \times (1/2)^2 + 800円 \times (1/2)^3 + \cdots + (2^k \times 100)円 \times (1/2)^k +$$
$$\cdots = \infty$$

ところが、大半の人が参加費用として支払ってもよいとする額はわずかで、1万円も支払わない。なぜ人は、期待値は無限大なのに参加費用をそれほど払わないのか。これは**聖ペテルスブルグのパラドックス**として知られる。25年後、彼の従弟（異説もある）Daniel Bernoulli が解を与え、著書として示した。彼は、金銭の価値すなわち**効用**は、勝ちとる金額、または人がすでに所有している額が大きくなるにつれ減少すると考えた（図2—1）（効用逓減）。図のように、勝ちの金額が10円から11円に増えることと、100000円から100001円に増えることの効用は等しくない。このように、聖ペテルスブルグのゲームで期待される効用、すなわち**期待効用**は無限大ではない。この後、経済学の期待効用理論では効用関数はどのようなものかという追究が中心的関心事であった。

◆ 期待効用理論と公理の侵犯

その後、初期には数学者が、後にケインズなどの経済学者が期待効用理論を巡って様々な主張を行った。中でも有名なのは von Neumann & Morgenstern（1944）である。彼らは複数のプレイヤーが関与する状況での意思決定理論であるゲーム理

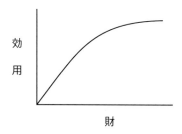

図2―1　財と効用の関係

横軸の財（例えば当たり金額）が増加しても、人々
が感じる効用はそれに直線的に比例する訳ではない。

論を提案するにあたり、その前に個人の意思決定理論である期待効用理論、特に効用とは何かを理論として整備した。これは規範理論で「人々が実際にどのように行動するか」ではなく、「合理的な決定要件に従ったらどう行動するか」を意味し、主要な目的は、合理的意思決定の根底にある仮定や公理を示すことにある（なお期待効用理論は前節で述べたように規範理論として出発したものの、その後は時に記述理論として扱われることもある）。

　期待効用理論の主要な公理の一例は次頁の通りである。数式で表されるためとっつきにくいが、「合理的意思決定」とは何か、また実際の人間行動とのずれを考える上で注目され、行動的意思決定のきっかけともなったいくつかを取り上げてみる。

　なお記号と、その後議論となった主な公理の意味を以下に示しておく。

(x, p, y)：xはpの確率で起こり、排反なもう1つの選択肢yは$1 - p$で起こる。

① 公理2　**弱順序性**（weak ordering）：どんな2つの選択肢についても、どちらか一方をもう一方より好むか、あるいは両者は無差別（indifference）でなければならず、「決められない」は許されない（Baron, 1994）。

② 公理2　**推移律**（transitivity）：もしXをYより好み、YをZよりも好むなら、XをZより好まなければならない。

③ 公理3：(x, pq, y)が複合ギャンブル$[(x, p, y), q, y]$と等価であることを表しており、言い換えれば、選好は最終結果と確率のみに依存し、結果が得られる過程には依存してはいけないことを示す。

④ **独立性**（independence）**の公理**：もし2つの選択肢が等価で各結果を得る確率が等しい場合、2つの選択肢間の選択は両者の異なる点のみに基づいて行われ、共通の要素には基づかずに行われるべきであることを示す。

期待効用理論の公理

(Coombs et al., 1970 ; Slovic et al., 1988)

　期待効用理論の公理は合理的行動の基本原則を具体的に表し、また期待効用原則の規範的基礎を提供するものである。公理は、**より好ましい**、あるいは**ほぼ無差別**（indifference）な関係の単位（≳）を用いて定式化され、結果集合 A を定めている。この集合にはギャンブルや確率の混合体である (x, p, y) の形が含まれる。(x, p, y) は、結果 x が確率 p で得られ、結果 y が確率 $(1-p)$ で得られることを表す。次の公理は全ての x, y, z に対し、また全ての 0 または 1 以外の確率 p, q について成立することが仮定されている。期待効用理論の公理とはどのようなものかをつかんでもらうために一例として挙げる。

公理1：(x, p, y) は A に含まれている.

公理2：≳ は A の**弱順序**を表す. すなわち、＞ は厳密な選好、〜 は無差別（indifference）をあらわし、全ての結果 x, y, z について以下の関係が成立する.

　1）（**反射律** reflexivity）：$x ≳ x$.

　2）（**連結性** connectivity）：$x ≳ y$ または $y ≳ x$ または両方である.

　3）（**推移律** transitivity）：$x ≳ y$ でかつ $y ≳ z$ ならば、$x ≳ z$ である.

公理3：（**還元性** reducibility）$[(x, p, y), q, y] 〜 (x, pq, y)$.

公理4：（**代替性** substitutability）もし $x 〜 y$ ならば、$(x, p, z) 〜 (y, p, z)$.
　（すなわち、もし x と y が無差別なら、それらはどのようなギャンブルにおいても代替可能である）.

公理5：もし $x ＞ y$ ならば $x ＞ (x, p, y) ＞ y$.
　（x が y より好まれているなら、x は x と y のどのような確率の混合体より好まれ、代わりにこの混合体は y よりも好まれなければならない）.

公理6：（**連続性** continuity 又は**解決可能性** solvability）もし $x ＞ y ＞ z$ ならば、$y 〜 (x, p, z)$ が成り立つある確率 p が存在する.
　（もし y が選好順序で x と z の間にあるなら、y と無差別な (x, p, z) というギャンブルを成り立たせる p が存在する. この公理は、1 選択肢がもう 1 つの選択肢よりも無限に選好されるような可能性を除去している）.

（定理）

以上の公理 1 ～ 6 が満足されれば、Aの実質価値を評価する効用関数 u がAにおいて定義できる．すなわち、

1) $x \succsim y$ は $u(x) \geqq u(y)$ においてのみ成り立つ．

2) $u(x, p, y) = pu(x) + (1-p)u(y)$.

さらに u は間隔尺度である．すなわち、もし v が1)と2)を満足させる他の関数ならば、$v(x) = au(x) + b$ となる $a > 0$ と b が存在する（線形変換が可能）．

◆ 公理の侵犯の意味

　von Neumann & Morgenstern（1944）は決定者が公理を侵犯すると期待効用の最大化は起こらないことを数学的に示した。その説明でよく使われるのが次の「マネーポンプ」である。結果A、B、Cの間の選好順位について、AをBより、BをCより好むのに、CをAより好むとする（推移律の侵犯）。その際に、私がまず結果Cをあなたにあげ、次いで「100円くれればCの代わりにBをあげよう」と申し出たなら、あなたはBをCより好んでいるので、提案を受け入れて100円支払ってBを手に入れることになるだろう。次に、「100円出せばあなたがBより好きなAをあげよう」と言われたら、あなたはもう100円支払ってAを手に入れることになる。そして「もう100円出せばCをあげよう」と言われた時、もし前述のような推移律の侵犯が起こっていると、あなたはこの申し出を受けることになるのである。すると、あなたは最初の時点から300円を費やして元のCを取り戻すことになり、言い換えれば破産するまで限りなく金を払い続けるマネーポンプになってしまうのである。しかし、このような公理の重大な侵犯現象は現実の人間行動ではしばしば発生することが知られており、このことが行動的意思決定や行動経済学につながるきっかけの１つとなったのである（⇒公理の侵犯のさらに詳細な説明はⅡ-3）。

◆ 期待効用理論の発展：主観的期待効用理論

　期待効用理論はその後の検討で様々な発展形を生んだ。**主観的期待効用理論**（subjective expected utility theory）（Savage, 1954）はその１つである。この理論は確率に関して主観確率（⇒Ⅰ-6）を用いている点が大きな特徴である。この時点まで期待効用理論における確率は客観確率（頻度に基づく確率等）が用いられていた。しかし、この考え方では繰り返しのない事象や前例のない事象（例：核戦争発生）

について確率を定められない。そこで、Savage は結果の生起確率が人々の個人確率を含むよう拡張した。これにより、例に挙げた核戦争の確率は「核戦争の起こりやすさ」といった個人の**信念の度合い**（degree of belief）で定められるようになった。期待効用理論の拡張は他にも様々あり、期待効用理論は実際には複数の理論群を指す。

　なおその後、経済学における不確実性下の意思決定理論の論考ではギルボア＆シュマイドラー（2005）やギルボア（2014）の**事例ベース意思決定理論**（theory of case-based decisions）などが注目されているようである。

◆BOX 2◆ 選択肢は多いほどよいか？

　選択肢が全くない生活は退屈で耐え難いものである。選択肢が増えると生活にいろいろな楽しみが増える。従って通常は、選択の自由が大きい選択場面ほど望ましく感じるだろう。だが、そのまま増え続けるとどうなるだろうか。

　Iyengar & Lepper（2000）は、過剰な選択肢が選択者の意欲や満足に与える影響を検討した。最初の実験は高級食料雑貨店で行われた。店員を装った実験者は、Wilkin & Sons 社のジャムを試食テーブルに並べて、買い物客に試食を呼びかけた。テーブルには、あるときには24種類のジャムが並べられ、別のときには 6 種類（24種類のうち事前調査で中程度に評価されたもの）が並べられた。調査期間中、24種類のときには242人、 6 種類のときには260人の買い物客がテーブル付近に訪れた。その結果、試食に立ち寄った率は、24種類のときのほうが高かった（24種類：60%，6 種類：40%）。しかし、その後実際に同社のジャムを購入した率は、24種類のテーブルで試食した買い物客のほうが低くなることが確認された（24種類： 3 %， 6 種類：30%）。選択肢の多さに惹きつけられた買い物客の多くは、その後購入する意欲を低めたのである。

　もう 1 つの実験では、マーケティングの研究と称して、学生に GODIVA 社のチョコレートを試食させた。一方の条件では30種類、別の条件では 6 種類のチョコレートを用意したが、いずれも試食に選べるのは 1 種類だけであった。その結果、試食したチョコレートへの満足は30種類から選んだ学生のほうが低くなることが確認された。質問紙への回答から、30種類から選んだ学生は、その選択に楽しさと同時に強いフラストレーションを感じたことが確認された。

　選択肢がたくさんあれば、最も望ましい選択ができるという期待が高まる。しかしこのことは、決定の楽しさをもたらすと同時に、選択することの煩わしさを高めたり、数ある選択肢の中から何かを選ぶことへの責任を重くする。そして自分が選んだものよりも、他の選択肢の方が良かったという後悔が生じる可能性も高くなる。このような理由から、選択肢の増加は、選ぶ者の意欲や満足を低めることがあると考えられている（シュワルツ，2004）。

II—3　経済学における意思決定（2）期待効用理論の侵犯

　経済学から生まれた期待効用理論は、確かに、市場での多くの取引や経済的行動をある程度見事に説明してくれるが、現実になされる判断や選択の中には、この理論の枠組みからもれ落ちる、しかもとても頑健な行動（一時的な行動ではなく、条件を揃えればかなり高い確率で生起するような行動）が観察される。ここでは期待効用理論の公理を侵犯するいくつかの現象を紹介しよう。

◆ 選好逆転

　選好逆転（preference reversal）という言葉が用いられたのは、おそらくLichtenstein & Slovic（1971, 1973）及びLindman（1971）の提示した研究からであろう（Baron, 1994）。Lichtensteinらは P 型賭けと ＄ 型賭けという 2 つのギャンブルを提示し、どちらかを選ばせた。 P 型賭けとは高い確率でまあまあの金額が当たるが、＄ 型賭けは低い確率で比較的高い金額が当たる。例えば Tversky et al.（1988）で用いられた値では、 P 型賭けでは19/36の確率で 2 ドル（期待値 ＄ 1.06）、＄ 型賭けで7/36で 9 ドル（期待値 ＄ 1.75）という値が用いられた。多くの参加者は期待値に反して P 型賭けの方を好んだ。参加者はさらに、その賭けをする機会を最低いくらで売るかとか、その賭けと同等の価値はいくらに相当するかといった、それぞれの賭けに対してどの程度の金額を賭ける価値があるかを問われた。すると今度は、多くの参加者は ＄ 型賭けに対してより高い価格をつけ、 P 型賭けには ＄ 1.25、＄ 型賭けには ＄ 2.10をつけたのである。ここでは選好逆転が起こっており、期待効用理論の推移律の公理（⇒II－2）が犯されていると指摘された。また 2 つの型の賭けの売買で選好逆転が観察される場合には、前章で指摘されたマネーポンプが働くことになる（Chu & Chu, 1990; Lichtenstein & Slovic, 2006; Poundstone, 2010）。

◆ 鏡映効果と確実性効果

　この選好逆転現象とよく似た別の例を次に考えてみよう。 II－1 で述べたように、期待効用理論の効用関数は利得の増加にしたがって増加率が落ちる曲線（凹関数）を採っている。このようなリスク回避的な関数（嫌リスク関数）を使うことによって、例えば**(A)90％の確率で 1 万円を獲得、(B)50％の確率で 2 万円を獲得**できる時に、期待値で勝る後者が選好されずに、前者が選好される理由を説明することができる

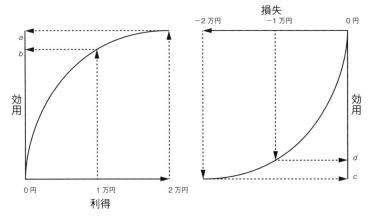

図2―2　利得場面（嫌リスク関数）と損失場面（好リスク関数）
左は期待効用理論にしたがって1万円の90％獲得がなぜ2万円50％獲得より好まれるかを表している。前者の効用は0.9 bで、後者の効用は0.5 aで表され、前者の方が後者よりも大きいので前者が選好される。右は、2万円50％損失が1万円90％損失よりも好まれる理由を示しており、ここでは期待効用理論が前提としていない好リスク関数を用いている。0.9 dは0.5 cよりも絶対値が大きいので、より高い負の効用を持つ。

（図2―2左）。一方、損失の増加に従い価値が減少するがその減少率が徐々に落ちるリスク選好的関数（好リスク関数）を考えれば、**(C)90％の確率で1万円を失うと、(D)50％の確率で2万円を失う**時には、今度は、後者が高い損失の期待値にもかかわらず選好される理由を説明できる（図2―2右）。しかし期待効用理論では、このような利得と損失で異なる関数を想定していない。Kahneman & Tversky（1979）は、このような利得と損失で選好が逆になることを**鏡映効果**（reflection effect）と呼んでいる。

　それでは、**(E)45％の確率で1万円を獲得、(F)25％の確率で2万円を獲得、**できる時にはどちらを好むだろうか。これとよく似た研究を行ったKeren & Wagenaar（1987）によれば後者のほうが選好が高くなるという。さらに、**(G)45％の確率で1万円を失う、**と**(F)25％の確率で2万円を失う、**ではどうであろうか。ここでは今度は前者となる。つまり確率をそれぞれ2分の1にした選択肢間の選択では選好の逆転が起こるのである。実を言えば、この選好の逆転現象も期待効用理論の枠組みからは説明することができない。この現象は期待効用理論の公理（⇒Ⅱ-2）を侵犯しており、**確実性効果**（certainty effect）と呼ばれることが多い。

◆ Allais のパラドックス

上で示した例は、もともと **Allais のパラドックス**（Allais, 1953）として知られている現象である。まず、次のような選択場面を考える。

（1）　確率1で＄1000

（2）　確率0.89で＄1000、確率0.10で＄5000、確率0.01で＄0

選択肢（1）と選択肢（2）では多くが選択肢（1）を好むことが知られている。では次の選択場面ではどうだろうか。

（3）　確率0.11で＄1000、確率0.89で＄0

（4）　確率0.10で＄5000、確率0.90で＄0

（1）（2）の両選択肢から確率0.89で＄1000を得ることを等しく引いたこの選択場面では、選択肢（4）が選好される。

　2つの場面を今度は数式を使って確認してみよう。なお$u(x)$はxの効用を表している。はじめの選択場面では選択肢（1）が選好されたので、

$$1.00 \times u(\$1000) \quad > \quad 0.89 \times u(\$1000) + 0.10 \times u(\$5000) + 0.01 \times u(\$0)$$

という不等式が成り立つはずである。左右両辺から$0.89 \times u(\$1000)$を引き、かわりに$0.89 \times u(\$0)$を加えると

$$0.11 \times u(\$1000) + 0.89 \times u(\$0) \quad > \quad 0.10 \times u(\$5000) + 0.01 \times u(\$0) \\ + 0.89 \times u(\$0)$$

となり、左辺が右辺より好まれることになり、これに相当する選択肢（3）の選好が予測されるが、上で見たようにこの予測は成り立たない。このことから期待効用理論における独立性の公理（⇒II-2）が侵犯されていることがわかる。

◆ Ellsberg の壺

　最後にもう1つ期待効用理論の公理を侵犯する例を挙げる。**曖昧性効果**（ambiguity effect）の1つと考えてよいこの現象は、**Ellsberg の壺**（Ellsberg, 1961）と呼ばれている。ここでは3色の玉がある。1つは色が赤の玉で30個ある。もう1つは色が黒の玉と黄の玉で、合わせて60個ある。これらすべてを壺の中に入れ、よくかき混ぜて玉を1つ取り出す。この時、次のような2つの賭けのうち、どちらを好むのかを考えてほしい。

　　（ア）　赤玉を取り出せば1万円獲得
　　（イ）　黒玉を取り出せば1万円獲得

では今度は次の2つの賭けのうち、どちらを好むだろうか。

　　（ウ）　赤玉か黄玉を取り出せば1万円獲得
　　（エ）　黒玉か黄玉を取り出せば1万円獲得

最初の2つの賭けとの違いは黄玉が当たり玉になっただけであるのだが、多くの人は最初の賭けでは（ア）を選好し、後の賭けでは（エ）を選好する。ここでも期待効用理論の独立性の公理の侵犯が見られる。この現象は、前者では赤玉は曖昧ではなかったが、後者は黄玉が加わることで曖昧性が高くなり、これを避けたためにこのような選好の変更が起こったと考えられている。

　Ellsbergの壺は、通常、次のような共に100個の玉が入っている壺から玉を取り出す簡単な選択となって問われることが多い。ここでは赤玉を取り出すと1万円獲得とする。以下の2つの壺のうち、どちらから取り出すのを好むであろうか。

　　壺（オ）　赤玉50個と白玉50個からなる100個の玉が入っている。
　　壺（カ）　赤白の個数は判らず合わせて100個の玉が入っている。

多くの参加者は（オ）を選択する。ここでは明らかに曖昧性の高いものを避けている。
　それでは今度は共に1000個の玉が含まれている壺から取り出す場合を考えてみよう。次の壺（キ）と（ク）のどちらかを選んで、687と書かれた玉を取り出したら1万円獲得できる場合、あなたはどちらの壺を選ぶだろうか。

　　壺（キ）　壺の中の玉には1～1000まで1つずつ数字が書かれてある。
　　壺（ク）　壺の中の玉には1～1000までの数字のどれかがいくつ書いてあるかわからない。

　Ellsbergによれば、ここではむしろ、壺（ク）の方が好まれることが予想されるという（Becker & Brownson, 1964）。このように、曖昧性についてはまだわかっていないことが多いが、曖昧性を確率分布がわかっているリスク性と、何の情報もない無知性との間に位置するものと定義して（⇒Ⅰ-6）、その性質を分析しようとする研究が始まっている。

II — 4　代表性ヒューリスティック（1）

　期待効用理論に対しては多くの公理の侵犯（⇒II-3）が指摘されたが、一方で心理学の中では1970〜90年にかけTverskyやKahnemanを中心に提案された様々なヒューリスティックが、やがてプロスペクト理論へと展開していく。本節ではまず満足化基準と、代表性ヒューリスティックについて述べる。

◆ Simon の限定合理性とヒューリスティックス

　期待効用理論を、それが前提とする合理的人間像の角度から批判したのがHerbert A. Simonである。Simon（1957）は、統計的合理性を人間の決定に適用すること自体に疑問を持った。そこで前提とされている人間像は、ある決定状況において全ての選択肢数を完全に把握し、またそれらの確率や効用を正確に理解する、いわば「オリンポスの神々」のような全能の人である。だがこれは通常の人間の認知能力を超えている。Simonは、人間が限られた認知能力と限られた時間の範囲内で有効な意思決定や判断を行っているという**限定合理性**（bounded rationality）の概念を主張した。すなわち、人々は「最適化」でなく、限定された時間の中で受け入れられる最小限の基準を満足する、**満足化**（satisfying）基準を満たす選択肢を選んでいるとする。そしてこれが具現化された手順の1つが**ヒューリスティックス**（heuristics）でこの語は**アルゴリズム**に対するものとして用いられる。アルゴリズムとは、コンピュータでの計算手続きとして客観的に明確で、どのような場合に何をするかが手落ちなく具体的に指定されていなければならない。一方ヒューリスティックスは便宜的手続きで、短時間で能力を限定的に使うだけで正解の近似を得られるが、一方で時に正解から大幅に逸脱する場合もある。限定合理性の考え方は研究者を刺激し、多くの実証研究につながる（⇒さらなる合理性の分類はBOX 4参照）が、その代表格が「ヒューリスティックスとバイアス」の名で知られるTversky & Kahnemanらの膨大な研究である。その後もさらに多くのヒューリスティックが主張されたが、他方で心理的過程への関心が高まり、**二重過程モデル**（⇒II-11）が有力視されるようになってから一部のヒューリスティックは後述の**属性代替**で説明されるようになる。だがまずここでは代表的研究を紹介しよう。

◆ 少数の法則

　最初にわかりやすい例として**少数の法則**（law of small numbers）を紹介する。この名は、母集団から抽出される標本の大きさが大きくなるにつれその標本平均は母集団平均に近づくという統計学の**大数の法則**（law of large numbers）をもじったものである。「少数の法則」は母集団からランダム抽出したならどんなに小さい標本でも母集団の性質を表しているという人々の信念をいう。次の例を考えてみよう。

コインを10回投げたとき、次のどちらがより起こりやすいと思うか？
（系列 1 、 2 はそれぞれ第 1 ～第10試行に出た目を、〇は表、×は裏を表す。）
　　　　系列 1 ：××××××××××
　　　　系列 2 ：〇×〇××〇〇〇××

　多くの人は、系列 2 の方が起こりやすいと考える。しかし、実際には系列 1 も系列 2 も起こりやすさは等しい。コインを多数回投げたときには、大数の法則から最終的に表と裏の出る回数はそれぞれほぼ半数ずつになることが期待できるが、しかし10回という少数の試行では、系列 1 も 2 も起こりやすさは同じである。だが、人々は少数回であっても多数回の場合の結果を反映しているように考えがちである。

　代表性ヒューリスティック（representative heuristic）とは、確率判断（例：X が Y である可能性（likelihood））は、類似性の評価（X が Y に似ている程度）によって媒介されるというものである（Kahneman & Frederik, 2002）。上の例でいえば、どちらの系列が生じやすいかを判断する際には、多数回で起こることが期待される事象（表と裏が半々となる）と似ている系列 2 の方が起こる確率は高いと判断されることになる。賭博者の錯誤（⇒Ⅰ - 2 ）も同様で、「極めて長い連では表と裏の比率が半分ずつになる」という母集団での性質が短い連でも反映されるはず、という代表性ヒューリスティックが働いているのである（⇒Ⅲ - 1 の hot hand も代表性ヒューリスティックの例の 1 つである）。

◆ 標本の大きさへの感受性の低さ　―病院問題―

　ヒューリスティックス研究は、少数の法則に見られるように、人々がどのように統計的推論と異なる推論をしているかを明らかにしてきた側面もある。次の囲み内の問題を見てみよう。

　ある町には 2 つの病院がある。大きな病院では毎日約45人の赤ん坊が生まれ、小さな病院では毎日約15人の赤ん坊が生まれている。ご存じのように、全ての赤ん坊の約50%が男の子である。しかし、正確な比率は日毎に変動する。時には50%より高くなり、時には低くなる。

　1 年の間、各病院では生まれた60%以上の赤ん坊が男の子である日を記録した。あなたはどちらの病院でよりこうした日を多く記録したと考えるか?
　　a. 大きな病院
　　b. 小さな病院
　　c. 大体同じ位 (共に 5 %以内)　　　　　　　　　　(Tversky & Kahneman, 1974)

　大学生の回答では「大体同じ」が95名中53名で最も多く、「大きな病院」または「小さな病院」の回答は21名ずつだった。だが標本理論から考えると、両病院は標本の大きさが異なっており、大きな病院の方が母集団比率である50%からずれにくいことから、小さな病院の方がこういった日をより多く記録することが期待されるのである。このように、回答者は確率を判断する際に標本の大きさに対して感受性が低いことが示されている。同様のものとして、Kahneman (2011) は米国の腎臓がんの出現率の例 (Wainer & Zwerling, 2006) を紹介している。米国の3141の郡で腎臓がんの出現率の分布を調べたところ、出現率の低い郡の大半は中西部、南部、西部の農村部であった。このことから見るとつい「腎臓がんにならないのは田舎のライフスタイル、すなわち大気汚染も水質汚染もなく、添加物のない自然な食品が手に入ることによるものだ」と考えるかもしれない。だが出現率が高い郡をプロットすると、やはり中西部、南部、西部の農村部なのだ。これを見たら今度は「優れた治療が受けにくく、高カロリーの食事をとり、アルコールやたばこを過剰に摂るから」と考えてしまうかもしれない。だが、これらは標本の大きさが分散に影響している例なのである。人口の小さい郡は大きい郡よりも分散が大きく、1 人の違いが割合に大きく影響する。一方、ニューヨークやロサンゼルスのような人口の大きいところではこういったことは起きない。人口が少ない地域では腎臓がんの死亡率の群間の分散が大きく、多いところでは分散は極めて小さくなるにもかかわらず、多くの人は病院問題同様、標本の大きさの影響を無視しがちなのである。

◆ 連言錯誤

　次の囲み内の問題は長い間激しい議論を巻き起こしたものである。

　リンダは31歳、独身で、意見を率直に言い、また非常に聡明です。彼女は哲学を専攻していました。学生時代、彼女は差別や社会正義の問題に深く関心を持ち、反核デモにも参加していました。彼女について最もありそうな選択肢を選んでください。

・リンダは銀行の出納係である。

・リンダは銀行の出納係であり、かつフェミニスト運動の活動家である。

（いわゆる「リンダ問題」，Tversky & Kahneman, 1982）

　この問題では、約90％の人がリンダは出納係で、かつフェミニストである方を選択する。しかし、この回答は本来2つの事象の連言（conjunction）または同時生起（「出納係」で、かつ「フェミニスト」）であることから考えると、一方のみの単一事象（「出納係」）より生起確率が高くなることはない。2つの事象が共に起こるとすれば、その確率は「出納係である確率」と「フェミニストである確率」の積になるはずである。このような錯誤を**連言錯誤**（conjunction fallacy）という（なおオリジナルでは2つの選択肢だけでなく、単一事象の他の選択肢（例：「小学校の先生である」）も提示されている）。この問題で「銀行の出納係である」という選択肢が「フェミニストの活動家ではない出納係」という意味に取られていないかを確認するため、Tversky & Kahneman（1982）は別の参加者にこの問題を1選択肢のみで示し、それぞれありうる確率を推定させた。その結果、この場合もやはりフェミニストでかつ銀行の出納係の確率の方が、出納係のみより高くなった。Tverskyらはこのことから「シナリオの詳細部分が増えていけば確率は減少していくだけなのだが、その代表性とありそうな見込みは増大するのかもしれない」と述べている。なおこの問題はそもそも確率解釈に問題があるという指摘（Gigerenzer, 1996a）など、Kahneman自身も認めているように世界中で大きな議論を呼んだ問題でもある。

◆ 属性代替

　代表性ヒューリスティックは後に**属性代替**（attribute substitution）という過程で説明されている（Kahneman & Frederick, 2002）。すなわちこの場合、実際尋ねられているのは確率なのだが、回答者は確率を尤もらしさに置き換えて回答していると考えられている。このように属性代替とは回答時に尋ねられている属性と別の属性への置き換えを指し、後述する利用可能性ヒューリスティックについても、Kahnemanらは属性代替で説明できるとしている。

II ― 5　代表性ヒューリスティック（2）基準比率の無視

　本節では前節に引き続き、代表性ヒューリスティックの例として基準比率（base rate）の無視などの研究を紹介する。

◆　基準比率の無視

　次は代表性ヒューリスティックのもう1つの著名な例である（Kahneman & Tversky, 1973）。69人の実験参加者（基準比率群）が次の質問に答える。「現在の米国の大学院生1年全員を想像してほしい。彼らのうち、次の9つの専門分野それぞれに入学したパーセンテージをできるだけよく推測して値を書くこと。」9つの分野は経営管理、コンピュータサイエンス、工学、人文・教育、法律、図書館学、医学、物理・生命科学、社会科学・社会福祉である。

　第2群は65人（類似性群）で次の人物描写を提示された。

　Tom W. はとても頭が良いが、創造性を欠いている。彼は秩序や明晰さを好み、全ての些細な点まで適切な場所に収まっているような整頓されて整然としたシステムが好きだ。彼の文章はかなり退屈かつ機械的で、たまに冴えない駄洒落やSF調の想像力の閃きが見られる。彼は能力の向上には熱心である。他人にはあまり関心も同情心もないように見え、付き合いも楽しまない。自己中心的で、にもかかわらず強い倫理観を持っている。

　参加者は「Tom W. が大学院の専門9分野の典型的大学院生とそれぞれどのくらい似ているか」について順位付けをするよう求められる。最後の群は米国の主要3大学の心理学専攻の114人の大学生でTom W. の人物描写を渡され、追加情報をもらった上で次のような可能性の推測を求められる（予測群）。

　次の Tom W. の描写は、Tom が高校の最上級生の時、心理学者が投影法検査の結果に基づいて書いたものである。Tom W. は現在大学院生である。次の大学院の専攻の9分野について、Tom W. がこれらの各分野の大学院生である可能性（likelihood）に基づいて順位をつけてほしい。

表2―3　Tom W. についての平均基準比率、類似性、予測のデータ

大学院の専門分野	判断された平均基準比率（%）	類似性の順位の平均	可能性の順位の平均
経営管理	15	3.9	4.3
コンピュータサイエンス	7	2.1	2.5
工学	9	2.9	2.6
人文・教育	20	7.2	7.6
法律	9	5.9	5.2
図書館学	3	4.2	4.7
医学	8	5.9	5.8
物理・生命科学	12	4.5	4.3
社会科学・社会福祉	17	8.2	8.0

(Kahneman & Tversky, 1973)

　結果（表2―3）から、類似性の評価はコンピュータサイエンスが最上位（2.1位）となり、これはこの描写がオタクを想像させるためのようである。他に高いのは工学（2.9位）、逆に低いのが社会科学・社会福祉（8.2位）である。だが実際には大学院生の割合（基準比率）はコンピュータサイエンスも工学もかなり低く、逆に人文・教育や社会科学・社会福祉が高い。もし Tom W. という大学院生をランダムに選び出したなら、各学部の相対的な学生数（基準比率）に影響されるはずだが、実際には基準比率ではなく、人物描写と各分野のステレオタイプが似ているかどうかという代表性ヒューリスティックで推定されていることがわかる。なお、予測群は統計学も学び、また情報源がかなり怪しいことも理解しているはずの心理学の大学院生だが、可能性の順位が最も高いのはやはりコンピュータサイエンス、2位が工学であり、類似性とほぼ同じ順位であった。これは可能性（確率）を類似性という属性で置き換えて推測する属性代替が起こったと考えられる。

　この現象はかなり頑健に生じるが、しかし必ずしも無視ばかりではなく、基準比率にも影響されることがその後の研究で明らかになった。また実験参加者に「統計学者になったつもりで考えてください」と指示すると基準比率は無視されにくく、「子供になったつもりで……」と指示すると逆の結果が出ることが指摘されている（Schwarz et al., 1991）。さらにその後、二重過程（⇒Ⅱ-11）の中の特定のシステム（システム2）を活性化させる手続きを実験参加者にさせると、基準比率の無視が減少することが明らかになっている。

◆ 基準比率の無視とベイズの定理 ─タクシー問題と専門家の誤り─

なお基準比率に基づくこういった問題はベイズの定理を使うと正確に計算できる。次は有名な例で、囲み内の課題はベイズの定理（⇒Ⅰ-6）を用いると導くことができる。

あるタクシーが夜ひき逃げ事故を起こした。町では2つのタクシー会社、グリーン社とブルー社が営業している。あなたは次のようなデータを与えられる。

(a)町のタクシーの85％がグリーン社で、15％がブルー社である。

(b)目撃者はタクシーをブルー社とした。裁判官は目撃者の信頼性を夜間のその事故と同じ状況下でテストし、当該時間80％では2色の各色を正しく判断できるが、20％で見誤るという結論を得た。

事故を起こしたタクシーがグリーン社でなくブルー社である確率はいくらか？

（いわゆる「タクシー問題」, Kahneman & Tversky, 1972）

まず問題を整理してみよう。

	事前確率	尤度比
ブルー社の車がひき逃げをした確率：	$p(B) = .15$	.80
	対	対
グリーン社の車がひき逃げをした確率：	$p(G) = .85$	.20

W：証人のレポート

とする。

ベイズの定理を用いると、証人がB（「ブルー社」）と言ったとき事実Bが事故を起こしている確率は以下のようになる（Ⅰ-6の式を参照しながら見て頂きたい）。

$$p(B \mid W) = p(W \mid B)p(B) \big/ \{p(W \mid B)p(B) + p(W \mid G)p(G)\}$$

証人がGと証言したとき事実Gが事故を起こしている確率は

$$p(G \mid W) = p(W \mid G)p(G) \big/ \{p(W \mid G)p(G) + p(W \mid B)p(B)\}$$

両者の比を求めると、分母は等しいので払われて下の式になる。

$$p(B \mid W) \big/ p(G \mid W) = p(W \mid B)p(B) \big/ p(W \mid G)p(G)$$

$$= (.8)(.15) \big/ (.2)(.85) = 12 \big/ 17$$

（$p(W \mid B)$は証人がBと言っている現在の証言のもっともらしさ）

よってこの比より、証人がBと証言したときに事実Bが事故を起こしている確率は、

$$p(B \mid W) = 12 \big/ (12 + 17) = .41$$

以上のように証人の証言にもかかわらず、ひき逃げはGの方が起こりやすい。

というのは基準比率（そもそものGとBの事故の比）が証人の信頼性よりもずっと極端だからである。だが多くの研究結果はほぼ一貫し、推定された確率の中央値は.80で証人の信頼度と一致し、タクシーの相対比率には影響されていなかった。

　同様にCasscells et al.（1978）はハーバードの医学校で60人の学生とスタッフに次の質問をした。

　罹患率1/1000の疾病を検出するある検査が5％誤って陽性の診断を出してしまう時、あなたがある個人の症状や徴候について何も知らないとしたら、その人が陽性の診断をされた場合に本当に罹患している確率はいくらだと思うか。

（Casscells, Schoenberger, & Garyboys, 1978）

　最も一般的な反応（約半数の参加者の回答）は95％で平均は56％、正解である2％と答えたのはわずか11人であった。明らかに、非常に高い教育を受けていても、比較的単純な形式の問題においてさえ基準比率の重要性が認識されていないことがわかった（Bar-Hillel, 1980；Lyon & Slovic, 1976）。またこのような誤りは、臨床医に留まらず物理学者その他でも同様であった。このように、基準比率の無視は専門知識を持った者さえもよく犯す、極めて頻繁に起こりうる誤りなのである（なおGigerenzerらは乳がんに関する同様の条件付き確率について、頻度表現だと驚くほど正解率が上がることを明らかにしている。⇒Ⅵ-8）。

◆ 回帰を無視した予測

　人々はしばしば「非回帰的な」予測を行っている。次の囲み内の例を見てみよう。

　あなたはメジャーリーグの野球チームのマネージャーで、2016年のシーズンが終わったところである。あなたの最も重要な仕事の1つは選手の将来の成績を予測することだ。現在、あなたの主要な関心は9人の選手の平均打率を予測することにある。選手の成績の尺度である平均打率は0～1までの幅がある。大きい数値は打撃成績がより良いことを表す。あなたは9人の選手の2016年の平均打率を知っていて、2017年の平均打率をそれぞれ推定しなければならない。下の行にあなたの推測値を書いてください。　　（Bazerman & Moore, 2008を元に一部変更）

選手	1	2	3	4	5	6	7	8	9
2016年の成績	.215	.242	.242	.258	.261	.274	.276	.283	.305
2017年の推定平均	__	__	__	__	__	__	__	__	__

多くの人々はこの推測の際、誰もが前年度と同レベルの成績を収めると考える。しかし、統計上はメジャーリーグの野球選手の平均打率の年間相関は .4しかない。本来、例年と異なる例外的な成績を収めた選手の次の年は平均に回帰し、最悪の成績は改善し、最良の成績は悪くなる傾向にある。だがこの平均への回帰（regress to the mean）（⇒ BOX 3）は見過ごされることが多い。同様の例として Kahneman & Tversky（1973）は飛行学校での教官の例を挙げた。飛行学校の経験豊富なある教官は、素晴らしい着地の後でパイロットを誉めると次の成績が悪くなり、また、下手な着地の後で厳しく批評すると次には改善されると考えていた。よって言語報酬はあまり有効ではなく、むしろ罰が有効と信じていた。これは前述の回帰現象の一例で、極めて素晴らしい着地をすれば次回は当然平均に回帰し、同様に非常に悪かった時も、次回は多少平均に回帰し改善されるはずである。

Nisbett & Ross（1980）は、犯罪、疾病、強盗の突然の増加、セールスの売り上げや降雨量、あるいはオリンピックの金メダリスト数の突然の減少を例に挙げ、いずれも実際より強い影響を持っているように見えると述べた。そして悪いことを止めるために何かを変える、逆に良いことを終わりにしないために現在のものを変えない、といったジンクスや迷信の一部はこういった単純な回帰現象の観察から起こっているのではないかと指摘している（例えば米国のスポーツ選手には日本の雑誌「Number」にあたる一流スポーツ誌「スポーツイラストレイテッド」の表紙に出ると成績が下がる、というジンクスがある）。このようなバイアスの結果、臨床的な判断と保険統計的な判断とを比べると、保険統計的判断は臨床的な判断と同等かそれ以上に正確だという（Lasky et al., 1959）。Kahneman（2011）はこのような問題がいかにも生じそうな事例を挙げている。「鬱状態に陥った子供たちの治療にエネルギー飲料を用いたところ、3カ月で症状が劇的に改善した（カーネマン，2013, p.269）」。これは実際の新聞の見出しから作成した現実のものだそうだが彼はいう。「鬱状態の子供たちの治療として長期にわたってエネルギー飲料を与えたら、臨床的に見て症状は顕著な改善を示すだろう。しかしまた、子供たちが毎日逆立ちをしても、毎日30分猫を抱っこしても、やはり症状は改善するはずだ」。平均への回帰を知らずに、「エネルギー飲料や猫とのふれあいが功を奏したのだ」と読者が自動的に推論するならそれは「まったく正しくない」危険な推論なのである（なお本来こういった場合には偽薬（実際には効果のない薬）での治療を受けた統制群との比較が必要である）。

❖BOX 3❖ 平均への回帰

　親子の容姿や能力が似ていることは珍しくない。しかし一方で、「鳶が鷹を産む」というように、両者がまったく似ていないと思えることもある。

　Galton, F.（1822-1911）は、従兄にあたる Darwin の進化論の影響を受けて、遺伝の研究を行った。彼が特に関心を持ったのは、優秀な子孫だけを残すことで、人類社会を改良することであった。これは優生学（eugenics）と呼ばれ、後にナチスによるユダヤ人虐殺へつながっていった。このために、Galton の名は、ネガティブに取り上げられることも多い。しかし、彼の遺伝研究は**相関**（correlation）や**回帰**（regression）という統計学の基本概念も産み落としている。

　特に有名なのは、親子間の身長の関係の研究である。彼は数百名もの親子のデータから、背の高い親からは背の高い子どもが生まれる傾向があるが、子どもの身長は平均値により近づく（回帰する）傾向があることを見出した（図）。言いかえれば、ある世代で背の高い親を持つ子どものほとんどは、その子ども達の世代の中では親よりも相対的に身長の低い部類に入るのである。

　平均への回帰は、スポーツや学業成績にも現れる。ある試験の点数は、真の能力を反映した実力による得点だけでなく、適当に選んだ答えが当たっていたとか、体調が悪くて集中できなかったなど、運や偶然によって加点されたり、減点されたりすることで決まる。運が良くて高い点数が得られたとしても、次回も同じように好運が続くことは少ない。すなわち、良い成績が得られた後には、それよりも低い点数を取りやすい。

　何回もテストを繰り返すと、偶然のプラスマイナスは相殺されるので、テストの平均値は真の得点を示すことになる。しかし人々は一般に、この平均への回帰の効果を過少視しがちであり、成績上昇・下降の原因を正しく見出すことができないのである。

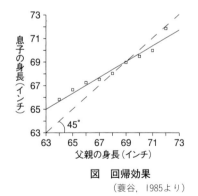

図　回帰効果

（蓑谷，1985より）

II— 6　利用可能性ヒューリスティック

　日本では転落と交通事故のどちらで死亡する人が多いのだろうか。交通事故と答える人が大半ではないかと思うが、実際には交通事故（5646人）より転落・転倒の方が実に2000人以上多い（7992人、2015年度）。人々がこのような頻度や確率に関する推定の誤りを犯すのは利用可能性ヒューリスティックが働いているからである。

◆　利用可能性ヒューリスティック

　日常生活では頻繁に起きるものは簡単あるいはすぐに想起できるため、人々は逆に例や発生の想起しやすさで生起頻度や確率を推測する。これが**利用可能性ヒューリスティック**（availability heuristic）である。「英語のテキストから無作為に3文字以上の語を拾った時、ｒで始まる語と3文字目がｒである語のどちらが多いか」を推定させた研究では、152人中105人が前者を多いとした（Tversky & Kahneman, 1973）。これは1文字目が3文字目よりも記憶の中から検索しやすいことにより起きるバイアスである。同様に英語テキストで1文字目より3文字目によく現れる子音ｋ、ｌ、ｎ、ｖについての同じ質問でも、大半は1文字目が多いと回答した。

　Tversky & Kahneman（1973）は生起頻度の推定に影響する要因を調べるため次の実験を行った。参加者は39名の有名人男女の名前（大変有名な人とやや有名な人を含む）を2秒ずつ聞いた後、リストに男女どちらが多かったかを判断する。リストは4つあり、エンターテイナーのもの2つと他の有名人のもの2つで、それぞれ1つは男性19名（大変有名）が女性20名（やや有名）よりも少なく、もう1つでは人数、有名度とも逆の構成であった。その結果、どのリストでも誤って有名人の多い性がより多いと判断された。このように親近性は事例の想起しやすさに影響を与え、結果として生起頻度の推定に影響を与える。目立ちやすさも影響する。Lichtenstein et al.（1978）は米国での死因別死亡者数を、手がかりなしで参加者に直接推定させた。その結果、実際には糖尿病や胃がんの死亡者数は極めて多いのに、殺人や自動車事故の方がより多く推定される傾向が見られた（図2—3）。この結果が得られた理由は殺人や自動車事故が一般の疾病に比べ目立ちやすく事例を想起しやすいためと考えられている（この研究はリスク認知研究（⇒VI-6）にも大きな影響を与えた）。原因帰属理論の**基本的な帰属の誤り**（fundamental attribution error）（⇒III-4）も社会的環境において行為者がより目立つことから起こる結果と考えられる。

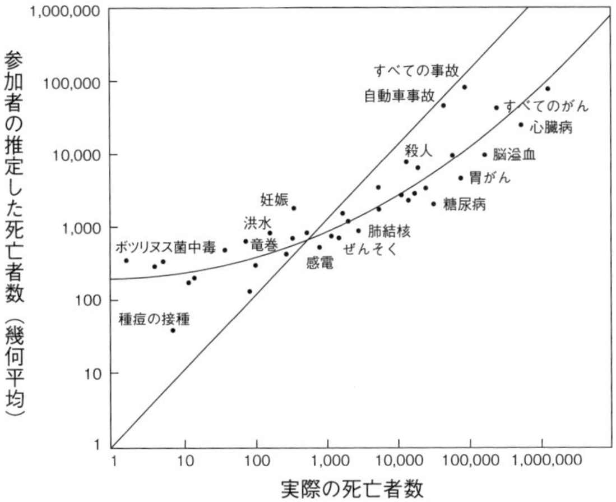

図２—３　米国での死亡者数の推定

１年間の米国での様々な原因による死亡者数を、手がかりなくそれぞれ直接推定させた。この各参加者の推定値の幾何平均を縦軸に、横軸に実際の死亡者数を両対数軸にプロットしている。事故のように目立ちやすく思い出しやすいものは過大視、逆に一般的な疾病は過小視傾向である。（Lichtenstein et al., 1978）

◈ 自己中心バイアス

共同作業で自分の貢献を過大視する**自己中心バイアス**（egocentric bias）も同様の働きによる。Ross & Sicoly（1979）は37組の夫婦の夫と妻に20の様々な活動（朝食の支度、食器洗い、口喧嘩の原因等）を自分と自分の配偶者が担っている程度について、両端に「主に夫」「主に妻」と書かれた150㎜の直線に線を１本書き入れ各自回答してもらった。その結果、各夫婦での貢献度の合計は150を上回った。つまり夫婦の少なくとも一方は自分の貢献を過大視していたことになる。過大視傾向は肯定的活動だけでなく否定的活動でも見られた。実験２ではインカレのバスケットボールの男女選手に６試合の勝敗の分岐点と、試合の勝因と敗因について尋ねた。その結果、敵より自チームメンバーが勝敗の分岐点を作ったとする傾向が見られ、特に６試合中５試合では負けチームでこの傾向がより強かった。また勝因や敗因の説明も、敵より自チームについての言及数が多かった。このように否定的活動や負けについても自分あるいは自集団についての言及数が多いことから見ると、動機的原因ではなく自分または自集団の行為が他者の行為より目立ち想起しやすいことによる利用可能性ヒューリスティックの働きで起こると考えられる。

利用可能性ヒューリスティックも現在では属性代替の１つとして説明される

（Kahneman & Frederick, 2002）。すなわち、ある事象の起こりやすさ（確率）を推測する際、その状況の想起しやすさという属性に置き換えているとされる。

◆ 利用可能性ヒューリスティックのメカニズム

感情情報機能説で知られる Schwarz, Bless et al.（1991）は、利用可能性ヒューリスティックのメカニズムをより詳しく検討する目的で3つの実験を行った。最初の実験では40名のドイツの女子大生にリラクゼーションのためのロールプレイングのシナリオを改善する目的と説明して「あなたが強く自己主張して、すっきりした」例を6または12例書き出してもらった。別の条件では「あなたが自己主張せず、臆病だった」例を6または12例書き出してもらった（事前テストでは6例は簡単だが12例は難しいことが判明している）。この後学生はリラクゼーション関連の一般的な質問に回答し、その中で自分の自己主張の強さ、不安定さ、不安感のそれぞれの程度を10点尺度で評定した。その結果、自己主張した事例を苦労して12例思い出した条件では6例の条件よりも自分の自己主張の程度を低く評定した。また特に興味深いことに、「自己主張しなかった」例を書き出した条件では、逆に12例で自分の自己主張の強さを高く、6例では低く評定したのである。いずれの場合も6例想起するのはたやすく、その想起しやすさが自己評価に影響したと考えられる。

ただし想起しやすさが影響しない場合も指摘された。1つは想起しやすいことに明示的に理由がつく場合である。Schwarzらの第3実験では、78人の女子大生を対象に、この研究は音楽が自伝的記憶の再生に与える影響に関するものだと説明、第1実験同様に自己主張した（またはしなかった）事例を6ないし12例書き出してもらった。ただしその際ヘッドフォンで音楽を聞かせ、実験参加者には「音楽は自己主張（あるいは臆病さ）と関連した経験の自伝的記憶の再生を促進する」と説明する。結果は、第1実験と異なり、音楽がそこで求められている作業を促進すると言われ想起しやすい／しにくい理由（音楽）があらかじめ説明されていた群では、誤帰属により、想起した事例数による自己主張の自己評価差はなくなった。

また課題内容に個人的関与がある場合も想起しやすさは必ずしも影響しない。Rotliman & Schwarz（1998）はミシガン大学の男子学生155人に、質問紙に3つ（または8つ）の心臓病リスクを増加（または減少）させる要因を書くように求めた。またその際の説明として個人的関与度を操作し、自己条件は「あなたの人生で心臓病を患う個人リスクを増やす要因」を、もう一方の平均人条件では「平均的な人が、その人の人生で心臓病を患うリスクを増やす要因」を尋ねた。さらに回答者は家族に心臓病を患った者があるか等を尋ねられた。結果は、家族歴のない学生は利用可

能性ヒューリスティックの効果に従い、自己条件で8つ増加要因を想起した場合は3つ想起の場合に比べ心臓病になる可能性を低く、減少要因を8つ想起した場合は相対的に高く認知した。だが、家族歴のある場合には逆に、減少要因を8つ想起した場合は相対的に危険性を低く、増加要因を8つ想起した場合には高く評価した（なお平均人条件は自己条件と逆パターンになった）。このように個人的関与がある場合には、利用可能性ヒューリスティックは必ずしも働かないことが指摘されている。

❀BOX 4❀ 様々な合理性の見解

```
                    合理性の見解
              ┌──────────┴──────────┐
      全知全能性（demons）        限定合理性（bounded rationality）
      ┌────────┴────────┐        ┌────────┴────────┐
  限定なしの合理性  制約下の最適化    満足化        高速・倹約ヒューリスティック
  (unbounded     (optimization  (satisficing)  (fast and frugal heuristic)
   rationality)   under constraints)
```

図　合理性の見解の分類

(Todd & Gigerenzer, 2000より)

　Todd & Gigerenzer（2000）によれば、「限定なしの合理性」は時間や知性、計算能力に限界がないことを前提とするが、「制約下の最適化」もコストや便益を考える分、知識や計算が必要となり、「満足化」も適切な要求水準の設定や複数基準での検討には莫大な計算過程が必要、と批判する。

II─7　係留と調整ヒューリスティック

　「年間に AIDS で死亡する人は何人くらいか？」このようなはっきりした解答が
わからない問いに対する回答はごくわずかな手掛かりにも影響される。本節では係
留と調整ヒューリスティックと、最近注目されている新しい研究について紹介する。

◆　係留と調整ヒューリスティック

　「国連に属しているアフリカの国家の割合は？」この問題を推定させた Tversky
& Kahneman（1974）の実験では、まず参加者に 0 から100までの目盛りのついた回
転盤を回させ、自分の推定する値が針の止まった値より高いか低いかを判断させた。
その結果、針が65に止まるよう操作してあった参加者の推定の中央値は45であった
のに対し10に止まった参加者では25で、正確さに報奨金がつく場合でも結果は同じ
であった。このように、人々は数量の推定を行う際、初期値が問題内や計算法の中
で与えられるとそこから推定を始め、調整しながら最終的な回答にたどりつく。こ
のため調整は不完全になる。Tversky & Kahneman はこの過程を**係留と調整ヒュー
リスティック**（anchoring and adjustment heuristic）と呼んだ。

　Tversky と Kahneman は計算結果の推定でも開始点で違いが生じることを示した
（Tversky & Kahneman, 1974）。高校生の 2 集団に 5 秒以内で数式の計算結果を推定
させる課題を出し、8 から 1 まで 1 ずつ数値が減少する系列での掛け算と、1 から
8 まで数値が増加する系列での掛け算結果をそれぞれ推定させた。この推定では、
人々は計算の数ステップを実施し、その外挿または調整で積を推定する。その結果、
降順を示された集団は最初のいくつかの掛け算の結果が昇順より大きいため、降順
の解答の中央値は2250に対し、昇順は512となったのである（正解は40320）。

　係留（アンカー）の働きにより、質問に任意の数値が入っている場合や最悪や最
良のケースを示してしまうことが、回答に意図せぬ影響を生むことも考えられる。
Graham & Kramer（1986）は1984年の米国の世論調査の「あなたは、もしソ連全体
の核ミサイルと核爆弾の90％を打ち落とせるような対核ミサイル・核爆弾防衛シス
テムを作れるとしたら、それを支持しますか？」という質問では、文中の「90％」
という非常に高い数値が防衛システムについての係留として働く可能性を指摘した。

　最近の有名な研究には Ariely et al.（2003）がある。Ariely らは＄70相当のかな
り高い商品（ワイヤレストラックボール、ワイヤレスキーボード、希少なボトル・ワイン、

表2－4　プロの不動産業者による不動産価格推定での平均推定値（＄135,000の評価額の場合）

（n＝47、単位：＄）

呈示した価格	評価額	広告用販売額	適切な販売額	最低販売額
119,900	114,204	117,745	111,454	111,136
129,900	126,772	127,836	123,209	122,254
139,900	125,041	128,530	124,653	121,884
149,900	128,754	130,981	127,318	123,818
F値	$F=18.76$ $p<.001$	$F=19.64$ $p<.001$	$F=32.60$ $p<.001$	$F=17.87$ $p<.001$

(Northcraft & Neale, 1987)

ベルギーの高いチョコレート、デザインの本）をMBAコースの院生55人に金額は言わずに渡した。その後、学生自身の社会保障番号の下2桁（米国ではよくランダムな数として利用される）と等しい価格（例えば79なら＄79）だったら買うかどうかを尋ねて学生たちが諾否を回答した後、その商品に対して最高で幾ら支払うかの支払い意思額（WTP）を尋ねた。その結果、学生が回答したWTPは、どの商品でも社会保障番号に影響された。中央値で分けた上位の学生の数値は下位の学生の場合に比べ57％～107％有意に大きかった。特に分布で上位1/4の値を持つ学生は他の3群よりも大きく、例えばキーボードには平均＄56を付けた（分布の下1/4の学生ではわずか＄16）。なお対人関係で、他者が自分の内的状態について認識できる程度を過大に見積もる傾向である**透明性の錯覚**（illusion of transparency）での自己中心バイアスは、係留と調整ヒューリスティックの働きで説明されている（Gilovich et al., 1998）。

◆ 専門家も影響される：不動産価格の推定

　専門家さえ影響された例もある（Northcraft & Neale, 1987）。66人の不動産業者がアリゾナ州ツーソンの2つの売り出し中の地所のうち1つを見学する機会を与えられた。地所の実際の評価額は、1つは＄74900、もう1つは＄135000と見積もられていた。見学の際、地所の価値を決定するのに通常使われる全情報（公的評価額を除く）を含む10頁の資料を全員がもらったが、条件により地所の価格部分だけ異なっていた。ある業者の受け取ったものは真の評価額より11～12％下で、他には4％下、4％上、11～12％上回っているものがあった。業者は最大20分間家と土地、周囲を歩き、①地所の評価額、②適切な広告用販売価格、③地所の適切な販売価格、④もし彼等が売り手なら地所に対して受け入れる最低価格、の推定を行った。その

結果、表2—4のように業者は一様にリストに載っている価格は高すぎるとしたが、分散分析の結果、①〜④のいずれも呈示価格の要因が有意となり、係留が用いられたことが明らかになった。だが、判断の上で3つ（与えられた資料、実際の近隣物件との比較、物件の一部の特徴のみによる算出）のどれを用いたかを尋ねると、「資料を用いた」と回答した業者はわずか5％だった。このように、専門家の判断ですら係留のバイアスが生じる。その上、業者が資料の呈示価格を「参考にしなかった」と述べたように、呈示情報が係留効果を持っていることさえ意識されていないのである。

　こうした効果は現実社会でも頻繁に見られる。Kahneman（2011, 2013）は科学教育センターの見学者を対象に、太平洋でのタンカー原油流出事故による環境汚染を調査中だとして「太平洋沿岸の海鳥5万羽を救うためにいくら寄付するか」を尋ねる際「＄5以上寄付するつもりはありますか」あるいは「＄400以上寄付するつもりはありますか」と尋ねると、アンカーがない場合は平均＄64であるのに対し、アンカーが＄5だと平均$20、一方$400では平均$143に達したことを報告している。

◆ 係留と調整のメカニズム

　係留と調整のヒューリスティックは最近では単に**アンカリング**（anchoring）と呼ばれることも多いが、その発生メカニズムでは後述する**二重過程**（⇒II-11）の2つのそれぞれのシステムでの過程が考えられている。1つは調整プロセスで、アンカーとなる数字を出発点としてそれが多すぎるか少なすぎるかを評価し徐々に調整するという、注意を要する意識的過程である。一方もう1つは**プライミング効果**（priming effect）である（Strack & Mussweiler, 1997）。プライミングとは「先行刺激の受容が後続刺激の処理に無意識的に促進効果を及ぼすこと」（太田，1999）をいう。「ガンジーが何歳で亡くなったか」の推定前に「ガンジーが亡くなったとき、144歳より上だったか、下だったか」を尋ねても、意識的過程なら144歳をアンカーにする人はいないだろう（例はStrack & Mussweiler, 1997。彼らはアンカーに9歳と144歳を使った）。だがそれでもアンカリング効果が生じるのはプライミングとして影響するためと考えられている（なお、係留と調整ヒューリスティックのアンカリング（初期値を得る）部分も、近年は属性代替で説明されている）。

　アンカリングの一部がプライミング効果で生じるのなら、アンカリングにおいてプライミングによる他の関連した観念の活性化が予想される。この点を実験したのがMussweiler & Strack（2000）である。彼らは実験1で実験参加者に常識問題を与えたが、まず回答が特定のアンカーの値よりも高いか低いかを、次いで具体的な

推定値を尋ねた。最初の4問はどの条件でも同じ内容で、5番目のみ条件により異なっている。参加者の半分は「ドイツの年平均気温は20℃よりも高いか低いか」（20℃条件）、残りは「5℃よりも高いか低いか」（5℃条件）を尋ねられ、その後、全員に複数の単語——高温と結びつきやすい夏語（暑い、夏、太陽など）、低温と結びつきやすい冬語（寒い、橇、ストーブ）、中立語（鉛筆、牛、紙等、無意味語）——を一瞬だけ見せ、意味のある単語か否かをできるだけ速く判断してもらった。提示した単語のうち11〜70単語目が実験試行で、7つが夏語、7つが冬語、34が中立語、12が無意味語でこれらに対する反応潜時が測定された。その結果、20℃条件では夏を想起する単語、5℃条件は冬語に対して反応潜時が短かった（ただし有意ではない部分もある）。実験2ではドイツ車の平均価格が使われた。この実験では実験1と同様の手法を使うが、実験参加者は新車の平均価格が40000DM（ドイツマルク）より高いか低いか、あるいは20000DMよりも高いか低いかを尋ねられた。その後、単語として今度は高級ブランド（メルセデス、BMW）、大衆ブランド（ゴルフ、フォルクスワーゲン）、中立語（デジタル、座標）、無意味語を提示した。その結果、高アンカーでは高級ブランドで、低アンカーでは大衆ブランドで反応潜時が短かった。このように、結果はこれらのアンカリングでプライミングが生じていることを示している。

　なおアンカリング効果は追試（直接に追試された論文はJacowitz & Kahneman, 1995）により再現性が高いことが明らかになっている（Klein et al., 2014）。

◆ 単独評価 vs. 並列評価

　係留と調整ヒューリスティックの最後に、最近関心を集め、アンカリングで説明できると考えられている課題について述べる。この現象をHsee（1998）は"less-is-better effect"、後述するList（2002）は"more-is-less effect"と呼んでいる（検索では前者が若干多い）。和訳しにくいが意味からは「小さな葛籠効果」とでも言えそうだが（舌切り雀の寓話では、大きくても重い葛籠より小さくて運びやすい葛籠が選ばれる）、古典的には**並列評価**（joint evaluation）と**単独評価**（single evaluation）の問題として取り組まれてきたものである（なお2016年発行JDMのハンドブックでは最近の動向としてこの問題に1章が割かれている）。

　2つのディナー食器のセットがある。セットHは点数は多いが、いくつかは傷物である。セットLは点数は少ないが、すべてに傷がない。具体的には次の通りである。

	セットH（40点）	セットL（24点）
ディナープレート	8点（すべて完品）	8点（すべて完品）
スープ／サラダボール	8点（すべて完品）	8点（すべて完品）
デザート皿	8点（すべて完品）	8点（すべて完品）
カップ	8点（うち2点が傷物）	
ソーサー	8点（うち7点が傷物）	
		(Hsee, 1998)

　セットHはセットLをすべて含んでいるので、HはLよりも良いはずである。これらのセットについて、HとLとをまとめて評価する並列評価条件と、1つずつ評価する単独評価条件を設定した。実験参加者には、ディナー食器を買いに来たところ、通常ディナー食器が1セット当たり＄30～＄60で売られている店のクリアランスセールだったと想像してもらった。単独評価条件では実験参加者は情報を提示され、セットHまたはLについて支払い意思（WTP）を回答し、並列評価条件では両方のセットについて行った。大学生104名に回答してもらったところ、並列評価条件ではセットHは＄32.03、セットLは＄29.70であったのに、単独評価条件では前者は＄23.25、後者は＄32.69と評価が逆転し、Lをすべて包含するHよりLの方が高く評価されてしまったのである。この結果はベースボールカードを使った他の研究でも再現された（List, 2002）。Hseeは3つの実験で同様の結果を得、この効果を**評価可能性仮説**で説明した。すなわち対象の単独の評価は重要な属性ではなく、むしろ評価しやすい属性（この場合、食器が完品であるか）に影響され、結果として食器の平均価値が下がったために評価が逆転したとする。すなわち、単独評価で合計を使うべき時に平均を使ってしまい、完品でない食器を含んでいる場合にはそのために初期値が低くなり、そこから係留と調整ヒューリスティックが使われたと説明され、経済価値とは一致しない結果であるために経済学者の興味を大いに引いている（大垣, 2014）。一方、Kahneman（2011）はディナーセット問題はリンダ問題と同じ構造であるとして、リンダ問題と共通の説明を試みており、まだ検討すべき余地が残っている。

❁BOX 5❁マーフィーの法則を科学する

　一昔前のことであるが、「マーフィーの法則」という本がはやった。「雨の予報のときに傘を持ち歩くと、雨の確率が下がる」「あなたの隣の待ち行列のほうが早く進む」など、誰にでも経験があるような事柄を法則（?）としてまとめたものである。これらについては多くの人が「そう、そう」「ある、ある」などと納得するが、人がそのような判断をする理由については、本書にある共変関係やランダム性の誤知覚（Ⅲ章）、及びヒューリスティックス（Ⅱ章）で、ほとんど説明できるものと思われる。

　しかし、R. A. J. マシューズ（日経サイエンス1997年7月号「マーフィーの法則を科学する」）によれば、マーフィーの法則のうちのいくつかにはきちんとした裏付けがあるという。例えば、有名な「トーストを落とすと、必ずバターを塗った面が着地する」は、一般的なテーブルではトーストが1回転するだけの高さがないために、かなり頻繁に起こるという。インチキのないコイン投げのように何回も回転させるならば、表と裏の出る確率は等しくなるが、トーストの場合はそうはならないというのである。

　先に述べた「雨の予報のときに傘を持ち歩くと、雨の確率が下がる」について考えよう。降水確率が80%であるなら、傘を持って出て良かったと思う確率も80%であるに違いない。Ⅲ-7で述べるように、天気予報のキャリブレーションの精度は非常に高いのである。しかし、降水確率はある時間内で1度でも雨が降る確率である。私たちがその時間中ずっと外にいるのならば、予報にある確率で雨に降られるだろうが、実際には外にいる時間はずっと短いだろう。したがって、雨にあたる確率はずっと低くなるというわけである。

　「あなたの隣の待ち行列のほうが早く進む」の説明はもっとやさしい。スーパーで N 個のレジがあるとすると、最も早く列が進む行列に並ぶ確率は $1/N$ である。これはもちろん最大でも2分の1になるにすぎず、列が多いほど確率は低くなる。仮に両隣の列にしか関心がなくても、勝つ確率は1/3しかない。

　このような説明があっても、マーフィーの法則が適切な推論によって得られたものでないことは明らかである。しかし、経験から得られた知識が、何でも思い違いであると断じることに、歯止めをかけることにはなるだろう。

II— 8　感情ヒューリスティック、適応的ヒューリスティック

　さらに2つ重要なものとして感情ヒューリスティックと Gigerenzer らが提案し
たヒューリスティックを紹介する。21世紀に入った頃から意思決定研究では次第に
感情や無意識の働きに注目が集まるようになった。前節のプライミングへの注目も
同様の流れによるものだが、それらの先駆と言えるものである。

◆ 感情ヒューリスティック

　感情ヒューリスティック（affect heuristic）（Finucane et al., 2000a; Slovic et al.,
2002）は、VI章に出てくる Slovic のグループが様々なハザードのリスク・ベネフィ
ットの判断に関する研究から提案したものである。ハザードに対する規制について
は、公共経済学のコスト・ベネフィット論を背景に、ハザードのリスクとベネフィ
ットのバランスから規制基準を決めるという考え方がある（⇒詳しくはVI-6）。し
かしこれには長年強い批判があり、Finucane らはこの批判の文脈での研究結果に
基づいて感情ヒューリスティックを提案し、のちに Slovic が一般化した（Slovic et
al., 2002）。Finucane らの研究はダマシオ（⇒ BOX 21）や Zajonc（1980）の研究等を
背景に感情の重要性に着目し、2つの実験を通して、対象（例えば原子力）に対す
るリスクとベネフィットの判断は感情評価を操作するとそれに応じて変化すること
を明らかにした（図2— 4）。

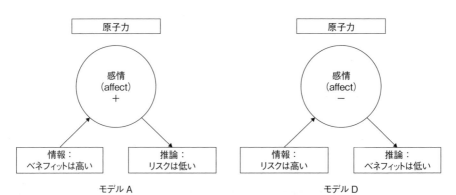

図2— 4　情報と感情評価、推論の関係

(Finucane et al., 2000a から抜粋)

　Slovic ら（2002）はこの感情ヒューリスティックを一般化し、心像（imagery）と感情と意思決定には密接な関係があるとした。Hsee（1998）の「小さな葛籠効果」（⇒Ⅱ-7）の実験の１つに、大きいカップ（10oz.）の８割（8oz.）しか入っていないアイスと小さいカップ（5oz.）で７oz.まで縁から上に盛り上がっているカップを並置すると、後者で支払い意思が高くなるというものがある。Hsee は**評価可能性仮説**（evaluable hypothesis）から、量や数などについて評価が難しい場合、欠点のある属性は良い・悪いという反応に翻訳しやすいので単独評価で重みが大きくなるとした。そこで Slovic はこれをもう少し進め、刺激属性に対する評価的判断を行う際の重みづけは、その属性の数値がどのくらい容易に情緒的印象として描き出せるかに比例しているとした。イメージに付随する感情が判断と意思決定に影響し、そのイメージと結びついた感情の精度が評価可能性に反映する。より情緒的な印象はより詳細な意味性を反映し、印象形成や判断や意思決定で相対的に大きな重みを持つが、対照的に、量に対して情緒的な見方を与える文脈がない場合は、量はあまり意味を持たない。なおこの感情ヒューリスティックもまた属性代替の一種で、二重過程モデル（⇒Ⅱ-11）ではシステム１と強く関わるものと考えられている。

◆　適応的観点からのヒューリスティック

　Ⅱ-7 まで紹介してきたいわゆる米国の Tversky や Kahneman に代表される「ヒューリスティックとバイアス研究」とは別に、独自の発展を遂げてきたのがドイツのマックス・プランク研究所の Gigerenzer らによる進化心理学の適応的観点での研究で、その代表が**高速倹約的ヒューリスティック**（fast and frugal heuristic）である（Gigerenzer & Todd, 1999 ; Todd & Gigerenzer, 2000）。これは、Simon の満足化原理に適うと考えられていたヒューリスティックスが、認知過程上はかなり複雑な計算を要求することになるため、人は必ずしも利用可能な全情報を考慮せず、むしろ最も有益な情報だけを取るという**最適採用**（take-the-best）原理に基づいて意思決定しているとする。２都市から１つを選ぶ代表的問題からこれを見てみよう。

　次の２つの市のどちらがより人口が多いか？
　　　(a)　Hannover
　　　(b)　Bielefeld

（Gigerenzer & Goldstein, 1999）

　このような問題において、人々はまず両市の名前を聞いたことがあるか、という

再認ヒューリスティック（recognition heuristic）を使う。が、ここでは両市とも再認できるので差が出ない。そこでさらに情報検索を行うが、その際**単純停止ルール**（simple stopping rule）が使われるとする。従来は、知覚された検索に要するコストがさらに情報を得ることの便益を上回ったら検索が停止する、というルールが考えられていた。だが、Gigerenzer らはこのコスト—便益の最適解計算は、かえって計算量が多くなるとした。そこで手がかり全て（市に大きなサッカーチームがあるか、州都であるか、など）を吟味する方法の代わりに、まず手がかり 1 の「サッカーチームがあるか」を考え、Hannover にはあるが Bielefeld にはない、というような 1 つしか該当しないならそこで検索終了、というヒューリスティックが使われているとした。実際人口10万以上の都市の対を作ると、そのうち87％でブンデスリーガのチームを持つ都市の方が大きい。したがってこの場合「サッカーチームがあるか」は**手がかり妥当性**（cue validity）が高い。そしてまた、人はうまくいきそうな手がかりを見つければそれを用いてそこで止めるとし、これを**一理由意思決定**（one-reason decision making）と呼んだ。その後、Gigerenzer らは生態学的合理性の観点から我々は進化や学習を通して**適応的道具箱**（adaptive tool box）を持つようになり、意思決定の際にこの中からそれに合ったヒューリスティック（例えば再認ヒューリスティック）が使われる、という考え方を提案した（批判は Hirota & Sakagami, 2005）。このような適応的な観点からのヒューリスティックについては Hertwig など（Hertwig et al., 2012）が受け継いで研究を続けている（⇒Ⅱ-12も参照のこと）。

◆ ヒューリスティックスの国際比較研究

　Sakagami & Hastjarjo（2001）は日本で298人、インドネシアで300人の大学生に「リンダ問題」（⇒Ⅱ-4）など、意思決定でよく知られた13の問題を実施した。その結果、選ばれる選択肢は同じでも、インドネシアの学生の方が日本より選択傾向が極端だった。また枠組み問題（⇒Ⅱ-9）では有意差がなかったが、確実性効果（⇒Ⅱ-3）や独立性の公理（⇒Ⅱ-2）の侵犯によるとされる Allais のパラドックス（⇒Ⅱ-3）では差が見られた。このような違いの理由として、Sakagami らは過去のキャリブレーション研究（Wright et al., 1978 ; Hastjarjo, 1993. キャリブレーションについてはⅢ-7参照）での国際比較において、インドネシア学生のキャリブレーションはあまりよくないが過信傾向にあることとの関係から考察している。

◎BOX 6◎ 好物は後で？　上昇選好

　遅延割引の研究（⇒Ⅴ-3）では、直ちに得られる報酬に比べ、将来得られる報酬は価値を低く見なされることが示されている。しかし複数の予定の組み合わせについて決定するような場合では、時間の経過につれて出来事の結果が良くなる組み合わせが好まれるという**上昇選好**（preference for improvement）が知られている（Loewenstein & Prelec, 1991）。以下の問題を考えてみよう。

　もし無料で招待されるとするなら、それぞれの組のどちらが良いか？
　A：豪華なフランス料理のディナー
　B：ギリシアの地方料理のディナー
　（Aを選んだ人に）それぞれの組のどちらが良いか？
　C：1か月後の金曜日に招待される
　D：2か月後の金曜日に招待される
　E：1か月後にフランス料理、2か月後にギリシア料理に招待される
　F：1か月後にギリシア料理、2か月後にフランス料理に招待される

　上の問題のAとBでは、Aを選ぶ人が86％と多数であった。Aを選んだ人にCかDを選ばせると、80％がCを選んだ。このようにフランス料理だけを問題としているときには、多くの人が1か月後のCを選ぶ。しかし、2つの料理が組み合わさったEかFになると、Fを選ぶ人が57％となり2か月後のフランス料理が好まれる。良い結果を後に回す上昇選好が見られていると言える。

　上昇選好は、賃金の支給方法に関しても確認されている。Loewenstein & Sicherman（1991）は、総獲得賃金は同じで、最初は低いが6年間にわたって徐々に賃金が増加するケース、最初は高いが6年間にわたって徐々に賃金が減少するケースのどちらが好まれるのかを調べた。途中退職したとしても初期の高い賃金を獲得できることから、賃金が減少するケースを選択することが合理的であると考えられる。しかし多くの人は、賃金が増加するケースを選択した。

　なぜ上昇選好が生じるのかについては、損失回避性（⇒Ⅱ-10）の観点から説明できる。最初のフランス料理や初期の高い賃金が参照点として機能し、ディナーがギリシア料理になることや賃金が下がることが、損失として受け止められ、それを回避する傾向が上昇選好を生み出したと考えられる。

II ― 9　枠組み効果

　枠組み効果は、次節で紹介するプロスペクト理論につながるものとしても有名である。表現だけで決定が変わってしまうのはバイアスの最たるものともいえるが、現実場面ではしばしば見られる一般的な現象だろう。

◆ 枠組み効果

以下は Tversky & Kahneman（1981）による「アジアの疾病問題」である。

> 　米国が600人を死亡させると予想される珍しいアジアの疾病の流行に対して備えている、と考えてほしい。その疾病と戦う2つの対策が準備されている。各対策の実施結果の科学的に正確な推定は次のようだと仮定する。
>
> 　　　対策A：200人が救われる。
> 　　　対策B：3分の1の確率で600人が救われるのに対して、3分の2の確率で誰も救われない。
> 　さて、どちらの対策を採用するか？
>
> （Tversky & Kahneman, 1981）

　Tversky らの結果では、72％の回答者が対策Aを選んだ。では次ならどうだろう。

> 　　　対策C：400人が死亡する。
> 　　　対策D：3分の1の確率で誰も死亡しないのに対して、3分の2の確率で600人が死亡する。

　対策C・Dでは78％の回答者が対策Dを選んだ。しかし、対策AとC、BとDは同じことの裏返しにすぎないので、Aを選んだものはCを選んでしかるべきと考えられる。これが**枠組み効果**（framing effect）の典型例である。意思決定状況では、利得場面ではリスク回避、損失場面ではリスク選好になることが知られている（⇒ II-3）が、この問題では実際は同一の状況が表現によって利得あるいは損失場面と判断され、異なる選択肢が選ばれてしまったことになる。この結果は、彼らが提案した**プロスペクト理論**（⇒ II-10）で説明されることになる。

◆ 枠組み効果の頑健性

　枠組み効果は多数の追試が行われ、結果の目立ちやすさは影響するが信頼性の高い現象だという主張（Kühberger, 1998; Kühberger et al., 1999）の一方、逆の主張もある。例えば竹村（1994, 2009; 藤井・竹村，2001）は状況依存的焦点モデルに基づいた説明を提案した。竹村らはプロスペクト理論での枠組み効果の説明の基となる参照点（⇒Ⅱ-10）の概念は理論的特定ができておらず、また参照点が1つのみという仮定には疑問があり計量的記述が困難だと批判する。代わって彼らは意思決定の際に注目される属性は言語表現で変化し、また利得より損失に敏感で損失では結果に対する注意量が多くなるという仮説に基づき状況依存的焦点モデルを立てた。そして枠組み効果は肯定（利得）枠組みでは確率に、否定（損失）枠組みでは可能な結果に注目することから生じているとして、注意を操作する実験を行った。その結果、注意の対象によっては必ずしも効果が生じないことを明らかにした。枠組み効果は他にも多くの仮説があり、また効果の生起やその大きさに影響する要因として課題の種類、人数、熟慮の有無、ペイオフ、確率等が指摘されている（奥田，2008）。

◆ 肯定枠組みと否定枠組み

　枠組み効果はその後も広く用いられている。2001年ブッシュ政権が景気浮揚策として納税者に収入に応じ＄300〜500を払った際、政府やメディアは「払い戻し（rebate）」という表現を使った。Epley et al.（2006）はこういったプログラムの効果が表現による枠組みで変わることを指摘した。「減税の提案者は、政府が支出をカバーする必要以上の税を徴収し、結果として税の余剰が出ていると主張」し「源泉所得税として」納税者に戻されるべきだと伝えられた場合（払い戻し条件）と、「政府の運営コストが予想よりも安かったので財政上の余剰が出た」ので「ボーナスとして」払うべきだと主張していると伝えられた場合（ボーナス条件）とで、支払われたものをどの位消費または貯蓄するか尋ねた。結果は払い戻し条件では消費25％、貯蓄75％に対し、ボーナス条件では消費87％、貯蓄13％で、表現による枠組みが行動に影響を与えたとされる。またコミュニケーション研究でも枠組み効果は使われている。Apanovich et al.（2003）は低所得で人種マイノリティの女性にHIV検査を受けるよう促すコミュニケーションで、自分がHIVについて陽性の結果にはならないと考えている女性は、否定枠組み（「大事に思う人に知らずにウィルスをまき散らしてしまうとしたら落ち着いていられないでしょう」）より肯定枠組み（「ウィルスをまき散らす可能性を心配する必要がなくなれば落ち着いていられるでしょう」）が効果的であることを明らかにしている。

II—10 プロスペクト理論

Tversky と Kahneman は1979年に研究結果に基づいて期待効用理論に代わる理論としてプロスペクト理論を提案した。現在（2016年）ではプロスペクト理論にはむしろ経済学者の方が関心を持っているように見えるが、とはいえ意思決定の主要理論としての地位は確立している。概要を簡単に紹介する。

◆ プロスペクト理論

人々が現実に行う意思決定を記述する理論として Kahneman と Tversky（1979）により提案されたのが**プロスペクト理論**（prospect theory）で、主観的期待効用理論のバリエーションの１つとして位置付けられる。この理論はリスク下での意思決定理論として出発したが、後に曖昧性とリスクを含む不確実性下での意思決定理論として**累積プロスペクト理論**（Tversky & Kahneman, 1992）に拡張され、Wakker & Tversky（1993）が公理化を行った。期待効用理論との主要な違いは以下である。第１に、プロスペクト理論では効用関数の代わりに価値関数を導入した。効用は各財の効用の合計として定義されるが、価値は変化しうる原点である**参照点**（reference point）からの距離で定義される。また、価値関数は利得では凹関数で緩やかだが損失では凸関数で比較的急な曲線と[注1]、非対称ではあるものの１つの関数に統合され（図２−５）、結果的に利得領域ではリスク回避（risk averse）、損失領域ではリスク選好（risk taking または risk prone）となる。利得と損失で曲線の険しさが異なることは１万円の損失が１万円の利得より大きく感じられることを意味し、「損失回避」につながる。さらにプロスペクト理論では問題がどのような**枠組み**（framing）で提供されているかで選好が変わるとし、利得として見られればリスク回避、損失枠組みで捉えられたならリスク選好となる。

プロスペクト理論のもう１つの大きな特徴は、確率に**決定加重**（decision weight）と言われる重み付けが仮定されている点で、この加重関数は低い確率では凹で小さい確率は重みが大きく、一方、中位から大の確率は重みが小さくなる（図２−６）。

以上をまとめると、プロスペクト理論におけるある選択肢の価値は次式で表される。

注1） 凸関数は関数上の２点を線分で結んだとき線分が常に関数よりも上、凹関数は逆に線分が常に下。

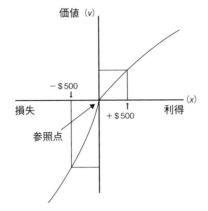

図2—5　プロスペクト理論における価値関数

横軸は財の客観的価値（例えば金額）、縦軸は人々が感じる価値を表す。価値関数は利得領域では凹、損失領域では凸の急な曲線になっている。したがって、同じ＄500の価値も、利得の場合と損失の場合では損失の方が大きく感じる。中央の点が利得／損失の領域を分ける参照点となっているが、参照点の位置は左右に変化しうる。（Kahneman & Tversky, 1979 より一部改変）

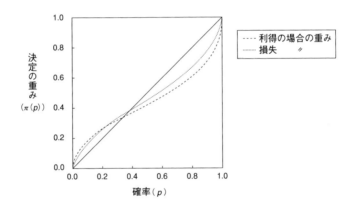

図2—6　プロスペクト理論における重み

客観確率が決定に対して持つ重み。確率がごく低い場合には重みが大きく、高くなると重みは45度線より下側になり小さくなる。また、確率0の時の重みは0、確率1の時の重みは1だが、いずれの場合も近辺の重みはかなり複雑であるとされる。（Tversky & Fox, 1995）

$$V = \sum_{i}^{n} \pi(p_i) v(x_i)$$

ただし、iはその選択肢のi番目の要素、$\pi(p_i)$はi番目の要素の重み付けされた確率、$v(x_i)$はi番目の要素の結果xの価値である[注2]。

◆ プロスペクト理論による期待効用理論の公理侵犯の説明

プロスペクト理論はAllais（1953）のパラドックス（⇒Ⅱ-3）で示された、確実性効果を説明できる。すなわち確率の加重関数が原点とは離れており、また非常に小さい確率に大きな重み付けがなされるので、確率1を0.25に減らすことは0.8を0.2に減らすよりも価値が小さくなる。これにより確実性効果が説明可能である。

◆ 規範・記述・処方的アプローチ

ところで意思決定のモデルは**規範的**（normative）アプローチ（人々がどのように選択をすべきか）と、**記述的**（descriptive）アプローチ（人々は実際どのように選択するのか）によるものに大別できる。前者は合理的選択（ただし「合理性」は多様である。⇒BOX 4）を追求し、後者は実際の人々の意思決定の記述を目的とする。期待効用理論は規範理論、プロスペクト理論は記述理論である。しかし社会的要請から意思決定理論は何にせよ最終的には「どんな決定が良いか」「どんな決定をすべきか」という問いへの解答が要求されることが多い（Ⅰ章のハザードに関する政策決定や治療の選択などを思い起こしてほしい）。記述的アプローチはこれに応えられるのだろうか。記述的アプローチは、基本的には規範からの逸脱が生じる条件を検討しており、言い換えれば規範に合うよう修正するための方法を提供しているともいえる。「ヒューリスティックスとバイアス」研究の「バイアス」という表現自体が「正解は規範解」という見方を暗に示しており、この視点に立つ限り記述的アプローチが独自の「あるべき」を示すことはできない。佐伯（1980）は、現実の人間の意思決定を記述することで最終的には人間の認知や選択行動の持つ、何らかの新たな合理性の論理を示せるのではないかとする。確かにヒューリスティックスは、認知的能力の制約や時間的制約を考慮した上での「合理的」推定方法と考えることもできる。だが、現時点では必ずしも最終的な、新たな合理性に到達しているともいいがたい。

そこで第3の方法として**処方的**（presctiptive）アプローチを提唱したのがBell et al.（1988）である（名詞形のprescriptionは処方箋という意味がある）。彼らはアプロ

注2）　ただし、これはプロスペクト理論のごく一部である。プロスペクト理論では正確には

$p+q<1$、または$x≧0≧y$または$x≦0≦y$のいずれかの場合：

$$v(x, p; y, q) = \pi(p)v(x) + \pi(q)v(y)$$

$p+q=1$、かつ$x>y>0$または$0<x<y$（すなわちx, yが共に正または負）の場合：

$$v(x, p; y, q) = v(y) + \pi(p)\{v(x) - v(y)\}$$

としており、文中のケースは前者の場合に該当する。（ただし、$v(0)=0$, $\pi(0)=0$, $\pi(1)=1$）

(Kahneman & Tversky, 1979)

ーチの意義を示す例としてビジネススクールの学生が資産運用について考えるケースを挙げた。教員が仮に、決定分析からみると現資産からの増減ではなく最終的な資産価値という観点から判断するべきだとし、その理由に認知的バイアスの問題を挙げたとしよう。しかし学生自身が教員と異なる感じを抱いている時、学生に特定の考え方を強制する権利があるのだろうか。Bell らはそこでより望ましい方法として、そこに起こりうる認知的バイアスの存在を意識させた上で、最終的には本人が自由に決定を行うというやり方を考えた。規範解を強制しない。これが処方的アプローチである。処方的アプローチは、従うべき「目標」を提供するのではなく、決定過程の支援を行い、最終的な決定結果は個人の選択に任せるという、手続き的なアプローチである。

　応用的な観点からはこのアプローチは非常に重要である。例えば患者が手術と穏健治療のいずれかを選択する状況を考えてみよう。この場合、手術の成功率とそれによる期待延命年数、穏健治療による期待延命年数が明らかになっていれば、規範的な立場からは、単純には両者の成功確率と延命年数を用いて選ぶべき選択肢が示せるだろう。また、記述的アプローチの知見に基づいて、確実性効果のような認知的バイアスが起こる可能性を指摘し、回避させることもできる。しかし、現実には、恐らく最終的に前述の規範解の選択を患者に強制することを誰もがためらうのではないか。私たちが躊躇する理由は、March（1988）の指摘のように、決定分析のパラダイムにおいては予め選択肢が定められ、潜在的な結果一式がすでに予期・評価されている、という枠組みに押しこまれていることを無意識に感じているからだろう。現実の決定には、パラダイムに含まれない多様な要素（各結果が確定的ではないことや、結果の評価が不確定等）が存在する。また各個人の結果の評価は異なり、選択肢も確定的ではない。前述の治療状況でも、新しい治療法が開発中かもしれないし、他の病院に行けば違う治療法を示されるかもしれない。このように考えると、治療法や政策、職業の選択のような現実の多様な選択場面に関しては、規範解を押し付けるのではなく、処方的アプローチを用いる、というのは１つの有効な手段だと考えられよう。そして、この考え方は後述するリスクコミュニケーション（⇒Ⅵ－7）の根幹の思想でもある。

II—11　意思決定の二重過程モデル

　心理学での意思決定研究では、現在はプロスペクト理論よりも二重過程モデルによる説明の方が注目を集めている。二重過程モデルは多数提案されているが、ここでは主に Kahneman のモデルなど、意思決定領域のモデルに絞って説明する。

◆ システム1とシステム2

　心理学や社会心理学では、1980年代頃の精緻化可能性モデル（Petty & Cacioppo, 1986）やヒューリスティック・システマティックモデル（Chaiken & Eagly, 1989）、90年代の Sloman（1996）、Stanovich（1999; Stanovich & West, 2000）、その後の Evans & Frankish（2009）など、複数のいわゆる**二重過程モデル**が主張されて、意思決定研究でも近年は二重過程に基づいた説明が有力になっている。

　Kahneman の二重過程モデルでは**システム1**と**システム2**という2つの処理過程が仮定されている（Kahneman & Frederick, 2002）。ただ Kahneman は慎重に、この用語は2人のホムンクルス（もともとは錬金術師が作り出したと考えられていた人工生命体で、心理学ではよくメタ認知に関し「脳の中の小人」として比喩的に使われる）を想

表2—5　2つの認知システム

システム1（直観）	システム2（熟慮）
処理の特徴	
自動的	制御されている
努力がいらない	努力がいる
連想的	演繹的
速く、並列的	遅く、直列的
不透明な処理	自覚されている
熟練した行為	規則が適用される
各過程が処理する内容	
情緒的	中立的
因果的属性	統計的
具体的・特定的	抽象的
原型	一式（setz）

(Kahneman & Frederick, 2002)

像させるかもしれないがそういったものではなく、処理の速度、制御性と処理する内容で区別される「処理過程のまとまりに対するラベル」だと述べている。各システムは表2—5のような特徴を持つが完全に独立ではなく、両者間に相互作用が仮定されている。すなわち、1は直観的な回答を出し、2はこの回答結果をモニターしている。両者は同時に活動し得るもので目覚めているときは常に働いており、通常システム1は自動的に働くが、2は低レベルで作動している。システム1は印象や直観、意思、感触を生み出して2に提供し、2は通常、それにわずかな修正を入れただけで受け入れるが、1が困難になると2が応援に駆り出され、的確な処理を行う、といったことが想定されている（Kahneman, 2011）。Kahnemanはシステム1と2が衝突する例として**ストループ効果**（図2—7）やミューラー・リヤーの錯視の例を挙げている。

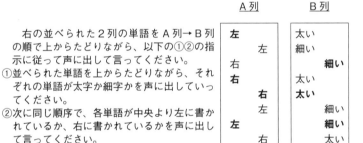

図2—7　2つのシステムの衝突の例（ストループ効果）

（Kahneman, 2011を一部改変）

◆ 二重過程モデルと利用可能性ヒューリスティック

　ヒューリスティックスも、近年は二重過程モデルを前提に検討した研究が多数行われている。例えば利用可能性ヒューリスティックに関するSchwarz et al.（1991）の実験（⇒Ⅱ-6）は自己主張した事例の想起が容易か否かがその後の自己評価に影響するが、一方で想起の容易さに理由がつくと影響しないというものだった。そこでこの研究について、さらに表情の実験的操作を行うことで、想起の容易さの心理的負荷の影響を調べた実験がある。Stepper & Strack（1993）では、実験参加者は自己主張を強くした例（あるいはしなかった例）を6つ書き出す際、指定の表情を作ることを指示された。笑顔群では顔の筋肉を緩めて軽い微笑を浮かべ、しかめ面群では皺眉筋を収縮して眉間に皺を寄せることを指示される。これは、心理的負

荷がかかっているという感覚は、課題の困難度だけでなく身体表出と付随する自己
受容感覚で生まれるとの仮説から、課題が困難な時に生ずるしかめ面をさせること
で感覚を操作しようというものであった。実際、表情を実験中うまく維持できた実
験参加者たちに関しては、予想通り、しかめ面群は笑顔群に比べて強い自己主張の
事例を想起するよう言われた際には自己主張の程度を低く、逆では高く評価した。
これは前者では心理的負荷を大きく感じ、後者では小さく感じた結果と考えられる。

　Kahneman は一連の結果について、システム1が最初に発した予想を外れた驚き
（「事例の想起が困難だったことからすると、自分は思ったほど自己主張の強い人間ではな
い」）を、想起しやすさについて理由がつくとシステム2が途中でリセットするため、
システム1の結果に左右されなくなると説明している。また心臓病リスクに関する
研究（⇒II-6）のように、具体例を想起する容易さに影響されればシステム1が、
一方内容に注意が誘導されるとシステム2が働くとしている。

◆　二重過程モデルによるアンカリングの説明

　アンカリング（⇒II-7）についてはすでに述べたように、システム1ではプラ
イミング効果として、システム2ではアンカーとなる数値を出発して徐々に調整さ
れることで生じる、という2つのシステムが両方関与する効果として説明されてい
る。そしてこの点も、いささか変わった実験操作で認知過程に影響を与える試みが
なされている。Epley & Gilovich（2001）の研究の実験2・3の実験参加者はアン
カリングの実験で数値を推測する設問を出されるが、設問には①参加者が自分です
ぐアンカーとなる特定の値を思いつくもの（例：「コロンブスの後、西インド諸島に
2番目に欧州人が到着したのは何年か」）と、②実験者側が直接アンカーを与えたも
の（例：「シカゴの人口は20万人より多いか少ないか」）の2つがあった。そして共に
アンカーとなる数字を聞いたり推測した際に、ヘッドフォンの評価のためと称して
横に首を振るまたは頷くことを指示された。その結果、①の設問では、横に首を振
った場合は推定値がアンカーから離れた値、頷いた場合は近い値になったが、②の
場合はこのような効果が見られなかった。このことから、両者では異なるメカニズ
ムが働いており、自分でアンカーを発生した場合にはシステム2でアンカーから
徐々に調整が行われるのでその過程で首の動きに影響されるが、実験者が与えた場
合にはシステム1で処理されそういった調整が行われないことを明らかにした。な
お飲酒状態や8桁の数字を覚えるなどの認知的負荷の大きい作業を行っている際に
は調整幅が小さいが（Epley & Gilovich, 2006）、これもシステム2が十分働かなかっ
たことによるものと考えられている。

◆ 二重過程モデルによる代表性ヒューリスティックの説明

　代表性ヒューリスティック、例えば基準比率の無視での **Tom W.** の問題（⇒Ⅱ-5）は属性代替でシステム1のみが働き、バイアスの発生は不可避のようにも考えられるが、システム2の働きで影響を小さくできる可能性も指摘されている。Alter et al.（2007）はまず頬を膨らませたり眉間に皺を寄せる動作が確信度に与える影響を検討し、認知的努力を要する時にする後者の方が回答への確信度を上げることを確認した。その上で150人の学生にTom W. の問題をさせたところ、後者の表情を作って回答した群は前者の表情の群よりバイアスが小さいことを明らかにした。

　ところでKahnemanの二重過程は元来Stanovich（1999; Stanovich & West, 2000）に影響されたものだという（Stanovichはタイプ1、タイプ2という表現を使っている。その他の二重過程モデルはManktelow（2012）参照）。意思決定のモデルでは他にもReynaら（Reyna & Brainerd, 1991; Reyna & Ellis, 1994; Brainerd & Reyna, 2004）による**ファジー痕跡理論**も近年知られている（⇒詳細はⅡ-13）。

II－12　ヒューリスティックス&バイアス研究への批判

　II章ではプロスペクト理論に代表されるヒューリスティックス&バイアス研究について紹介してきたが、この系統の研究についてはV章で扱う行動的選択理論や実験経済学の立場から批判もある。ここでは研究方法から最近の話題まで紹介する。

◆　判断と選択行動

　日常私達が使っている意味での「選ぶ」行動を対象とした心理学の研究領域は複数あるが、認知領域での研究は判断や意思決定を対象としている点が特徴である。判断や意思決定は示された選択肢のどれを好むかといった選好を求めるが、選んだ結果を伴わない。例えば異なる当たり確率を持つくじの選好研究では、選ばれたくじが当たりかはずれかは実験参加者には示されない。これに対し行動領域の研究では実際に選択を行った結果が次の選択行動に影響を与えるという、行動とそれに伴う環境事象の変化がもたらす効果に関心がある。このため、実際にくじを引いた結果の当たりはずれがフィードバックされ、その結果が次の選択にどのように影響を与えるかに注目する（⇒V‐1）。この認知と行動のアプローチの違いはよく知られたものだが、実は近年、認知的な意思決定研究の中でも、同様の問題が1つのホットトピックとなっている。以下、時間を追ってこの批判の系譜をたどってみよう。

◆　選択の回数　―単数回選択と複数回選択―

　Lopes（1987, 1996）は1987年に理論的な見解として、期待効用理論の公理に合った合理性に基づけば、リスク下の選択では、高い効用でも勝率が低い単数回ギャンブルは選ばれないが、複数回なら、もし全体の勝率がある程度高ければ選ばれると主張した。つまり、複数回選択に関してはプロスペクト理論（Kahneman & Tversky, 1979）は当てはまらず、期待効用理論の予測に合致するとした。

　その後Lopesの主張を裏付ける実験も複数行われた。例えばKeren & Wagenaar（1987）は単数回選択でおこる確実性効果（⇒II‐3）が複数回選択下では消えることを示した。参加者は2つのギャンブルから1つを選ぶ選択を求められた。ギャンブルはそれぞれ円グラフで示され、円グラフは2つの部分に分かれていてそれぞれ成功と失敗の確率に対応している。全ての組でギャンブルA、Cはより高い期待値を持つのに対し、B、Dの方は確率が極めて高い（表2－6）。この選択実験が2

表2—6　Keren & Wagenaar（1987）における実験のデザイン（実験1）

繰り返し回数	ギャンブル	期待値		ギャンブル	期待値
1	A ＝（250, .50, 0）	125	vs.	B ＝（100, .99, 0）	99
1	A'＝（250, .10, 0）	25	vs.	B'＝（100, .20, 0）	20
1	C ＝（−250, .50, 0）	−125	vs.	D ＝（−100, .99, 0）	−99
1	C'＝（−250, .10, 0）	−25	vs.	D'＝（−100, .20, 0）	−20
10	A ＝（25, .50, 0）	125	vs.	B ＝（10, .99, 0）	99
10	A'＝（25, .10, 0）	25	vs.	B'＝（10, .20, 0）	20
10	C ＝（−25, .50, 0）	−125	vs.	D ＝（−10, .99, 0）	−99
10	C'＝（−25, .10, 0）	−25	vs.	D'＝（−10, .20, 0）	−20

注）最初の4つのペアは単数回選択で、下の4ペアは複数回選択条件で用いられた。前半と後半では、前半の4ペアの賞金が後半にはその1/10になっていること、10回の繰り返しが行われると説明される以外は同一である。

つの条件下で行われた。ある条件（A vs. B、C vs. D）では、参加者は1度しかこのギャンブルをしない時どちらの選択肢を選ぶかを尋ねられ、もう一方の条件（A' vs. B'、C' vs. D'）では同様のギャンブルの組について、繰り返し10回そのギャンブルをやるとしたらどちらを選ぶかを尋ねられた。なお、AとB、A'とB'、及びCとD、C'とD'の組合せは過去の先行研究で確実性効果が確認されたものと同様の値になっている。結果は、利得の場合は単数回選択に比べ複数回選択では確実性効果が減少し、逆に損失の場合は増加した。したがって、確実性効果は単数回選択では見られるが複数回選択ではその効果は弱まり、期待効用理論の予測するように高い期待値のギャンブルの選択を行う傾向が見られたのである。この結果は第2実験でも、また追試（Keren, 1991）でも確認された。さらに、その後異なる方法による実験（Wedell & Böckenholt, 1990 ; Joag et al., 1990）でも、単数回選択と複数回選択では異なる決定が行われるという同様の結果が得られた。つまり、確実性効果は単数回選択に限定されたものということになる。広田・坂上（1997）、広田（1999）は実験により単数回と複数回の選択行動を個人内比較により検討し、同一参加者の場合でも単数回選択で見られる確実性効果がやはり複数回選択で減少することを確認した。また行動的アプローチをとる研究者からも、認知的アプローチが対象とする「判断」は1回のみの意思決定である、という批判がなされ（例えばRachlin & Siegel, 1994）、選択が複数繰り返される行動研究との違いが強調された。

　なぜ単数回選択と複数回では選択結果が異なるのだろうか。この点についてKeren（1991）は、実験から参加者の行動は全く勝てない確率、またはごく少額しか勝てない確率に影響されているように見えたことから、「単一・繰り返しという区別そのものによるものではなく、むしろ含まれるリスクの程度によるもの」と主張した。

◆ 結果と不確実性の言語的な明示

　また結果と不確実性の与え方にも特徴がある。ヒューリスティックス＆バイアス研究では、典型的には問題文の中で状況が示され、回答者は不確実性と結果が言語的に明示された選択肢から1つ選ぶ判断を求められる。そこでの不確実性は、多くの場合明確に確率の数値で示されるか、数値でなくともリンダ問題や病院問題のように言語教示で明示される。これは「確率というツールをユーザである人間がどの程度利用できるかできないか、どうしたらよりよく利用できるかという、一種のユーザ・インターフェース研究」だからともいえる（小橋，1994，p. 321）。しかし、逆に回答者の判断は言語教示のわずかな変化にも影響される可能性を持つ。例えば藤井・竹村（2001）は、Tverskyらの確実性効果の実験では「結果に注意するように」という教示を行うと効果が消えてしまうことを示し、プロスペクト理論の依拠する実験の独立変数の効果が必ずしも頑健なものではないことを示している。

◆ 経験からの意思決定

　以上のような批判は、意思決定研究の中での近年のホットトピックの1つ、**経験からの意思決定**（decision from experience）の研究につながっている。この研究は、意思決定の生態学的妥当性の問題とも結びついて欧州、特にマックス・プランク研究所のHertwigらが中心的に取り組んでいる（Hertwig, 2016）。その原点は実は古く、数理心理学者で行動的意思決定という領域を拓いたEdwards（1961, 1968）が行った、ベイズ学習の系統の1000回の繰り返しによる確率学習や、Gigerenzerによるヒューリスティックスとバイアス研究への厳しい批判（Gigerenzer, 1991, 1996a, 2001）がある（なおEdwardsはノーベル経済学賞受賞者のV. Smithから「実験経済学の祖」と呼ばれている（Smith, 2001, p.428））。Gigerenzerはヒューリスティックスとバイアス研究の「バイアス」には確率解釈の観点から正解の適切性に問題がある、と痛烈に批判した。例えば自信過剰問題（⇒Ⅲ-7）では正解の確信度を尋ねるが、確信度は回答者の1回事象に対する認識論的確率であるのに、それに全体での正解率という頻度確率を対応させてそのずれをバイアスとするのは不適当だとし、実際頻度的に回答を求めると錯誤が減少することを示した（リンダ問題（⇒Ⅱ-4）では100名の中での各人数を尋ねた研究（Fiedler, 1988）、基準比率の誤謬では1000人中の人数を尋ねた研究（Cosmides & Tooby, 1990）があり、いずれも正解率が向上）。この批判には *Psychological Review* 誌でTverskyとKahnemanが直接反論し（Tversky & Kahneman, 1996）、心理学の中では手続きの繰り返しの有無に関する部分に注目が集まった（詳細は広田，2011）。その後Kahnemanは名前も言及せずにこの批判は極

めて不当であったように語り（Kahneman, 2011, 15章）、また米国系の書籍ではそれを鵜呑みにして書いている場合もある（例えば良書だが Poundstone，2010）。しかし、冒頭のように実際には生態学的妥当性の問題と結びついて心理学でのこの研究はむしろ盛んになる傾向にあるように見え、学会では毎回活発な議論が行われている。

　なお経験からの意思決定は、実際に選択を経験的に行う形で研究されている（Hertwig, 2016）。例えばリスクのある選択肢と確実選択肢間の意思決定を研究する主なパラダイムには以下の3つがある。**標本抽出パラダイム**では実際の選択を行う前にサンプルを好きなだけ取ってその後にどちらか一方を1回実際に選ぶ方法、**完全フィードバックパラダイム**では毎回選択肢を引いて都度両者がどうだったかフィードバックを受ける方法、**部分フィードバックパラダイム**は選んだ選択肢の分だけのフィードバックを受けるという方法である。従来の確率等を記述する方法では稀な事象のインパクトが大きく安全な選択肢が選ばれやすいのとは対照的に、経験からの意思決定の方法ではより確率的な選択肢が選ばれる傾向があり、稀な事象に対する対応が両者の結果の違いを生む1つのポイントだと指摘されている。

◆ 自然主義的意思決定

　専門家の直観も意思決定の中でよくその正しさが議論される問題である。Klein（1997; クライン，1998; Klein et al., 1993）は消防士の意思決定の研究を行い、例えば台所で消火作業を始めてすぐ、隊長が自分でも理由不明のまま「逃げろ」と叫んだ例を挙げている。この例では全員退去した直後に床が焼け落ちたが、隊長は火勢が強くないのに耳が熱く、それで危険の「第六勘」が働いたためだとしている（実際には火元は地下室だった）。こういった、現実場面での専門家の意思決定を中心にした研究は**自然主義的意思決定**（naturalistic decision making）または**実践場面の意思決定**（decision in action）と呼ばれる領域を形成しており、専門家が長年の経験で熟練の直観を形成することを仮定して**認知感作的決定モデル**（recognition-primed decision model）を提案している（Klein et al., 1993）。この考え方は専門家の決定にもバイアスがあるとするヒューリスティック＆バイアスの思想（例えば Northcraft & Neale, 1987 ⇒Ⅱ-7）とはかなり異なる。Kahneman と Klein は共同研究の末、両者が想定する専門家が異なる領域であることに着目し、直観的判断が妥当であると評価できるには、①判断が行われる環境が十分な予見可能性を備えていること、②その環境の規則性を個人が長期間にわたって訓練を通じて学ぶ機会があること、の2つが必要であると指摘した（Kahneman & Klein, 2009）。よって株式市場の予測のような領域では、こういった熟達化による判断は信用できるものにはならないとしている。

❖BOX 7❖ 終わり良ければすべてよし？　ピーク・エンドの法則

　過去の経験に対する評価は、何に基づいてなされるのだろうか？　Kahnemanと共同研究者は、快適もしくは不快な経験についての評価は、その経験のピーク（最高点や最低点）とエンド（最後）の平均に基づくとする**ピーク・エンドの法則**（peak-end rule）を唱えている。

　Redelmeier & Kahneman（1996）は、大腸内視鏡検査を受けている患者を対象にした調査で、これを確認している。例えば、検査の持続時間は短いが、強い痛みの時に検査を終了した患者Aと、検査の持続時間は長いが、あまり強い痛みを感じていない時に検査を終了した患者Bの例を考えてみよう。両患者ともに痛みのピークが同じであるとした場合、常識的には痛みの持続時間の長い患者Bが検査を辛いと報告すると考えられる。しかし実際は逆で、患者Aのほうが検査は辛いと報告する。なぜなら強い痛みで検査を終了した患者Aのほうがピークとエンドの平均値は高くなるからである。さらに経験した時間は評価に影響せず無視されることから持続時間の無視という特徴も導かれる。

　Kahneman et al.（1993）はさらに、冷水実験と呼ばれる実験でこれらの効果を確認している。参加者は、不快な14℃の冷たさの水に60秒間手を浸す条件（60秒条件）と、14℃の水に60秒間浸した後、さらに30秒間浸すが水温は15℃まで徐々に上げられる条件（90秒条件）をそれぞれ経験する。そして再度経験するとすればどちらの条件を選ぶかを回答してもらった。結果として、参加者の約8割は、持続時間の長い90秒条件を選択した。90秒条件は60秒条件に比べると苦痛を感じる時間は長いが、持続時間は無視されることと、さらにエンド部分の温度が15℃と高かったことで、不快さに関するピークとエンドの平均が低くなり、結果として好評価になったと考えられる。

　他にもDiener et al.（2001）は、人生全体の評価にもピーク・エンドの法則が適用できることを見出している。例えば、人生のもっとも素晴らしい段階で急逝した場合と、素晴らしい人生ではあるが人生の最後がそれなりに快適であった場合では、急逝した場合のほうがより良いと評価された。Diener et al.（2001）はこれを、人気絶頂のうちに24歳の若さで交通事故で夭折した映画俳優になぞらえてジェームズ・ディーン効果と呼んでいる。

❁BOX 8❁ 競合分割効果

以下の状況を想像してほしい。

> 　あなたはあるパーティに参加している。6人のパーティのゲスト（あなた、ユリ、トオル、ヒロシ、エミ、タカシ）は賞金2万円があたるくじを持っており、枚数はあなたが21枚、ユリは14枚、トオルは13枚、ヒロシは15枚、エミは12枚、タカシは13枚である。（または、「あなたが21枚、ユリは52枚、トオルは6枚、ヒロシは2枚、エミは2枚、タカシは5枚である」）。当たりくじは1枚のみで、当たりを持っているゲストが2万円の賞金を受け取れる。さて、あなたが賞金を勝ち取る可能性はどの位だろうか。　　（Windschitl & Wells, 1998 を改変）

　Windschitl らはこのような問題を提示した後、94名の回答者に、自分が賞金を勝ち取る可能性を11段階の程度（「確実」から「不可能」まで）を示した形容詞で当てはまるところに○を付けて回答してもらった。すると、（　）の前のパターン（21-14-13-15-12-13）を提示されると、（　）内（21-52-6-2-2-5）よりも、有意に高く自分の勝つ可能性を見積もることが明らかになった。おわかりのように、いずれのパターンでもくじの総数は88枚、自分の持ち分は21枚で、自分がくじに当たる客観確率は同じである。しかし、他者が持つくじの枚数が異なることにより、回答者の主観的な当たり確率は変化したのである。

　このように、複数他者の選択肢数の分布が変化すると、他者の選択肢全体の合計確率が一定でも、自分の持ち分についての主観確率が変化する現象のことを**競合分割効果**（alternative-outcomes effect）という。Windschitl は条件をさまざまに変化させながらこの現象を検討し、他者のうち、最強の相手の持ち分の枚数が、自分の持ち分の主観確率に最も影響していると主張した（Windschitl & Young, 2001）。

　競合分割効果に最も影響する要因については議論があり（例えば広田ほか, 2004, 2005）、またこの効果が起こるためには、計算が困難で客観確率が回答者にわかりにくいなどの前提条件が存在していると推測されるが、集団状況において、自分の主観確率が他者の持ち分やその分布に影響されることを示した点で非常に興味深い。

II―13　その他の認知的意思決定理論

　意思決定に関する理論は期待効用理論とプロスペクト理論だけではない。プロスペクト理論ほど有名ではないが、代表的なものをいくつか紹介する。

◆ 後悔理論

　プロスペクト理論では決定者は選択肢の評価を参照点との比較で行うとされているが、視点を変えると、もし自分が異なる決定を下していたらどうなっていたか、という比較も考えられる。このような、時に事実とは異なる想像上の結果（いわゆる反実仮想）との比較が**後悔理論**（regret theory）（Bell, 1982 ; Loomes & Sugden, 1982）の基礎である。例えば、もしある株を買った後、その株が値下がりすれば「もし買わなければ損はなかった」と行動をとらなかった場合の良い結果を推論して後悔する。逆に値上がりしたなら「買っていなければ儲からなかった」と行動をとらなかった場合の悪い結果を想像して決定を喜ぶ。我々はこういった感情を予期してこれを考慮に入れて決定を行うとするのが後悔理論である。後悔理論はある確率関数とある結果関数の積を想定するモデルの1つで、また類似の理論は他にも落胆理論（disappointment theory）（Bell, 1982 ; Loomes & Sugden, 1982）、落胆忌避理論（disappointment aversion theory）（Gul, 1991）、決定感情理論（decision affect theory）（Mellers et al., 1997）などがある。後悔理論の予測は、結果間の差が大きい状況を含む場合にプロスペクト理論との間に違いが出ることがある。例えば傘を持っていくか否かの決定では、降雨時には傘を持参した時とそうでなかった時の感情差は大きいが、降らなければ違いは比較的小さく感情を考慮に入れる必要性は小さい。よってプロスペクト理論より傘を持っていく方向が強まる予測になる。ただプロスペクト理論と大きく異なる予測となることは少ないため、Kahneman（2011）はこれらの理論がそれほど影響力を持たなかったとしている。

◆ 多属性選択モデル

　これまでに述べた理論は、主に選択結果を単一の計量的な次元で評価するというものだが、現実の選択では複数次元の属性を持った選択肢間を選ぶことがほとんどである。このような問題を扱うのが**多属性意思決定**（multi-alternative choice models）である。多属性選択理論には多くのモデルがあるが、やはり記述的理論と

処方的理論が存在している。また選択の途中過程が問題にされることも多い。

　古典的なモデルは Thurstone（1927）の比較判断の法則、つまり一対比較に基づき一次元の連続体上に刺激を位置付ける方法に始まる。続いて Thurstone のケースⅤを複数選択肢がある場合に拡張したのが Luce（1959）で Bradley-Terry-Luce（BTL）選択ルールと呼ばれる。第3のモデルは学習過程の研究者から提案され、現在の選択ルールが以前の試行錯誤から影響を受けるというもの（Gulliksen, 1934; Bush & Mosteller, 1951）、最後が期待効用理論である。その後のモデルも多数あるが、熟慮に基づく多属性意思決定のモデルには、①意思決定の支援という処方的立場からの**多属性効用理論**（MAUT）（Keeney & Raiffa, 1976; Edwards & von Winterfeld, 1986）、②記述的な立場からの**重みづけ加法モデル**（WADD）（Payne et al., 1988）、③①・②について満足化を考慮した**最小基準による決定**（Payne et al., 1993）、④最重要次元を選びその次元で各選択肢を吟味する**辞書編纂規則**（lexicographic rule; LEX）（Payne et al., 1988）、⑤**辞書編纂半順序規則モデル**（LEX-SEMI）、⑤最重要次元に基づいて各選択肢を吟味し、最小限の基準で比較して基準に合わない選択肢を捨てていく**EBA モデル**（elimination by aspects）（Tversky, 1972）などがある（詳細は Wedell, 2015; 竹村ら，2015）。多属性選択理論は現実の決定に密接に関連することから、消費者行動に関心を持つ研究者や数理心理学系の研究者が取り組んでいることが多い。日本では竹村（2011）、竹村ら（2015）、都築ら（2014）などがある。

◆　プロセスに関わる理論

　最後に意思決定過程の研究の展開につれて比較的よく出てくる理論を2つ紹介する。1つは**決定場理論**（decision field theory）（Busemeyer & Diederich, 2002; Busemeyer & Townsend, 1993）である。これは選択肢に関する選好の累積と熟慮時間との関係に関する関係を記述したモデルで、意思決定は累積した選好がある一定の閾値を超えた時に一度行われるとする。視線計測の結果はこの理論に基づいた予測を支持しているという（Fiedler & Glöckner, 2012）。またすでに二重過程モデルで既出の**ファジー痕跡理論**（fuzzy-trace theory）（Reyna & Brainerd, 1995; Reyna, 2004）（⇒Ⅱ-11）は発達研究から提案されたもので、人はプロスペクトについて2種類の表象、すなわち**逐語的痕跡**（verbatim trace）と**要旨的痕跡**（gist trace）を処理しているとする。前者は正確だが記憶からすぐ消えてしまうものだが、後者はプロスペクトの質的な特徴についてのファジーな表象で、時間経過後も再生可能である。この理論は枠組み効果を説明できることで知られている（Teigen, 2016）。

❀BOX 9❀ 時間と意思決定

　時間と意思決定に関する研究は Loewenstein ら（Loewenstein & Elster, 1992；Loewenstein et al., 2003）を中心に90年代から多数行われているが、その背景には地球環境問題への関心の高まりがある。例えば近隣への移動に車を使うか、公共交通を使うかの意思決定を考えてみよう。この場合、車の利用による便益と大気汚染のリスクでは、ガソリン代などのコストとは異なり、1回の運転による大気汚染のリスクは極めて小さいことから、環境負荷のリスクは無視されがちである。しかし、その累積が深刻な大気汚染を引き起こし、地球温暖化につながれば、将来大きな経済的打撃を生み出す。このように、直後の結果の危険性は極めて小さいが、長時間経過後に深刻な影響を生み出すのが地球環境リスクの特徴の1つである。

　このような課題に対し、環境経済学の費用便益分析では時間経過に伴う一定の価値割引を考える（スティグリッツ，1996；植田，1996）。すなわち1年後の便益や費用には $1/(1+r)$（r は利子率）を、2年後なら $1/(1+r)^2$ を掛け、現在価値に換算する。なぜなら、経済学では現在の1万円を預貯金すれば、1年後利子分の利益が生まれることから、将来の1万円よりも価値があると考えるからである。よって、利子1％なら現在の1万円は来年の1万100円と同等となる。このように、利益・費用とも、将来の結果はこの指数関数で割引され、それに基づいて「合理的」決定を考える。

　ところが、現実の時間経過後の決定は、指数関数より双曲線関数の方が単純に当てはまり、適合度が高いことが示されている（⇒V-3, Loewenstein et al., 2003）。双曲線関数を用いると**選好逆転現象**や**上昇選好**（⇒BOX 6）も説明できる。価値割引が経済学での前提のように単純な指数関数なら、2つの異なる時間経過後の選択肢、例えば2時間後と1か月後の選択で選好が変わる現象は起きない。が、双曲線関数なら両者が交わることから、より好ましいことを先延ばしする上昇選好を説明することができるのである。

　このように心理学の分野では現在実証研究を通して、関数型に代表される時間に関わる意思決定での割引効用モデルの例外についての検証が進められている（Frederick et al., 2003）。

第Ⅲ章　知覚からのアプローチ

　本章では、個人が事象の生起の仕方や複数事象間の関係をどのように捉えているのかに注目した研究の成果や動向について説明する。これらは、リスクを具体的にどう捉え、判断や決定を下しているのか、ということの基盤に位置づけられる研究テーマである。

　例えば、Ⅰ-1ではリスクの基本的特徴として、不確実性が伴うことが挙げられているが、そもそも不確実性というものを人は理解することができるのだろうか。こうした問いからはじまり、さらに事象間に関係があるかどうかや、単なる関係だけではなく、原因と結果という因果関係をどう捉えているのか、というテーマに進んでいく。

　まとめてしまえば、本章で取り上げる研究は、人が不確実性の一部とされるランダム性について正確に理解することは難しく、因果関係の推測についてもバイアスが見られ、どちらかといえば自分の成功や、結果をコントロールできる度合いを高く見積もっていることを示している。

　必ずしも正確に事象について知覚していないとしても、私たちの判断は概ねうまくいっているという主張もあるが、健康を維持、増進するための行動や安全を守るための行動と、こうした判断の傾向は深く結びつくと思われる。したがって、人の判断は必ずしも正確ではなく、自信過剰に陥りやすい、という視点を見失わないことが大事であると思われる。

Ⅲ—1　ランダムネスの知覚と生成

　かつてプロ野球で、乱数表を利用してピッチャーが投げる球を決めていたことがあった。ランダムな行動は、敵による予測を困難にするという点で重要であろう。一方、賭博者の錯誤（⇒Ⅰ-2，Ⅱ-4）に見られるように、一般に人はランダム性（randomness）を正しく判断できない。

◆ ランダムネスの知覚

　例えば、偏りのないサイコロを投げて出た目の並びや、コインを投げたときに表が出るか裏が出るかの結果はランダムであると考えられる。今、コインの表が出たときは○、裏が出たときは×と表すとする。10個の○と11個の×からなる以下のような2つの系列A、Bでは、どちらの方がランダムなプロセスを反映しているように見えるだろうか？

　　　A：×○×××○○○○×○××○○○×××○×
　　　B：×○×○×○○○××○×○×○○○×××○×

　ランダムな系列であるなら、表が出た後に裏が出る確率と、続けて表が出る確率は共に.5となるはずである。上の例だと、○と×とが交互に現れることがAは20回中10回、Bは14回ある。したがって、Aの方がランダム性をよりよく再現していると言える。しかしSakagami & Hastjarjo（2001）によると、日本の大学生で47.3%、インドネシアの大学生では53.7%が、Bの方がランダムであると答えた。

　Gilovich et al.（1985）は、バスケットボールで一度シュートを決めると、その選手が連続してシュートを成功させる可能性が高くなる（hot handと呼ばれる）ことを、選手もコーチも観客も信じているという現象について検討した。Gilovich et al.（1985）によると、こうした信念が生じるのは、実際には○や×が連続する確率が.5であるような上のAの系列に、連続性があると見なす参加者が62%もいるためである。そして、成功と失敗とが入れ替わる確率が.7もあるBの系列の方が、Aよりもランダムであると見なされていたのである（図3—1）。

　Wagenaar（1970）によれば、これまでの研究では人がランダム系列を作ることができないことを示す例が多いが、それは①ランダム性を正しく理解していないためなのか、それとも②様々な機能的要因（情報生成能力、短期記憶、注意の限界など）

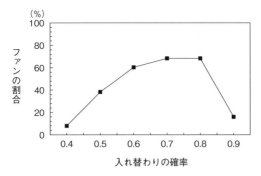

図 3 ― 1　入れ替わりの確率ごとに、シュートの成功と失敗の系列を偶然的
（ランダム）と分類するバスケットボールファンの割合

(Gilovich et al.（1985）より、一部改変)

のためなのかが明確ではない。そこでこの点について検討するために、白点あるい
は黒点の繰り返し現れる確率が.2から.8までの7つの連（run）が描かれた48枚の
スライドを実験参加者に見せ、それぞれにおいてどの連が最もランダムに見えるか
を選ぶよう求めた。

　もちろん、最もランダムな連は確率が.5のものである。しかし実験参加者は、.4
の確率で繰り返しがある（逆に言えば.6の確率で入れ替わりがある）連を最もランダ
ムであると判断していた。この結果は、前述したGilovich et al.（1985）ともほぼ一
致する。このことからWagenaar（1970）は、人々がランダム性を正確に理解して
いない可能性が高いことを示したのである。

　しかし.5の出現確率を予測するからといって、必ずしもランダム性を示してい
るとは限らない。Hake & Hyman（1953）では、実験参加者は水平か垂直に光るネ
オンのどちらかを見せられるのだが、各試行の前にどちらが呈示されるかの予測が
求められる。その結果、.5の確率で水平なネオンを呈示された参加者は、実験の最
初から最後まで、ほぼ50％の確率で次の刺激が水平であると予測した。ただし参加
者の予測は直前の予測の正否に影響されており、直前に水平であると予測して当た
った場合には、60％以上の確率で再び水平であると予測していた。さらに2回連続
で水平であるとの予測が成功したときには、続けて水平であると予測する率は70％
以上にもなった。この結果は、ランダムな系列にも人間は何らかのパターンをその
中に見いだしてしまうという、**迷信的信念**（superstitious belief）が生じることを示
している。

◈ 乱数生成行動

　乱数生成行動は創造性の一部とされる拡散的思考能力や、一部の障害者に見られるステレオタイプ的な選択傾向の測定などと関連づけられて検討されてきた（長谷川，1994）。しかし、Bar-Hillel & Wagenaar（1993）が初期の研究をまとめたところ、人は①選択肢の数（1，0の2値から、アルファベットを並べる26値まで）、②スピード（無制限から4秒以内）、③生成の様式（書く・読み上げる・ボタンを押すなど）、④記憶装置の利用の有無、等にかかわらず、ランダムな系列を作ることができないことが示されている。

　Neuringer（1986）は、人がランダムに振る舞うことができないのは、例えばバイオリンの曲を何度も耳にしていてそれを知っていても、演奏することはできないように、ランダムネスについてそれまでにいかなる練習もなされたことがないためであると考え、以下のような実験を実施した。参加者はキーボードの2つのキーのどちらかを押して、2つ数字のランダムな系列を作り出すよう求められる。キーを100回押すごとにこれを1試行とするが、最初の60試行はフィードバックなしで行う。その後、コンピューターでプログラムされた装置を使って、ランダム性に関する指標のフィードバックが与えられる。

　ランダム性の指標とは、例えば1と2の2つの数字についてランダムな系列を生成するなら、1—1、1—2、2—1、2—2の4つの並び方が現れる頻度は等しくなるはずである。これが不均等であるほど、1.0に近づくような値を指標RNG1とする。さらにこの4つの並び方が1つおきに現れる（1—□—1、1—□—2、2—□—1、2—□—2）頻度に関する指標（RNG2）や、1—2や2—1のように、数字が入れ替わるペアの数（ALTS）などからなる。そしてコンピューターによる乱数生成装置によって、2000試行分（実験1）のシミュレーションを行い、そこから得られた各指標値を小さい順に並べて20％点で5分割した表を作成する。

　参加者には1試行終えるごとに、フィードバック・テーブルが示される（表3—1）。ここには、そのときに作り出した100反応の系列について算出された各指標の値が、この5分割点のどこに位置するかが、これまでに作り出した系列の情報と共に、一覧できるようになっている。

　結果は、他の多くの研究が示したように、実験参加者は最初のうちはランダムな系列を作ることができなかった。しかし、何度もフィードバックを受けた後の最後の60試行では、参加者は乱数生成装置から得られたものと統計的に有意な差のないテーブルを生成することができるようになった。このようにこの研究では、人が乱数の生成をある程度学習できることが示されている。

表 3 — 1　Neuringer（1986）の実験のフィードバック・テーブルの例

指標	クラス1 (0〜20%)	クラス2 (20〜40%)	クラス3 (40〜60%)	クラス4 (60〜80%)	クラス5 (80〜100%)
RNG1	<u>9</u>	6	6	4	7
RNG2	10	3	6	<u>5</u>	8
ALTS	8	<u>11</u>	5	3	5
:	:	:	:	:	:

この例は、第32試行終了時に呈示された場合を想定してある。
下線は最新の試行から得られた各指標の位置を表す。

（Neuringer, 1986 より、筆者が一部変更して作成）

◆ 乱数生成行動研究の問題点

　長谷川（1994）によれば、乱数生成行動の測定には、①言語教示、②動機づけの不足という2つの問題がある。例えば言語教示においては、参加者にランダム性について簡単な説明を行う必要があるが、その説明をどれだけ詳しく行うかによって結果が異なる可能性がある。また説明の内容によっては、ランダム性について誤った考えを植えつけてしまうおそれもある。次に、乱数生成課題は、どの方法を用いるにしても、それらはまず退屈な作業である。したがって、参加者の動機づけの程度もまた、結果に大きく影響するものと思われる。さらに長谷川（2008）は、「乱数生成」を行動ではなく、ある種の知的能力や特性として固定的に捉えていたことも問題であったという。

　次に、ランダム性をどのように評価するかという問題もある（板垣, 1987）。ランダム性を捉えようとしても、本来有限個の反応系列に対しては、どれがランダムでどれがランダムでないかといった判別はできない。例えば、00000や11111、10101といった系列はランダムに見えないが、真の乱数系列の場合には、10010や01101と同じ確率で出現する。長谷川（1994）はこうした問題を避けるために、数学上の困難を伴うランダムという概念を用いず、①特定の選択肢に固執しない、②直前の反応に依存しない、③直前の2反応の階差（選択された数字の差）に依存しない、の3基準を満たす行動を"可変的な行動"と定義して、研究を行っている。

Ⅲ－2　共変関係の知覚

　共変関係（covariation）あるいは**随伴性**（contingency）に関する知識には、スイッチを押せば電灯が点くとか、八百屋に行けばトマトが手に入るといったごく簡単なものも多い。しかし、複雑で不確実な世界の中から、こうした事象間の関係についての知識が得られなければ、私たちの日常生活は成り立たなくなる。このように共変関係の知覚は重要であるが、私たちはそれを誤って判断することも多い。

◆　共変関係のマトリクス

　ある事象Xが生起したときには別の事象Yが共に生じやすいとか、Xが生じていないときにはYも生じにくいというような関係の程度は、表3―2のような2×2のマトリクスで表すことができる。ここでセルAとDは、事象Xと事象Yとの間に正の関係があるかどうかを確認する事例であり、確認事例（confirming case）と呼ばれている。一方、セルBとCは、非確認事例（disconfirming case）と呼ばれる。そしてセルAとDの値が大きく、B、Cが小さいなら「共変関係がある」とか「正の随伴性がある」といい、逆ならば「反変関係がある」とか「負の随伴性がある」という。事象Xがあってもなくても、事象Yの生起する確率が同じであるなら「無関係」であり、「非随伴的である」とも言う。セルA、Dがプラスであって、B、Cが0という場合は完全な共変関係ということになる。

表3―2　共変関係のマトリクス

		事象Y	
		生起（＋）	非生起（－）
事象X	生起（＋）	A	B
	非生起（－）	C	D

◆　共変関係の判断の誤り

　「私が旅行に出かけるといつも雨が降る」とか、「日頃の行いが良いから天気に恵まれた」、などという会話を交わすことは決して珍しくない。いわゆる晴れ男や雨女であるが、このような会話は、本来は無関係である2つの事柄を、ヒトはしばし

表3—3　無関係のマトリクス

脳腫瘍

		生起（＋）	非生起（−）
め ま い	生起（＋）	160	40
	非生起（−）	40	10

ば結びつけて判断するということを示している。

　表3—3では、めまいがあって脳腫瘍がある確率は160/（160＋40）＝.8である。これだけを見れば、めまいと脳腫瘍には関係があるように見える。しかし一方で、めまいがなくて脳腫瘍がある確率も40/（40＋10）＝.8であるから、両者は無関係なのである。

　実際に回答を求めると、日本人の大学生で「両者が関係する」と答えた者は46.0％、「わからない」は43.0％にも上った。またインドネシアの大学生では64.0％が「関係する」と答え、「わからない」が30.7％となった。いずれにおいても、「無関係である」と正しく答えられた学生は、1割程度しかいなかったのである（Sakagami & Hastjarjo, 2001）。

　似たような問題について、看護学生に回答を求めたSmedslund（1963）の研究では、「無関係である」と正しく判断できたのは7％にすぎなかった。そして症状と疾病との間に関係があると判断した理由を、症状と疾病の両方の生起があるようなケースが多かったことを挙げている。

　共変関係について正確な知識を得るには、本来、表3—2の4つのセルすべての情報を考慮しなけばならない。しかし私たちは往々にして確認事例だけを、特にセルAの情報だけを重視して、誤った共変関係の判断をするのである（Alloy & Tabachnik, 1984）。

　もちろん、共変関係の判断は常に間違われるというわけではない。Alloy & Tabachnik（1984）によると、正の随伴性があり、出来事の性質が中立的であるか、情報が表形式にまとめられているときには、比較的正しく判断される。また随伴性がなく無関係な場合についても、①頻度が低いか、両事象間の生じる時間の差が小さいとき、②成功と結びついていないか、スキル状況に関する要素があるとき、③随伴的な事象関係の事前経験があるか、ランダムネスがもっともらしい仮説であるという知識を事前に与えられたとき、には正しく判断されるという。

III — 3 錯誤相関

　共変関係の判断の誤りについては、特に**錯誤相関**（illusory correlation）と呼ばれる研究領域で、無関係であったり、わずかな関連しかなかったりするような事象間に、関連があると判断する傾向が検討されている。

◆ Chapman による錯誤相関の研究

　その嚆矢となった Chapman（1967）の研究では、4個の単語（例えば、ボート、ライオン、ベーコン、花）と、3個の単語（例えば、トラ、卵、ノート）のそれぞれを組み合わせて、実験参加者にランダムに3回提示し、生起頻度を推測させた。すると、「ライオン—トラ」のように、単語同士の関連性が強い時や、リストの中に1つだけ長い単語（「花（blossoms）」など）があると、その組み合わせが他よりも多かったと報告された。つまり意味的な関連があったり、他と異なる特徴を持った目立つ単語があったりすると、単語の対がより多く生起していると判断されたのである。

　こうした錯誤相関が、心理テストの結果から診断を下すときにも起こりうると考えた Chapman & Chapman（1967）は、心理臨床家を対象として、人物描画テスト（Draw-A-Person-Test）の反応と患者の特徴との関係を検討した。人物描画テストでは、人物画の描き方や描かれた人物の特徴などを分析し、被検者のパーソナリティを捉えようとするものである。すると臨床家たちは、その科学的な根拠は否定されているものの、例えば普通でない目が描かれることは、他者に対する疑い深さと関連し、頭の大きさは知性の悩みと関連すると考えていた。

　さらに Chapman & Chapman（1967）は、人物描画テストのことを知らない大学生を対象として、様々な描画と精神症状をランダムな対にして示し、描画の内容と症状との関連を尋ねた。すると、臨床家たちと同じように大学生も、本来存在しない関連を報告したのである。

　現在、ロールシャッハテストを始めとする多くの投影法テストに対して、臨床的妥当性に関する否定的な証拠がつきつけられている（Wood et al., 2003）。それにもかかわらず臨床家たちがこれらのテストを用い続けているのは、テストへの反応と症状の間に関連があるという、強い信念があるためかもしれない。一般的に、人は自分の判断の正しさを高く見積もる傾向がある（⇒III-7）が、専門的なトレーニングを積んだ臨床家もまた（もしくはだからこそ）、自信過剰に陥っているものと思

われる。

◈ 錯誤相関と偏見、ステレオタイプ

錯誤相関はまた、偏見やステレオタイプの重要な原因だとされている。通常、多数者集団でも少数者集団でも、良い人もいれば悪い人もいて、その割合に大きな差はないだろう。しかし少数者集団の悪い人は数が少ないだけに目立ち、実際よりもたくさんいるという印象を与えているのかもしれず、そのために社会的に好ましくない行動と、少数者集団との関連性が過大視されるというのである。

Hamilton & Gifford（1976）では、大きな集団 A（26人）と小さな集団 B（13人）の個々人について、望ましい行動（例えば「小さな出来事に面白い側面を見つける」）か望ましくない行動（例えば「同僚を無知で知性が低いと見下している」）を記述した文章を同じ割合で提示した。すなわち、行動の割合と集団の大小とに関係はない。しかし、集団 B には望ましくない行動が多いと判断する傾向が見られた他、集団 B の方が社会的に好ましくなく、知的でないと評定されたのである。

◈ 錯誤相関の原因

本書で何度も登場する Tversky と Kahneman は、こうした錯誤相関が利用可能性ヒューリスティックや代表性ヒューリスティックによって生じると考えている（Kahneman & Tversky, 1996; Tversky & Kahneman, 1973）。つまり、思い出しやすいことは高頻度で起こっているとか、集団の性質を反映する典型的な人はたくさんいるといった判断がなされているという。

またステレオタイプ研究から Fiedler（1991）は、小集団に関する情報は十分になく、悪い行動の頻度が低いために平均への回帰効果（⇒ BOX 3）が生じて、錯誤相関が導かれると論じた。さらに Berndsen et al.（1999）によると、同じ集団に属する人は同じような行動をし（集団内類似性）、異なる集団間には違いがある（集団間差異）という期待を人々は持っており、これを引き出すような仕組みが実験での教示などに含まれていることから、錯誤相関が生じると述べた。そして、行動傾向に関して集団の差がないことを期待させるようなラベル名をつけたり（例：93年度学生と94年度学生）、集団内の差異に注意を向けるよう教示を変更したりすると、錯誤相関が見られなくなることを示した。こうした研究から Mcgarty et al.（2002）は、錯誤相関は必ずしも知覚の歪みではなく、期待に基づいて状況を理解し、世界に意味を持たせようとすることから生じるものであり、その結果として導かれるステレオタイプも必ずしも悪いものではないと述べている。

Ⅲ─4　原因帰属理論

　共変関係（⇒Ⅲ-2）であげた「私が旅行に出かけるといつも雨が降る」という
例において、「私が出かけるから（原因）、雨が降る（結果）」とするなら、**因果関係**
（causation）について考えているということになる。因果関係と共変関係は必ずし
も同じではない。前者は後者の特別な場合であり、因果関係がある場合には共変関
係にあるが、逆は必ずしも成り立たない。例えば仮に、私が旅行に行くといつも雨
が降る、という共変関係の知覚が正しかったとしても、私が旅行に行くことが雨が
降ることの原因ではない。それにもかかわらず、単なる共変関係を因果関係と見な
すという誤りもよく生じる。

　また結果に影響を及ぼす原因は、必ずしも１つではない。勉強をしたから成績が
上がったとか、食事の量を減らしたので体重が減ったという因果関係の記述は、一
見正しく思えるが、成績が上がったり体重が減ったりした原因は他にも考えられる
（たまたま試験問題がやさしかった、運動量が多かったなど）。

　厳密に因果関係があることを示すためには、事象Ｘと事象Ｙとの間に強い共変関
係があるだけでなく、原因と見なされる事象Ｘが、結果と見なされる事象Ｙよりも
時間的・論理的に先行していることや、事象Ｘと事象Ｙの双方に影響を与える他の
原因の影響を除いても、ＸとＹとの間に関連があることが確かめられなければなら
ないのである。

◆　原因帰属が重要な理由

　ヒトの因果関係の認知については、**原因帰属理論**（causal attribution theory）が詳
しく扱っている。原因帰属とは出来事の生じた原因や理由を、まわりの種々の情報
から推論することである。つまり原因帰属は結果から原因を推測することであるが、
このことによって、将来似たような事態におかれたときに、原因から結果を推測
（予測）するための手がかりを得ることができる。予測ができれば、好ましい結果
を得、不都合な事態を避けたりするような判断や意思決定がしやすくなる。このよ
うな理由により、原因帰属は重要であると言える。

　しかし結果を予測するためには、原因が何であるかを把握することができ、なお
かつその原因が変化しにくいものでなければ意味がない。ある結果の原因が、その
ときどきで変化する"運"などに求められた場合、将来予測できないからである。

帰属理論の提唱者である Heider（1958）は、原因帰属の本質を「一時的で変わりやすい行動や出来事の原因を、比較的変化しにくい当事者の属性に求めることによって、現実把握をより確かなものとし、さらにはそうした事態を予測し、コントロール可能なものとすること」と説明している。

◆ 原因帰属理論

　原因帰属理論の代表的なもののひとつに、Kelley（1967）の**分散分析（ANOVA）モデル**がある。分散分析モデルでは、ある現象についての原因帰属を行う際に、人々は複数の事態を検討し、その現象が生じるときには存在し、その現象が生じないときには存在しない要因を探るとする。そして①実体（entities）、②人（persons）、③時間（time）、④様態（modalities）の 4 つの要因と結果との間に共変関係が見出されるかどうかによって、原因の推測を行うと考えている。すなわち、そのような結果は「どれでも（弁別性：distinctiveness）」、「いつ、どんなときでも（一貫性：consistency）」、「誰でも（合意性：consensus）」生じるのかどうかが検討されるのである。

　分散分析モデルは図 3 － 2 のような立方体において、ある結果が生じたときに存在した要因部分を塗りつぶすことで表現できる。例えば数学のテストで悪い点数を取ったという結果について、これまで何度も数学で悪い点数を取った（T1M1 ～ T2M2：高一貫性）、他の科目でも悪い点数を取った（E1 ～ E4：低弁別性）、ある人だけが悪い点数だった（P2：低合意性）なら、原因は人（P2）に特定され、しかも時間や様態にかかわらず一定であるようなもの（例えば能力不足）に求められるだろう。

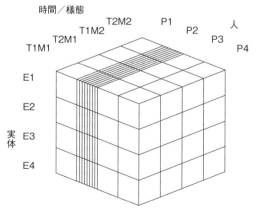

図 3 － 2　Kelley（1967）の分散分析（ANOVA）モデル

このような推論の仕方が統計学の分散分析の過程と似ていることから、ANOVA モデルと呼ばれているのである。

しかしその後、原因の推測にあたって必ずしもこれらの情報をすべて利用するわけではないとの批判がなされたことから、Kelley（1973）は**因果スキーマ**（causal schema）という考えを用いて、人の帰属過程を説明しようとした。（表3—4）。これは因果関係についての学習されたパターンであり、弁別性、一貫性、合意性についての完全な情報がない場合でも、共変関係の分析を行ったときと同じような結論を導く。例えば、合意性が高いというデータしか持たないとしても、それは3つの情報のすべてが高いときにしか当てはまらないので、原因は実体に帰属される。

具体的には、ある映画について「みんなが感動した」なら、その他の情報がわかっていなくても、「その映画が良いからだ」というように実体・刺激への帰属がなされる。同様に弁別性が低い（どの対象にもその反応が生じる）ときには人に、一貫性が低い（そのとき、その場所でだけその反応が生じる）ときには環境・状況に原因が求められる。言い換えれば、どんな映画を見ても感動しているのなら、その人が「感動しやすい人」だと判断し、映画館で見たときには感激したのに、家のテレビで見たときにはそうならなかったなら、映画館の映像や音響の設備が良かったからだと思う等である。

表3— 4　3つの帰属の情報パターン

帰属先	合意性	弁別性	一貫性
実体・刺激	高	高	高
人	低	低	高
環境・状況	低	高	低

(Orvis et al., 1975 より改変)

共変関係について知るためには、複数事態での情報が必要である。これに対して Kelley（1972）は、1回しか観察の機会がないが、複数の原因に関する情報がある場合の帰属の仕方を説明している。1つは**割引原理**（discounting principle）と呼ばれ、原因の推定はその行為にプラスとなるような他の要因が知られたときには、割り引いて考えられるというものである。例えば、サッカーなどの試合では、ホームグラウンドの方が敵地よりも有利だと信じられている。したがって、ホームで勝ったときには、敵地で勝ったときよりも実力は低く見られるかもしれない。

もう1つは**割増原理**（augmentation principle）である。これは逆にその行為に対

してマイナスとなるような要因が知られたときに、原因の推定が強められるというものである。例えば、入試の時に風邪を引いていたにもかかわらず合格したならば、本人の能力が非常に高かったと考えるなどである。

◆ 原因帰属のバイアス

　しかしながら、これらは人間が合理的であることを前提とした規範的モデルである。実際に人間が行う推測は、必ずしも Kelly が示したようには行われない。まず Nisbett et al.（1982）は、原因帰属において一般に合意性情報が軽視される傾向にあることを示している。すなわち、他の多くの人の行動に関する情報は、弁別性や一貫性ほど原因の推定の際に効果を及ぼさない。このことはⅡ-5で取り上げた基準比率情報の軽視とも通じる。

　合意性情報の軽視は、他者の行動の結果における、行為者自身の内的要因への帰属として現れる。すなわち行為者の行動の原因は、他の多くの人が同じ行動をしていることを観察者が知っていても、状況ではなく本人自身に原因があると推測する。このような、行為者の属性や特性といった内的要因に過度に原因を求める傾向を、Ross（1977）は**基本的な帰属の誤り**（fundamental attribution error）と呼んだ。

　さらに、**行為者と観察者間の帰属の差異**も知られている。Jones & Nisbett（1972）は、「一般的に、行為者は自分の行動の原因を外部の環境に帰属する傾向があるのに対して、観察者は同じ行動の原因を当人の内的属性（性格や能力）に帰属する傾向がある」ことを指摘した。このような差が生じるのは、自己評価維持や、自己と他者とでは状況に関する情報の量に差があるためであると考えられている。

　ところで、事故や災害の生起には不確実性が含まれるとされ、確率的にリスクが表されることが多い。このことは、その確率値が算出された集団に含まれる人は、誰でも同じくらい事故や災害に遭う可能性があり、実際にその事態に遭遇するかどうかは偶然に決まると考えているということを意味する。

　しかし、原因帰属のバイアスの存在は、人がこのような考え方を取りにくいことを示唆している。そして、鉄道や航空機などの事故が起こったときに運転手やパイロットの責任が過度に強調されたり、本人には全く責任のないような犯罪の被害者が、マスコミや周囲の人々から非難されたりする被害者非難（victim blaming）（Ryan, 1976）が生じるのである。

　原因帰属のバイアスによって、人々は不幸の原因が他者にあって、自分には起こらないものであると考えて安心することができる。しかしそのために、真の原因の追究がおろそかにされて、同じ事態の再発を防げなくなる可能性が高くなることに

留意すべきである。

◆ 原因の次元と個人差

　Weiner et al.（1972）は、原因が自分にあるかそれとも外部にあるかという統制の位置（locus of control）と、時や状況によって変動しやすいかどうかという安定性（stability）の 2 次元に原因を分類した。例えばある試験で悪い成績を取ったとき、これらの組み合わせで 4 つの原因が決まる（表 3 — 5）。このとき原因が安定的かどうかは、将来同じような事態に置かれたときに、以前と同じ結果を得ると期待するかどうかに影響を与える。また原因が内的かどうかは、プライドを高めるといった報酬や、恥になるといった罰と関係することから、その結果の価値に関連する。そして、良い結果の原因が内的でかつ安定的に帰属されると、動機づけが高くなるというのである。

表 3 — 5　原因帰属の次元

安定性　＼　統制の位置	内的	外的
安定	能力	課題の難しさ
不安定	努力	運

(Weiner et al., 1972 より)

　さらに改訂学習性無力感理論（reformulated learned helplessness theory）では、Weiner の 2 次元に普遍性（globality）次元を加えた 3 次元が、抑うつ傾向と関連すると考えた。普遍性次元とは、その原因がある特定の結果にだけ当てはまるのか、それとも広範な事象に当てはまるのかどうかである。そして、出来事の結果に対してある種の説明を選ぶ習慣的な傾向のことを、**帰属スタイル**（attributional style）と名づけた（Abramson et al., 1978）。例えば、悪い結果の原因を自分に求め（内的帰属）、その原因がこれからも持続し（安定的帰属）、様々なことに当てはまる（普遍的帰属）と考えるような帰属スタイルを持つ人は、抑うつに陥りやすいとされる。

　前節までの研究は、主として原因帰属における環境的状況的情報の影響に焦点を当てたものであった。しかし、個体側のそれまでの経験や因果関係に関する信念も原因帰属においては影響を与えるものと思われる。現実には、このような帰属スタイルと状況的要因との相互作用によって、原因帰属が生み出されるものと考えられる（Alloy & Tabachnik, 1984）。

✿BOX 10✿ 飛行爆弾は狙って打ち込まれたか？

　Ⅲ-1に取り上げたランダムネスの誤知覚の現実の例として、よく知られているエピソードがある。

　第2次世界大戦中、ロンドンはドイツ軍の飛行爆弾（flying bomb）攻撃の被害にあった。このとき多くの市民は、飛行爆弾はきちんと場所を狙って打ち込まれていると感じ、スパイがいる地域には飛行爆弾は落ちないといううわさまで流れたという。このことについて、ロンドン南部を1/2km四方の576の小地域に分割して分析したところ、飛行爆弾が落ちた数とその地域数の関係は下表のようになった。

表　飛行爆弾の着弾数と地域数

着弾数	0	1	2	3	4	5以上
地域数	229	211	93	35	7	1
理論値	226.74	211.39	98.54	30.62	7.14	1.57

（フェラー , 1960 より）

　飛行爆弾は全部で537発落ちていた。したがって、もし飛行爆弾がランダムに落ちているのなら、1つの飛行爆弾がある地域に落ちる確率は1/576であり、これが537回繰り返されたということになる。

　このような事象は、ポワソン分布に従うとされる。ポワソン分布とは、ランダムに生じる2値の事象において、総数Nが十分に大きいが、事象生起の確率pが非常に小さいときに用いられる確率分布である。表の3行目には、ポワソン分布から導き出された地域の推定値が記されている。

　一目見てわかるとおり、実際の地域数と理論的に得られた地域数は驚くほど一致している。つまり、飛行爆弾の落ち方は、まさにランダムだったのである。

Ⅲ—5　制御幻想

　社会学者の Henslin（1967）は、タクシー運転手の参与観察（participant observa-tion）研究の中で、クラップス（craps）というギャンブルゲームを彼らがするときに、サイコロをコントロールすることができるという信念を持っているかのような、奇妙な言動を見せることを報告している。例えば彼らは、大きな数が出て欲しいときにはサイコロを強く投げ、小さな目が欲しいときにはゆっくり静かに投げていた。また欲しい目が出るようその数字をサイコロに語りかけながら投げたり、投げた後に指を鳴らしたりするなどの行動も見られた。

　このゲームを実際に体験したことのある読者は少ないかもしれないが、双六などのようなサイコロを使う遊びで同様の行動を見たことや、あるいは実際にした覚えがあるという人もいるだろう。もちろんサイコロ以外でもトランプを使った遊びやくじ引き、さらには日常生活の様々な場面でも似たような行動が見られ、“おまじない”、“験かつぎ”などと呼ばれているかもしれない。

◆ スキルとチャンス

　こうした行動は、**制御幻想**とか**コントロールの錯誤**（illusion of control）と呼ばれる現象と深く関連している。Langer（1975）によれば、制御幻想が生じるのは「スキルに関する要素がチャンス場面に入ってくることで、個人が不適切な自信を感じる」ためであり、その要素には競争（competition）、選択（choice）、親近性（familiarity）、関与（involvement）の4つがある。サイコロ投げのような運や偶然によって結果が決まるチャンス場面では、スキルに関する要素は結果に影響を及ぼさない。それにもかかわらず、制御幻想が生起し、「客観的確率が保証しているよりも、不適切に高く成功確率を期待する」ようになるのである。

　Langer（1975）は全部で6つの実験を行っている。まず実験1では、トランプのカードを引くというゲームにおいて、競争相手の身なりが良く自信満々な時よりも、だらしない格好をしておどおどしている相手の時の方が制御幻想が生じるため、大きな金額を賭けると予想し、その通りの結果を得た（競争要因）。

　また実験2では、一度手に入れたくじを他者に売るかどうか、売るならいくらかということを測定している。このとき自分でくじを選ぶことができた選択群の実験参加者は、実験協力者にくじを渡された非選択群の参加者よりもくじを売りたがら

表 3 ― 6　Langer（1975）の実験 2 の結果

条件（*N*）	譲渡の拒否（人）	売値の平均値（ドル）
選択群（27）	10	8.67
非選択群（26）	5	1.96

（Langer, 1975）より筆者が作成）

　ない人が多かった。また売る場合の金額もはるかに高くつけたことから、制御幻想が生じたと結論づけている（表3―6）。

　親近性を扱った研究として、Bouts & Avermaet（1992）では、ありふれたトランプを用いて賭けを行ったときの方が、エジプト風の図柄で縦横の比率も異なる珍しいカードを用いたときよりも、参加者が多くの金額を賭けることを見出している。

　また関与について Ladouceur & Mayrand（1987）は、ルーレットを用いた実験で、自分でボールを投げることができる積極的関与群は、実験者が投げる消極的関与群よりも、偶数や奇数に賭けるといった比較的勝率の高い賭けではなく、単一の数字に賭けるといったような、当たったときの倍率の高いリスキーな賭けをよく行うことを見出している。

　この他に、結果の順序（sequence of outcome）がコントロール感に影響することが知られている。例えば Langer & Roth（1975）では、複数回の賭けの全体的な成功率は同じであっても、前半に当たりが多かった参加者は、後半に当たりが多かった参加者や、ランダムに当たりが配置された参加者よりも、コントロールの程度を高く判断した。

　また仮に、コントロール可能なギャンブルであったとしても、結果が生じた後では影響を及ぼせない。したがって、制御幻想が生じるのも結果が決定する前だけであると考えられる。Burger & Cooper（1979）では、参加者が賭けた後にサイコロを振る条件の方が、サイコロを振った後に出た目を隠したままで賭けを求められる条件よりも、賭けられたチップの平均枚数が有意に多かった。

　このように制御幻想についての研究では、結果と全く無関係であるような要因が、参加者のコントロール感を高めたかのような行為や判断を導くことを示している。しかし、要因の操作や従属変数の測定方法は研究ごとに大きく異なっていることから、一連の研究結果の解釈は慎重に行うべきである（増田ほか，2002b）。

III— 6　抑うつのリアリズム

　犯罪報道において、加害者の精神病歴が伝えられることがある。また自殺や心中などの原因として、うつ病であったことが記されることもある。いわゆる「健常者」は世界を正しく認知し、適切な判断を下すことができるが、「こころの病に陥っている人」は異常であったり、誤った判断をしがちであったりすると私たちは考えているがそれは本当であろうか?

◆ 抑うつの認知理論
　認知療法（cognitive therapy）を創始した Beck（1990）は、うつ病患者には、特有の認知傾向があることを指摘した。すなわち、うつ病患者は①自己、②人生経験（世界）、③将来に対する見方がネガティブに歪んでおり、何か悪い出来事があると、そのことで過度に自分を責めたり、周囲の人の助けを得られないと思ったり、将来に希望がないと感じ、自分では今の事態をどうすることもできないという無力感に陥ったりすることが多いというのである。
　一方、III-5 で見てきた制御幻想では、人間が偶然によって決められる事象をコントロールできるかのように振る舞ったり、成功確率を高く見積もったりすることが示された。しかし Beck（1976）の指摘からは、こうしたことは健常者に限られ、抑うつ状態にある人はコントロールの判断を誤って低く見積もると予想される。

◆ 賢いが悲しみ深い人
　Alloy & Abramson（1979）は、ボタンを押したときにライトが点灯する確率と、押さないときに点灯する確率とを操作し、抑うつ的な学生と非抑うつ的な学生の両方にボタンを押すかどうかと、それに伴ってライトが点灯するかどうかの随伴性の程度について判断を求める実験を行った。
　まず実験 1 では、いずれもボタンを押すとライトが点灯する確率が75%であるが、条件 1 ではボタンを押さないときに点灯する確率が50%（75-50と記す、以下同様）、条件 2 では（75-25）、条件 3 では（75-0 ）であった。各条件において、確率の差である25、50、75が実際にコントロール可能な程度であると定義された。参加者は、ボタンを押すか押さないかの反応を計40回行った後に、自らのコントロールの程度を尋ねられた。この実験では、抑うつの程度によるコントロール感の判断の差は見

られず、共に正確だった。

　実験 2 では、高頻度条件（75-75）と低頻度条件（25-25）の 2 つの随伴性のない課題が用意された。このような、コントロール可能性が 0 である課題では、非抑うつ的な参加者は、高頻度条件のときにコントロールの程度を過大評価したが、抑うつ的な参加者はどちらでも比較的正確な判断を示した。

　さらに実験 4 では、ランプが点灯することで利益を得る条件と、損失を被る条

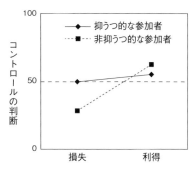

図 3 ─ 3　Alloy & Abramson（1979）の実験 4 の結果

件とを設けて判断を求めた。実際のコントロールの程度は50であったが、非抑うつ的な参加者は、利得問題ではコントロール感が過度に高く、損失問題では低かった。一方、抑うつ的な参加者は、問題間での差がなく総じて正確であった（図 3 ─ 3）。

　以上の結果は、非抑うつ的な人がいくつかの条件下で過度にポジティブに歪んだ判断を下しているのであり、抑うつ的な人がネガティブに認知が歪んでいるのではないことを示している。こうした結果から、Alloy & Abramson はこの論文に、「賢いが悲しみ深い人（sadder but wiser）」という副題までつけたのである。

　この研究は、前述の Beck（1976）のうつ病者の特徴の指摘と一致しないのみならず、病者の判断は異常であって、健常者が正常であるとする私たちの常識と異なることから大いに注目を浴び、**抑うつのリアリズム**（depressive realism）と呼ばれることになった。Alloy & Abramson（1988）は、その後に行われた多くの研究をまとめ、抑うつのリアリズムは支持されていると述べている。

　しかし Haaga & Beck（1994）は、①抑うつのリアリズムに反する結果を得た研究もある、②研究の多くは入院患者のような重度のうつ病患者を含んでいない、③実験室研究は現実場面のモデルとして限界がある、ことなどから、これらは Beck の抑うつの認知理論の批判には値しないと論じた。

　このように結論は必ずしもはっきりしていないが、Beck（1991）は諸研究や臨床的観察から、①非抑うつ的な人の判断はポジティブな歪曲を示す、②軽度の抑うつ傾向にある人の判断は正確である、③重度に抑うつ的な人はネガティブな歪曲を示す、④双極性のうつ（うつ状態と躁状態を繰り返す）の場合には、極端にネガティブな歪曲とポジティブな歪曲との間を揺れ動く、としてこの分野の研究結果をまとめている。

III− 7　自信過剰

　抑うつのリアリズムは、正しい判断と健康とが必ずしも結びつくわけではない、という可能性を示唆したが、近年、ポジティブ心理学と呼ばれる研究分野から、楽観性は心身の健康に良い影響を及ぼし、成功確率を高めることが指摘されている。しかし私たちはしばしば日常生活の安全性を過信しすぎて、適切な対策を怠ったり、避難行動を取るのが遅れたりして危険な目に遭うことがある。このように楽観的であったり、自信過剰であったりすることが良いかどうかは、状況によって大きく異なるものと思われるが、そもそも人は自信過剰なのだろうか？

◆　実際の正答率と自信とのズレ

　Lichtenstein & Fischhoff（1977）は、①２つの選択肢の中から正解と思う選択肢を１つ選び、②それが本当に正解である確率を予測する、という課題を実験参加者に求めることで、実際の正答率と自信との間のズレについて調べた。

　実験１では、課題に対する知識が参加者にほとんどないような２つの問題が用いられた。まず12枚の絵を用意し、それぞれがヨーロッパの子どもが描いたのか、それともアジアの子どもが描いたのかを当てるよう求めた。実際には、ヨーロッパの子どもが描いた絵とアジアの子どもが描いた絵が半分ずつ含まれている。結果は、全回答の53.2％が正解で、偶然に期待される正答率とほぼ同じであった。しかし正答であると思う程度の予測確率は67.7％と実際の正答率を大きく上回っていた。

　次に別の参加者に対して、８か月分の株価の変動データを読み、12の株式について約５週間後の株価が上がっていたか下がっていたかを予測するという課題を実施したが、正答率は47.2％であるのに対し、確率の推定値は65.4％となり、やはり**自信過剰**を示した。

　実験２では、知識が少しでもあることが、こうした推定に影響を与えるかどうかが検討された。ここでは、手書きのラテン語の文字（Mensa mea bona est）を書いたのがヨーロッパ人かアメリカ人かを当てるよう求められ、あらかじめ数例を見て練習したトレーニング群と、そうした練習のない非トレーニング群とが設けられた。その結果、トレーニング群の正答率は71.4％、予測確率77.9％であるのに対し、非トレーニング群では正答率51.2％、予測確率65.3％となった。すなわち、トレーニングにより、正答率、予測確率の両方が高くなったが、自信過剰の程度は縮まった

のである。

　その後も、自信過剰を示す多くの研究がなされたが、Ronis & Yates（1987）はこのような研究の問題を指摘した。現実場面では、まだ起こっていない誰も正解がわからない問題に対して予測を行うことが多い。しかし先行研究の多くは、答えをすでに研究者が知っているような一般知識を問う問題を用いている。したがって、潜在的には参加者自身にも知りうるものであるような問題を用いていることが、自信過剰を引き起こしているのかもしれない。

　また現実世界の予測では、あらかじめ決められた標的事象（雨が降る、手術は成功するなど）に対して、０から100％までの確率を割り当てるのが普通である。しかし先行研究ではまず選択肢を選んでから、.5から1.0までの間で確率を割り当てることを参加者に求めている（二者択一式なので、ランダムに１つを選んでも正答の確率は２分の１となるため）。この点についてまず、認知的不協和理論（⇒Ⅳ-3）などから、確率の割り当ての前に答えを選ぶという行為が、判断プロセスや確率の割り当てに影響を与える可能性があることが指摘される。また割り当てる確率の範囲が異なることも、判断に影響するかもしれない。

　そこで Ronis & Yates（1987）は、これから行われるプロバスケットボールの試合結果の予測と、選択肢式の一般知識を問う問題、の２つへの回答を参加者に求めた。そして回答の方法として、①Choice-50法（１つの答えを選んでから、.5から1.0で確率を割り当てる）、②No-choice-100法（答えの１つにすでに丸がついている。どちらを選んだかはコインによる。０から1.0までで答えが正しいと思う確率を割り当てる）、③Choice-100法（１つの選択肢を選んでから、０から1.0までで答えが正しいと思う確率を割り当てる）のいずれかにランダムに参加者を割り当てた。

　結果は、一般知識問題の正答率が.646から.698、自信が.734から.812であるのに対し、バスケットボール問題では正答率が.589から.603、自信は.625から.676であり、プロバスケットボールの試合結果よりも、一般知識問題の方が正答率が高いが、自信過剰も高いというものであった。この効果に比べると、回答の方法の効果は小さいが、予想に反して自信過剰は No-choice-100法で最高となり、Choice-100法で最低であった。ただし０から100までを割り当てる方法では、論理的にはありえない.5より低い確率を割り当てた参加者もかなりおり、回答方法としては Choice-50法が最も優れていると考えられた。しかし、一般知識を用いた研究の結果は、現実世界の将来の出来事の予測の問題には一般化できないこともまた明らかになった。

◆ キャリブレーション

　ところで正解と推定された確率のズレの
程度は本来、平均値を比べるだけでは比較
できない。自信過剰と自信不足とが混在し
ていたら、打ち消しあって真の正答率に近
づいてしまうことがあるからである。正答
と自信とが一致している程度のことを**キャ
リブレーション**（calibration）という。そ
して正答率を縦軸に、推定された確率を横
軸に取って表されるグラフをキャリブレー
ションカーブという（図3－4）。

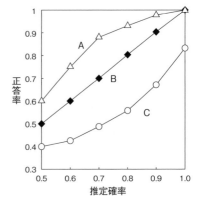

図3－4　キャリブレーションカーブの例
(Lichtenstein & Fishhoff, 1977より作成)

　このとき、描かれたグラフが同確率を結
んだ対角線（B）よりも低い位置にあると
きには、実際の確率よりも推定された確率の方が高いので自信過剰を表し（C）、
逆に高い位置にあるとき（A）には自信不足（underconfidence）であることを示し
ている。またキャリブレーションカーブが対角線（線分B）に近い場合には、推定
された確率と実際の確率とがほぼ一致しているということになる。予測の精度を示
す指標はいろいろあるが、キャリブレーションカーブは簡単に作成でき、かつ直観
的にもわかりやすいという利点がある。

　ちなみにMurphy & Winker（1977）によると、天気予報の降雨予測のキャリブレ
ーションカーブはほぼ対角線と重なっており、降水確率の予測は実際の降水率と一
致していた。一方、Christensen-Szalanski & Bushyhead（1981）では、既往歴とあ
らかじめ決められた検診の結果から、医師が推定した肺炎に罹患している確率は、
エックス線検査によって確定された患者数の割合よりもはるかに高く、自信過剰で
あった。

　このほかに、キャリブレーションの指標として**Brier score**や**surprise index**が
知られている。Brier scoreは確率推定課題のパフォーマンスの適切性に関する総
合的な指標であるが、算出方法が複雑であるのでここでは省略する（Lichtenstein &
Fischhoff, 1977参照）。surprise indexは、指定された自信の確率を満たすような回答
の範囲を得ることで求められる。例えば回答の範囲が90％の自信を示すよう求めら
れた場合、全質問の90％が正解であれば良い推定が行われたことになり、このとき
のsurprise indexは10％ということになる。そしてsurprise indexがこれよりも高
いときには、自信過剰を表していることになるのである。Lichtenstein et al.（1982）

では、98％の確率で正解が収まる範囲の回答を求めたが、surprise index の平均は32％となり、2％よりもはるかに大きく、自信過剰を示していた。

ところで、Lichtenstein & Fischhoff（1977）では、キャリブレーションを査定するために多くの質問項目を用いていた。しかし、Russo & Shoemaker（1989）はわずか10問でsurprise index を算出する問題例を挙げている（図3－5）。彼らが、1000名以上の管理職者にこの問題への回答を求めたところ、9問以上の正解者は1％にも満たなかった。一方、ほとんどの参加者の surprise index は40-70％にも及び、やはり自信過剰を示したのである。ただしこうした測定法の違いが、研究結果に大きな影響を与えているという指摘もあり、何をもって自信過剰と捉えるかについては、注意深く検討する必要がある（Olson, 2014）。

　以下の10項目に対して、あなたが90％確実に正しい答えであると思う最低と最高の推定値を記しなさい。狭すぎたり（すなわち、自信過剰）、広すぎたり（すなわち、自信不足）しないようにしなさい。もしうまくいったなら、あなたは10％の誤り—すなわち1問ミスするはずです。

	90％の自信の範囲	
	最低値	最高値
1．マーチン・ルーサー・キング牧師が亡くなった年齢	＿＿＿	＿＿＿
2．ナイル川の長さ	＿＿＿	＿＿＿
3．OPEC を構成する国の数	＿＿＿	＿＿＿
4．旧約聖書の巻数	＿＿＿	＿＿＿
5．月の直径	＿＿＿	＿＿＿
6．乗客の乗っていないボーイング747型機の重さ	＿＿＿	＿＿＿
7．モーツァルトが生まれた年	＿＿＿	＿＿＿
8．アジア象の妊娠期間	＿＿＿	＿＿＿
9．ロンドンから東京までの距離	＿＿＿	＿＿＿
10．最も深い海の深さ	＿＿＿	＿＿＿

　正解：1）39歳、2）4187マイル、3）13カ国、4）39章、5）2160マイル、6）390000ポンド、7）1756、
　　　　8）645日、9）5959マイル、10）36198フィート

図3－5　Russo & Schoemaker（1989）による自信過剰度テスト

❀BOX 11❀ 読みやすい名前は好かれる？

　子どもの名前、会社の名前、商品の名前、サークルの名前……。「名づけ」に際してどんな名前にしようか悩んだ経験のある人は多いだろう。名前によってその後の運命は左右されるのだろうか。この疑問に対して、「発音しやすい名前」が成功の鍵だという研究を紹介しよう。

　Laham et al.（2012）は、発音しやすい名前ほどポジティブに評価されることを示した。名前の奇抜さや長さなどの影響を除いても、発音しやすいほどその名前が好まれる度合いは高かったのである。また、架空の選挙候補者の名前を変えて比べたところ、発音しやすい名前の候補者は発音しにくい名前の候補者よりも好意的に評価され、投票で上位にランクされた。この傾向は、名前が同じ文化のものでも異文化のものでも、評価する対象人物が自国民でも他国民でも同様だった。さらに、米国の弁護士500人の名前の発音しやすさと所属法律事務所内での地位の関連を調べた結果からは、名前が発音しやすいほど事務所内での地位が高くなることがわかった。

　この効果は人名だけでなく企業名でも見られる。1990年から2004年の間にニューヨーク証券取引所に新規公開された株式について、名前の発音しやすさと公開後の株価変動の関連を調べたところ、企業規模や業界の種別とは無関係に、発音しやすい名前の企業の方が、公開1日後および1週間後の株価は上昇していたのである（Alter & Oppenheimer, 2006）。公開半年後、1年後の株価ではこの効果は消失しており、これは名前以外の要因の影響が大きくなるためと解釈されている。

　利用可能性ヒューリスティックについての研究は、注意を向けやすい、思い浮かべやすい、探索しやすい、といった処理の容易さが我々の判断に影響を与えることを示している。人は、容易に処理できる対象をそうでない対象よりも、「頻度が多い」、「有名だ」、「本当だ」、「好ましい」、などと判断しやすい傾向がある。Alter らの一連の研究は、自分に関する情報を処理しやすくすることのメリットを教えてくれる。もっとも、処理しにくい対象に対し、人は認知資源を割いてじっくり考える面があることも近年は指摘されている（Alter, 2013）。発音しにくい名前にはまた別のメリットがあることが明らかにされる日も近いかもしれない。

第Ⅳ章　感情・直観からのアプローチ

　前章までお読みになって、「心理学が描くリスクの世界」をどのように思われただろうか。Ⅰ章で身近な問題や社会的問題との関係が示されていたわりには、不自然な選択課題からなる研究がなされていたり、非現実的であったりするような実験的研究が多いと思われた方もいるかもしれない。こうした読者からすると、本章は身に覚えがあると感じられるトピックスが多い、という印象を持たれるだろう。

　例えば、私たちが何らかの決定を下さなければならないとき、期待から生じる高揚感や、失敗するかもしれないという不安や後悔など、何らかの感情が伴っているのが普通である。こうした感情と意思決定との間にはどのような関係があるのだろうか。

　またそれが優れていると、はっきり意識していないにもかかわらず、テレビのCMで見た商品を買ってしまったとか、政策や公約に触れず、自分の名前を連呼しているだけの立候補者に、選挙で投票してしまった、という経験のある人もいるだろう。さらには、実際に旅行に行ったときよりも、旅行に行くことを考えたり、計画を立てていたりするときの方が楽しかった、なんてこともあるかもしれない。

　本章は、このような現象を感情・直観と意思決定の関係としてまとめている。こうした領域は、比較的新しいものの近年研究が急増している。ご自身の経験や、周囲や社会で起こった出来事と照らし合わせながら、お読みいただきたい。

IV—1　感情が判断や意思決定に与える影響

　意思決定や判断の研究は、人が選択肢に関する情報をどのように評価して、最も良い選択肢を選ぶのかという思考過程として捉えられてきた。そのために感情（emotion）や気分（mood）は合理的な思考を妨げ、エラーやノイズを生み出す邪魔なものとされてきた。しかし、決定には何らかの感情が含まれているのが普通であり、選択において重要な役割を果たしている。そのような観点から、Slovic et al.（2004）は、好意的に感じられるとリスクが低く、利得が大きいが、非好意的だと逆になるといったように、人が感情を手がかりにして判断するという、感情ヒューリスティック（affect heuristic）という概念を提案している。近年、意思決定における感情の問題は大いに注目されるようになり、研究が急増している（Lerner et al., 2015）。

◆ ネガティブな感情の影響

　本章で扱う認知的不協和理論（⇒IV-3）や後悔（⇒IV-6）では、不快な感情状態が生じると予想されることが、決定に大きな影響を与えると考えている。また、ストレス状況下では情報を十分に検討しないで決定に至る傾向があること（⇒IV-2）や、軽度の抑うつ状態にある人は随伴性判断がより正確である（⇒III-6）との研究もある。これらは、ネガティブな感情が意思決定や判断に影響を与えることを示唆している。

　現実的な場面では、2001年のアメリカでの同時多発テロで4機の航空機が墜落した後で、車の利用が増えたことから、自動車事故で死ぬ人が増えたことをGigerenzer（2006）が報告している。航空機を恐れて避けるという判断を下したために、かえってリスクが高まってしまったというのである。

　直接的にネガティブな感情を喚起して、その影響を検討した研究もある。秋山・竹村（1994）では、悪臭があるかどうかで不快感情の喚起の有無を、モニターとして自分が選んだ製品を実際に使用できるかどうかで関与度を操作し、10個の製品の中から最も購入したいと思うものを1つ実験参加者に選ばせた。

　すると関与度が高いときには、不快感情を喚起された人々の方が決定に要する時間が長く、一度検討した情報を再検討することが多かった。またこうした人々は、意思決定が困難であると感じていた。一方で、低関与条件では不快感情の有無によ

る差は見られなかった。このような結果が得られたのは、関与水準が高くなると情報処理への負荷が高くなるが、さらに不快感情が加わるとこうした感情への対処が必要になって、情報処理を行うための限られた資源をめぐる葛藤が生じるためであると説明されている。

◈ ポジティブな感情の影響

　ポジティブな感情の影響については、Isen が多くの研究を行っている。例えば Isen & Patrick（1983）では、実験前に50セント相当のハンバーガーの引き換え券をもらったポジティブ感情群と、何ももらわなかった中立感情群とが比較された。実験参加者は、まず実際のルーレットゲームにおいて、所持している10枚のポーカーチップの中から何枚賭けるかを尋ねられた。するとポジティブ感情群の方が中立感情群よりも、ギャンブルの勝率が低いときには賭ける枚数が少なく、高いときには賭ける枚数が多かった。

　次に参加者は、仕事を変えるとか、外国でビジネスを始めるといった仮説的なジレンマ課題に対して、それを行うかどうかを答えた。するとこちらでは、勝率が低い条件のときに、ポジティブ感情群の方がリスクを好むという結果が得られた。

　また Isen & Geva（1987）では、ギャンブルをしても良いと考える確率レベルを尋ねた。すると賭けるチップ数が多い条件では、ポジティブ感情群の方が中立感情群よりも、高い勝率でなければギャンブルをしないと答えていた。このように、ポジティブな感情を喚起された人は、課題が現実的であったり、重大であったりするようなときには、むしろ慎重な決定を下していた。一般に感情がポジティブであると注意が低下し、リスクの高い選択をするようになると考えられているが、それは成功確率が高いときや、課題が仮説的なときだけなのである。

　Isen（2000）は様々な研究から、ポジティブな感情を喚起された人は成功確率を高く見積もるようになることがあるが、同時に損失に対する負の効用をより重く見るようになることを指摘している。そして、確率よりも効用の情報の方が選択における影響が大きいために、損失場面でリスクを避けるようになると説明している。また、ポジティブな感情を持った人がリスクを避けるのは、良い感情を維持しようとしてギャンブルに失敗する機会を避けようとするためであると述べている。

　Isen の一連の研究におけるポジティブな感情は、ちょっとしたプレゼントをもらうなどの些細なことで生じたものであり、強いポジティブ感情の影響について十分に検討されているとは言えない。しかし、少なくとも弱いポジティブ感情については、判断や意思決定が求められる状況で有益に働くことが示されているのである。

IV－2　ストレスと意思決定

　生死や大きな金銭の得失に関するような決定は、重大な結果と結びつくがゆえに、強いストレスがかかることになる。先行研究では、ストレス状況下にあると、選択肢を十分に精査しないなど決定プロセスの質は低下し、不適切な判断を下すことが多くなるという結果を得ているものが多い。

◆ ストレス状況下の判断と意思決定

　例えば、Zakay（1985）の看護学生を対象とした研究では、時間のプレッシャーがあるときとないときとでは意思決定のプロセスに違いがあり、ストレス状況下では最も重要と思われる属性だけに注目した決定が行われることが多かった。また Keinan（1987）は、ストレス状況下では非ストレス状況下に比べ、すべての選択肢を検討する以前に判断を下すことが多く、加えて順序を考えずに選択肢を手当たり次第に検討することが多いことを見出した。そして、ストレス状況下ではそうでないときに比べて、正答数が少ないという結果を得た。

　近年はストレスによる生理的変化から、判断や決定の違いを捉えようとすることが多い。例えば、Mather & Lighthall（2012）は、ストレスを感じると快楽や報酬と関連するドーパミンが分泌されやすくなり、そのために報酬を追求し、罰を回避しない、という選択をするようになると述べている。このことは、ドーパミンの過剰分泌が、ギャンブル依存と関係しているという説と一致しているものと思われる。

　しかしながら、Buckert et al.（2014）によると、ストレスと意思決定に関する研究結果は、必ずしも一貫していないという。その理由の1つとして、研究で用いられているストレス刺激（時間のプレッシャー、スピーチの予期など）や、判断や意思決定について検討する課題の曖昧性の程度が異なっていることが挙げられている。この点について Orasanu & Connolly（1993）は、時間のプレッシャーに関する研究をまとめ、①時間のプレッシャーがあるとき、意思決定者はハイレベルのストレスを経験し、疲弊したり、熟慮を欠いたりする、②思考がより複雑でない推論のストラテジーを用いる方向にシフトする、という結論を出した。また Buckert et al.（2014）では、ストレスのためにコルチゾールの分泌が増えた人は、そうでない人よりも利得状況でのリスク選択率が高かったが、曖昧性忌避に関しては差は見られなかった。

◈ 葛藤理論

　ストレスが決定や判断に影響を及ぼすと同時に、意思決定に直面することによってストレスが生じることもある。Janis & Mann（1977）による**葛藤理論**（conflict theory）は、意思決定を行う上での葛藤やストレスのレベルによって、採択される対処パターンが異なり、結果として判断や決定の質に影響することを示している。

　この理論の中心は、葛藤やストレスを扱う5つの対処パターンを分析することにある。人々は問題事態に直面するとまず「もし私が事態を変化させなければリスクは深刻かどうか」を自問する。ここでもし、どんな行動を採用しても深刻なリスクが生じると知覚したならば、葛藤が発生する。そしてストレスのレベルによって、葛藤を扱う3つの対処が決められる。

　その中で**防衛的回避**（defensive avoidance）は、様々なストレスレベルで見られるが、高ストレス状況下では**短慮**（hypervigilance）、中程度のストレス状況下では**熟慮**（vigilance）がみられる。ストレスレベルが低く葛藤が生じないときは、**葛藤なしの惰性**（unconflicted inertia）か、**葛藤なしの変更**（unconflicted change to a new course of action）が採用される。

　このように対処パターンの決定は、葛藤の有無やストレスレベルに関係するのであるが、これらの中で最も望ましいのは、もちろん熟慮である。すなわち、ストレスの程度と意思決定の質の間には、逆U字型の関係が見られ、中程度のストレスレベルのときに最も良い決定がなされるというのである（表4―1）。

表4―1　葛藤理論における5つの対処パターン

対処パターン	主観的な考え方	葛藤	ストレスレベル
(1)葛藤なしの惰性	現在の行動のままで深刻なリスクはない。	なし	低
(2)葛藤なしの変更	現在の行動ではリスクがあるが、新しい行動ではリスクはない。	なし	低
(3)防衛的回避	現在の行動ではリスクがある。新しい行動でもリスクがある。より良い解決法がみつからない。	あり	さまざま
(4)短慮	現在の行動ではリスクがある。新しい行動でもリスクがある。より良い解決法があるはず。しかし探す時間が足りない。	あり	高
(5)熟慮	現在の行動ではリスクがある。新しい行動でもリスクがある。より良い解決法があるはず。探す時間も十分ある。	あり	中

（Janis & Mann, 1977 より）

IV—3　決定後の心理：認知的不協和の低減

　Festinger（1957）が提唱した**認知的不協和理論**（cognitive dissonance theory）は、不合理に見える人の行動や態度の変化をうまく説明できるように思えることから注目され、多くの研究を生み出した。ここでは特に、決定後の心理に関連した、認知的不協和の研究をいくつか見てみる。

◆ 意思決定後の態度

　認知的不協和理論では、相矛盾する2つの認知が同時に存在するときに、それを解消するために一方の認知が変化することを予測している。Festinger（1957）によると、不協和な認知は不快な緊張状態や居心地の悪さを生じさせるものであり、この状態を解消するために、人は何らかの対策を講じなければならない。

　例えば、複数の選択肢の中からある選択をした人は、選んだ選択肢に含まれるマイナス面や、選ばなかった選択肢のプラス面のことを考えると不協和に陥る。この悩みを解決する方法の1つは、自分が選んだ選択肢が選ばなかった選択肢よりも魅力的で価値が高いと信じることである。

　Knox & Inkster（1968）は、競馬場で今まさに馬券を買おうとしている人（購入直前群）と買ったばかりの人（購入直後群）に、自分が賭けようとしている（賭けた）馬の勝つ確率がどの程度であるかの評価を求めた。評価の仕方は「1.ごく小さい（slight）」から「7.非常に高い（excellent）」までの7段階であったが、購入直前群の平均値は3.48であったのに対して、購入直後群では4.81であった。つまり、馬券を買った直後の人は、買う直前の人よりも自分の賭けた馬が勝つことを強く信じていたのである。

　同様の結果は、Frenkel & Doob（1976）の選挙場面での研究でも得られており、投票直後にインタビューを受けた人たちの方が、直前にインタビューを受けた人たちよりも、自分が選んだ候補者が最適で当選する可能性が高いと答えていた。

　次に、決定後に人は不協和を低減するような情報を好み、高めるような情報を避けようとすることが予想できる。すなわち、さんざん迷った挙句に高価な買い物をしたばかりの人は、自分の購入品の好意的な評価は読みたがるが、選ばなかった物への良い評価は目にしたくないだろう。

　この点について、Ehrlich et al.（1957）は、最近車を買ったばかりの人と、3年

以上保有している人にインタビューを行った。すると新車のオーナーは、まず自動車の広告をあまり読まない傾向があったが、自分と同じ車種の広告を、購入を検討した他の車などよりもよく読んでいた。しかし、このような傾向は、長期保有者には見られなかった。

◆ コミットメントのエスカレーション

　このように人は決定後に自分の選択を正当化しようとする。その結果、次に同じような選択をするときに、過去の決定にとらわれ、非合理な深入りを招く場合がある。例えば、購入した株が値下がりしても、損切りするどころか買い増してしまったり、値引き競争が過熱し、もはや利益が出ないのに価格改定に踏み切れずに損を出し続けたり、といった事例がこれにあたる。反復される意思決定で、過去の決定の問題点が明らかになってもなおそれに固執し、損害を大きくしてしまう現象は、**コミットメントのエスカレーション**と呼ばれる。この現象は、過去に支払ったコストに後続の決定が影響を受けるサンクコスト効果（⇒Ⅶ-3）の一種である。

　Staw（1976）による初期の研究では、実験参加者に自分が企業の役員だと想定させ、2つの事業部のいずれかへの研究開発予算を決めさせている。実験では2度にわたって開発費を決めさせたのだが、2度目の決定時に、最初に予算を配分した事業がうまくいっていないとフィードバックされた方が、うまくいっているとフィードバックされた条件よりも追加額が大きかった。このエスカレーションが起きたのは最初の予算を自分が決めた条件だけであり、最初の予算を他の役員が決めたとした条件では、失敗した事業に肩入れした投資は見られなかった。

　自分が投資した事業がうまくいっていないという事実は、不協和を引き起こす。不協和を小さくするために、人は事業がいずれ上向くと信じさせてくれる都合の良い情報に選択的に目を向ける。さらに、プロスペクト理論（⇒Ⅱ-10）が指摘するように、人は損失回避傾向を持ち、かつ損失領域ではリスク志向的である。したがって既に投資したコストを損失として捉えていると、投資額を積み増して損失を取り返そうとしやすくなる。これらが失敗した事業への投資のエスカレーションを生んだ要因である。一方で、過去の決定を他人がした条件では、不協和が生じておらず、既に投資したコストにとらわれずに現状を参照点として判断できたことから、追加投資によって自己正当化を図る必要がなかったのだと考えられる。コミットメントのエスカレーションの背景には、他にも、一貫した印象を保ちたいという印象管理の問題や、競争相手に勝ちたいという欲求からくる非合理性などが関わっていることも指摘されている（Bazerman & Moore, 2008）。

❁BOX 12❁ 最高を求めると不幸になる？ ─────

　まずは以下のテストを試してみてほしい。表の項目に対して自分があてはまるかどうか、「まったくあてはまらない」（1点）〜「完全にあてはまる」（7点）の7段階で点数をつけ、すべてに答え終わったら自分が答えた点数を合計していただきたい。

　Schwartz（2004）は、表の13項目の答を合計した点数が65点以上の人を「マキシマイザー型」、40点以下の人を「サティスファイサー型」としている。マキシマイザーとは考え得る中で客観的に最高の結果を求める人々であり、サティスファイサーとは自分にとっての一定水準を満たす、主観的に満足できる結果を求める人々である。

表　マキシマイゼーション尺度

項目
1．なにかを選ぶときはいつも、ほかにどんなオプションが考えられるか、ひとつ残らず思い浮かべようとする。現状そこにないものまで考える。
2．いまの仕事にどれだけ満足していても、もっといい機会を求めて目を光らせているのは当たり前のことだ。
3．車の中でラジオを聴いているとき、他の局でもっといい曲をかけていないかどうか何度もチェックする。今聞いている曲にまずまず満足していても、そうしている。
4．テレビを観ているとき、チャンネルをつぎつぎに切り替える。ある番組を観ようとしている最中にも、別のチャンネルをひとわたりざっと眺めてみる。
5．人間関係を洋服と同じように扱う。自分にぴったりの相手がみつかるまで、なんども試してみるつもりだ。
6．友人への贈り物を買うのはむずかしいと思うことがよくある。
7．ビデオを借りるのはほんとうにむずかしい。いつも最高の一本を選ぼうとして苦労する。
8．買い物するとき、ほんとうに気に入った服をみつけるのは一仕事だ。
9．なんであれランキングがすごく好きだ（映画や歌手や、スポーツ選手や小説のベスト10など）。
10．文章を書くのはとてもむずかしいと思う。友人にちょっと手紙を書くだけでも、きちんと言葉にするのはたいへんだ。単純な用件でも、たいてい何度か下書きする。
11．なにをするにしても、自分に最高の基準を求める。
12．次善で妥協はしない。
13．いまとまったくちがう生活を送っているところを夢想することがよくある。

（Schwartz et al., 2002）

　常に最高の結果を得るべく努力を惜しまないような人なら、さぞかし素晴らしい結果を手に入れて幸福に暮らしているのではないかと思うかもしれない。ところが、Schwartz et al.（2002）の一連の研究の結果はこの期待を裏切るものだった。大学生や一般社会人を対象とした調査の結果、マキシマイゼーション傾向の高い人ほど、後悔しやすく、主観的幸福感が低く、抑うつ傾向が高かった。彼らは、マキシマイゼーション傾向が高い人は自分の結果の価値を知るために他者との比較をせざるを得ず、他者との比較にこだわるために幸福感が下がるのだと考えている。実際、彼らの研究では、実際の買い物場面や実験場面で、マキシマイゼーション傾向の高い人の方が他者と自分を比べやすく、比べた結果劣っているときに評価や気分を悪くしやすいことが示されている。

　しかし表の尺度で測定される傾向には、純粋に最高のものを追求する傾向だけでなく、「絶えず他の選択肢を考慮する」「なかなか決断できない」といった選択にまつわる別の要素も含まれている。その後の研究では、こうした要素を取り除いて、単に「最高を追求する」傾向だけを測定すると、マキシマイゼーション傾向と主観的幸福感との関連は消失することもわかっている（Diab et al., 2008; Weinhardt et al., 2012）。つまり、最高を求めること自体が不幸を招くのではなく、最高を求める過程で多くの選択肢を考慮したり、決断が難しくなったりすることが不幸と関連しているようだ。ただ、日本人については、純粋に最高を求める傾向も含めて主観的幸福感の低さと関連しているという知見もあり（Oishi et al., 2014）、文化差を含めた今後の研究の蓄積が待たれる。

IV—4　単純接触効果

　ある対象を繰り返し見聞きするにつれ、知覚者はその対象に好みを形成する。この現象は**単純接触効果**（mere exposure effect）と呼ばれ、Zajonc（1968）の研究以降、数多くの知見が積み重ねられてきた。単純接触効果の標準的な実験では、実験参加者に刺激に繰り返し接触させたあと、それらに対する好みを回答させる。典型的には、参加者は多く呈示された刺激に対してより強い好みを示すという結果が得られる。この効果は、無意味つづりのような単純な刺激から商品ロゴのような複雑な刺激まで、また、ヒトだけでなく動物でも確認されることや、実験室実験でもフィールド調査でも生じることが報告され、頑健な現象であることが確認されている（Bornstein, 1989; Harrison, 1977; 宮本・太田, 2008）。

◆　単純接触効果と潜在過程

　単純接触効果は、当該対象と接したことに関する顕在的な記憶が伴わなくても生じることが多くの研究で確かめられている。Moreland & Zajonc（1977）は、閾上で外国語文字を繰り返し呈示したあと、それらに対する好感度および再認記憶などを測定した。重回帰分析の結果、刺激文字への好感度はその呈示回数に強く規定されていたが、それは再認記憶に依存しないことが見出された。また、Kunst-Wilson & Zajonc（1980）は、閾下で幾何学図形を反復呈示したあと、それらを新たな図形と対にして、二肢択一型の再認判断（どちらを見たか）と選好判断（どちらが好きか）を求めた。その結果、再認判断では反復呈示刺激の選択率はチャンスレベルに達しなかったにもかかわらず、選好判断では反復呈示刺激の選択率はチャンスレベルを超え、初めて呈示された刺激よりも好ましく評価されることが示された。こうした現象は特に閾下単純接触効果（subliminal mere exposure effect）と呼ばれ多くの研究を触発した（Mandler et al., 1987; Seamon et al., 1984; Seamon et al., 1998など）。

　関連して、反復呈示が選好判断に及ぼす影響は、評価対象に繰り返し接したことに知覚者が気づいていると弱まることが確認されている。例えば、Bornstein & D'Agostino（1994）は、刺激が反復呈示されていたという教示を与えると、反復呈示された刺激に参加者が示す好みが弱くなったこと、また、刺激が呈示されていなかったという偽りの教示を与えると、参加者が示す好みが強まったことを報告している。また、Bornstein（1989）は単純接触効果研究のメタ分析を行って、刺激が閾

上呈示された場合は最後の接触から判断までの時間間隔が長いほどこの効果が明瞭に現れること、また、閾上呈示よりも閾下呈示のほうがこの効果が強く得られることを見出している。また、投票などの社会的行動に影響を及ぼす可能性のある様々な要因について、その影響の強さや望ましさについて人々が抱く信念を調べた調査（Wilson et al., 1998）では、回答者は候補者の反復呈示が自らの判断に影響を与えることを望ましくないと考えていることが示されている。これらの知見は、反復呈示の操作を受けた自覚は、反復呈示を受けた者にその影響を避けようとする動機を与え、対象に示す選好を割り引かせることを示唆する。

◆ **説明モデル**

　Bornstein らは、単純接触効果を説明するモデルとして、知覚的流暢性誤帰属モデル（perceptual fluency/misattribution model）を唱えた（Bornstein & D'Agostino, 1992, 1994）。単純接触効果は、知覚者が知覚的流暢性の経験を対象の好ましさに帰属することで生じると説明される。知覚的流暢性とは、刺激に繰り返し接することで、その刺激の知覚的処理が容易になることである（Jacoby & Kelley, 1987）。刺激に繰り返し接することでその知覚表象が形成され、再びその刺激と接したときに処理を促進し流暢性を高める。流暢に処理される刺激について感じられる熟知感（familiarity）を、当該刺激の好ましさに帰属することで、単純接触効果が生じるのだと Bornstein らは説明した。また、Mandler et al.（1987）は、閾下で反復呈示された図形が、好ましさばかりでなく明るさや暗さについても高く評価されることを示し、知覚表象の活性化は、刺激に関する様々な判断に関連付けられ利用されると指摘した。これらのモデルでは、刺激との反復接触によって形成された知覚的表象が潜在記憶として機能すること（そのため、本人が対象と接した顕在的な記憶が欠けていても、単純接触効果が生じる）、また、知覚的流暢性の経験はそれ自体ではポジティブな感情を生起させず、認知的な帰属操作によって、好ましさや、その他の属性に関する判断が行われることを想定している。

　しかし、その後、他の研究者によって、いくつかの修正モデルが提出されている。例えば、Winkielman & Cacioppo（2001）は、知覚的流暢性それ自体がポジティブな感情を生起させるというヘドニック流暢性モデル（hedonic fluency model）を提唱している。このモデルと一致して、Reber らは、図形のコントラストや呈示時間などによって流暢性を操作し、より流暢に処理される刺激であるほど、ポジティブに評価されやすいことを実証している（Reber et al., 1998）。

IV— 5　選択と理由

　判断や意思決定に関する研究ではしばしば、意思決定者に判断や選択の理由をた
ずねる。これは、質問を受けた回答者が、判断や選択にいたる心的過程や自らの嗜
好を正確に報告することができることを前提としている。しかし、いくつかの研究
から、人は必ずしも判断や選択をどのように行ったのか、また、どのようなことか
ら影響を受けているのか、意識的な自覚を欠いていることが示されている。

◆ 選択の原因についての言語報告

　Wilson & Nisbett（1978）は、人は自身の行動が刺激から受ける影響について正
確に自覚できないことがあることを複数の実験によって示している。例えば、一般
の買い物客を対象とした店頭での実験では、商品の位置が買い物客の商品選択に与
える影響とその自覚の関連について検討している。彼らは、買い物客に、4つのテ
ーブルに置かれたストッキングから最も品質のよいものを選択するように求めた。
ただし、このとき用意されたストッキングは本当のところ全て同じもので、品質に
違いは全くなかった。その結果、手に取る順番があとになるテーブルに置かれたス
トッキングほど選ばれる傾向があり、最後に手に取られるストッキングにいたって
は40％の買い物客に選択された。しかし、選択理由をたずねたところ、ほとんど全
ての買い物客は、伸縮性などの品質の優劣に基づいて選択を行ったと説明し、商品
の位置が自らの選択に影響を与えていたことを自覚できていなかった。

　自らの行動や判断がどんなことに左右されているのかや、どのようにそれらを行
っているのかについての不正確な報告は、異性への好み（Eastwick & Finkel, 2008）
や人物評価（Uhlmann & Cohen, 2005）など他の様々なことがらにおいても確認され
ている。これらの研究は全体として、人びとは自らの選択や判断が受けている影響
やその影響源を自覚していないこと、また、その理由を実際とは異なる要因にもと
づいて説明する傾向があることを強力に示している（Nisbett & Wilson, 1977）。

◆ 理由の分析による選好の混乱

　選択する前にその理由をよく考えると、選択の質は高まるのだろうか。選択や決
定の前に熟慮を重ねたほうがよいとする一種の社会通念は、そうすることでより良
い決定を行うことができることを前提としている。しかしながら、何がどのように

自分の喜びや満足を左右するのかわからなければ、良し悪しや好き嫌いの理由を慎重に分析しても、より良い選択・決定に到達することは難しい。

　Wilson et al.（1993）は、好き嫌いの理由を考えることがポスターの評価や選択にもたらす影響を検討した。ポスターには事前の調査で高い評価を受けたゴッホとモネの美術ポスター 2 枚と、それらほどの評価にいたらなかった動物のユーモラスなポスター 3 枚が用意された。実験に参加した女子学生の 1 グループには各ポスターの好き嫌いの理由を慎重に分析するように求め（分析群）、残りの学生には慎重な分析を求めなかった（統制群）。その後、全ての参加者はポスターを評価し、一番気に入ったポスターを 1 枚選び持ち帰った。その結果、好まれるポスターの種類が 2 つの条件で変わることが確認された。すなわち、統制群のほとんどが美術ポスターを好んで家に持ち帰ったのに対して（95%）、分析群は、統制群ほど美術ポスターを持ち帰らず（65%）、ユーモラスなポスターを好む傾向を強めた。

　さらに、実験参加者は、ポスターを持ち帰った数週間後に再び連絡を受け、持ち帰ったポスターにどのくらい満足しているのかについて質問を受けた。その結果、統制群の参加者とくらべ、分析群の参加者はポスターに対する満足感が低かった。

　これらの結果は、好き嫌いの理由を分析したことで、分析群の参加者が一時的に自らの選好を混乱させてしまったことを意味している。すなわち、分析群は、好き嫌いの理由を丹念に分析した際に、理由を分析しなければ気にもとめなかった特徴を重視したり、理由を分析しなければ大きな影響を与えていたかもしれない特徴を過小に評価したりすることで、自らの好みを混乱させたと考えられる。そして、その後、時間が経過することで、一時的な混乱もおさまり、自分が選んだポスターに対して、分析したときほどの魅力を感じられなくなったのだと考えられる。

　後続研究からも、好き嫌いの理由を意識的に分析するように求められた参加者は、分析を求められなかった参加者と比べ、一貫性のない好みを示すこと（Nordgren & Dijksterhuis, 2009）、専門家による評価とのズレが大きくなること（Wilson & Schooler, 1991）、名品とそうでない作品を正確に見分けることができなくなること（Dijkstra et al., 2012）、好みの飲料が変わること（Yamada et al., 2014）、恋人との関係が悪くなること（Wilson & Kraft, 1993）などが示されている。

　人は理由を考えるとき、言語化が容易で、理由としてもっともらしい特徴に注意を向けやすい。これらが実際に好みを左右している特徴と一致しないとき、自分がどのように感じているのか混乱する可能性があるといえる。

IV— 6　後悔

　意思決定後に生じる感情の１つに**後悔**（regret）がある。後悔は、後になって正しいと考えられる意思決定をしなかったことを悔いる感情である。後悔を感じる際には、「もし違った行動をしていれば、状況はもっと良くなっていただろう」という**反事実的思考**（counterfactual thought）を伴う（Roese & Olson, 1995）。損失回避性については、本書でも触れられてきたが（⇒Ⅱ-10）、後悔は、損失による失意に加えて、その意思決定に自分が関わったという自己非難が加わるため、損失以上に辛い感情である。そのため人々は損失回避と同様、後悔を回避するために意思決定を行う（⇒Ⅱ-13）。後悔を生み出す要因についてはこれまで多数の研究がなされているが、本節では、僅差の損失と、行為・無行為に焦点を当てる。

◆　僅差の損失による後悔

　同じチャンスを逃すにしても僅差で逃す場合と大差で逃す場合では、後悔の程度が異なる。Kahneman & Tversky（1982b）は、交通渋滞で出発予定時刻を30分遅れて空港に到着した２名の乗客の例でこれを検討している。２名の乗客のうち１名は定刻通り30分前に飛行機が離陸したことを知らされたが、もう１名の乗客は遅延により５分前に飛行機が離陸したことを知らされた。さてどちらの乗客がより動揺するだろうか。結果は、実に96％の回答者が、僅差（５分）で飛行機を逃した乗客のほうが動揺すると答えた。しかし両者とも飛行機を逃したという結果は変わらない。僅差のほうが動揺の程度が強いのは、「もしあの交差点の信号が赤でなかったら」といった反事実的思考を、僅差の場合は行いやすいからであると考えられる。

　僅差での後悔に関連した研究として、Medvec et al.（1995）は、オリンピックの運動競技におけるメダリストの表情分析を行っている。銀メダルと銅メダルでは、一般的には銀メダルを獲得したほうが嬉しいはずである。しかし彼らの結果はこれと逆の傾向を示していた。彼らは、メダル獲得時のメダリストの反応や表情を参加者に評定してもらったところ、銀メダリストより銅メダリストのほうがより幸せに見えることがわかった。この理由として、銀メダリストは「あと少しで金メダルが獲得できたかもしれない」という上位との比較を含んだ反事実的思考を行う傾向があり、これが後悔を生み出す。一方、銅メダリストは「あと少しでメダルも取れなかったかもしれない」という下位との比較を含んだ反事実的思考を行い、メダルを

取れただけでも幸せと感じるのである。

◆ 行為・無行為による後悔

　同じだけの損失が生じたとしても、自らの行為の結果生じた損失に対して強い後悔を感じる。Kahneman & Tversky（1982a）の次の質問を見てみよう。

　次のポールとジョージのうち、深い後悔を感じるのは、どちらでしょうか。

　ポールは、A社の株を保有しています。この1年間に、B社の株に買い替えることを検討していましたが、最終的に買い替えないことにしました。しかし、もしB社の株に買い換えていたら1200ドルの利益が出たことに今になって気づきました。

　ジョージは、B社の株を保有しています。この1年間に、A社の株に買い換えました。しかし、もしB社の株をそのまま保有していたら1200ドルの利益が出たことに今になって気づきました。

　92％もの回答者がポールよりもジョージのほうが深い後悔を感じると答えた。両者とも現在はA社の株を保有しており、1200ドルの利益がないことは同じである。しかしながら、行為によって悪い結果が生じたジョージのほうが後悔は大きい。この理由として、実際には行っていない行為を行ったと考える反事実的思考（「株を買い換えていたら」）よりも、すでに行ってしまった行為を行っていなければと考える反事実的思考（「株を保有し続けていたら」）のほうが想像することがたやすいため、後悔も強くなると考えられる（Kahneman & Miller, 1986）。

　一方、Gilovich & Medvec（1994）は、行為による後悔と無行為による後悔のどちらを強く感じるのかは、時間経過に依存することを指摘している。彼らは、行為による後悔は短期的には効果が強いが、次第に薄れていくのに対し、無行為による後悔は効果が持続し長期にわたって影響を及ぼすという仮説を考えた。これを検証するため、転学で悩んでいる2名の学生を例に、転学して失敗した学生と、転学せず留まって失敗した学生のどちらが強い後悔を抱くかを、短期的および長期的な視点で参加者に回答してもらった。結果は上記の仮説を支持し、短期的な視点の場合は転学した学生の方が、長期的な視点の場合は留まった学生の方が強い後悔を感じるという回答が多かった。なぜ時間が経過すると無行為による後悔を強く感じるのかについて、Gilovich & Medvec（1994, 1995）は、完了した課題よりも未完了の課題の記憶成績がよいというツァイガルニク効果（Zeigarnik, 1935）に類似した過程が働いていることなど、複数の要因が関与している可能性を指摘している。

IV― 7　予測と経験

　より良い決定を行うには、利用可能な選択肢の中から、より大きな楽しみや満足が得られる選択肢を見定めることが役に立つ。選択肢が持つどんな属性が、どのように、またどの程度、楽しみや満足といった経験を自分にもたらすかを予測することによって、より良い決定と判断に近づくことができる。しかし、こうした予測は、実際の経験と大きな食い違いを起こすことがある。この予測と経験のズレにはいくつかの要因が系統的に関わっている。

◆ インパクトバイアス

　人びとはしばしば、将来にあるイベントが生じたときに自分がどんな気持ちになるのか予測する。しかし、こうした予測はしばしば正確ではなく、そのイベントによって引き起こされる感情の強さと持続期間は過大視される傾向にある（Wilson & Gilbert, 2003）。これを**インパクトバイアス**（impact bias）と呼ぶ。このバイアスの原因の1つとして、感情を予測するとき、予測者が、中心的なイベントにしか焦点を向けず、感情のインパクトを緩和するその他のイベントを見逃してしまうことが挙げられる。例えば、Wilson et al.（2000）は、あるスポーツチームのファンに、そのチームが試合で勝ったあとの数日のあいだどんな気持ちになるかを予測させると、実際に経験されるよりも、嬉しさを過大に予測することを確認した。チームが勝利したときに自分がどんな感情になるかを予測するときは、勝利がもたらす歓喜ばかりに注目してしまう。一方で、その勝利のあとに起こる他のイベントが自分の感情経験に与える影響は見落とされやすい。すなわち、そのイベントが発生したときに生じる無数のイベントの一部にばかり焦点が当たることで、予測が片寄るといえる。こうした見方と一致して、予測をする段階で、ターゲットになるイベント以外のイベントも慎重に考慮に入れるように教示すると、より正確な予測ができるようになることが示されている（Dunn et al., 2003）。

　インパクトバイアスをもたらす他の要因として心理的免疫システム（immune system）が挙げられる。恋人との別れなど、生活の中でネガティブな感情を引き起こすイベントが起こったあと、人びとはそのイベントを避けられなかったものとして合理化したり、その実存的な意味を捉えなおしたりすることで、その情動経験の烈しさが弱まっていく。しかし、ほとんどの予測者はそうした自らの心の働きを予

期していないため、特定のイベントから受ける影響を過大に予測することになる。このことを検証するため、Gilbert et al.（1998）は実験参加者にパーソナリティ検査でネガティブなフィードバックを受けたらどんな気持になるかを予測させた。参加者の半数には、フィードバックを与えるのはコンピュータであると伝え、残り半数には臨床の専門家から与えられると伝えた。これは、コンピュータから受け取ったネガティブなフィードバックのほうが合理化しやすいと考えられたためである。こうした予測と一致して、コンピュータからフィードバックを受けたと教示を受けたときにのみ、実験参加者はネガティブ・フィードバックから受けるネガティブな感情を過大に予測していた。

◆ 投影バイアス

　人びとは予測するときと経験するときに異なる生理（覚醒）状態に置かれていることがある。例えば、予測する際には空腹だったり性的に興奮していなくても、経験する際には満腹だったり性的に興奮していることがあるだろう。予測時と異なる状態におかれた自分がどのような経験をするのか予測するとき、予測者は予測時の状態をその予測に投影する傾向がある。例えば、夕食直後に翌朝のご馳走をどのくらい楽しめそうであるか予測するとき、予測者はその楽しみを過小に予測しやすい（Read & van Leeuwen, 1998）。これは、予測するときに満腹だと、その状態のまま翌朝の朝食が経験されると考えているからである。これを**投影バイアス**（projection bias）と呼ぶ（Loewenstein et al., 2003）。

　投影バイアスは後悔につながる決定をもたらす。例えば、空腹でレストランに入った人びとは最初に沢山の注文をする。お腹が満たされてくると、食べきれないほどの注文をしてしまったことに気がつく。また、異性の部屋に遊びに行くことを計画しているときは、性的に興奮もしておらず、性的な関係を結ぶことも考えていなかったにもかかわらず、実際に部屋に入ってみると、性的な興奮が高まり、危険な性的行為を犯してしまうといったことが挙げられる。

◆ 評価モードによるバイアス

　消費者は商品を購入するとき複数の商品を比較して評価することが多いが、購入したあとは購入した商品だけを評価することになる。例えば、家電量販店にプラズマテレビを買いに行ったときは、テレビ売り場でいくつものモデルを比較するのに対して、購入した後は購入したモデルだけを経験することになる。前者のように複数の選択肢を比較しながら評価することを**連結評価**（joint evaluation）と呼び、後者

のように単独で選択肢を評価することを**分離評価**（single evaluation）と呼ぶ（Hsee, 1998）。

　分離評価を行うときと比べ、連結評価を行うときの意思決定者は、選択肢を比較することで顕在化される属性により多くの注意を払いやすくなる（テレビであれば、発色のよさや明るさなど）。Dunn らは、複数の選択肢を与えたとき、意思決定者はそれらの選択肢の間に見られる違いに注目し、共通して持っている特徴を軽視する傾向があることを報告している（Dunn et al., 2003）。

　こうした傾向は、本人にとって最適ではない決定をもたらす可能性がある。例えば、量的な属性と質的な属性に関してトレードオフ関係にある選択肢から選択を行う状況においては、連結評価を行う意思決定者は、選択肢の間にある量的属性のわずかな違いに注目して、その属性で優れた選択肢を選択しやすくなる。しかし、選択後にその選択肢を単独で使用する場面においては、他方の選択肢との関係において顕在化していた属性の優位性は意識されにくいため、満足は得られにくい。例えば、テレビ画面の明るさはテレビ視聴時の満足に影響を与えるが、最も明るいプラズマテレビとその次に明るいプラズマテレビがテレビ視聴時にもたらす満足にほとんど違いはないだろう。そうだとすると、画面の明るさがわずかに優れたプラズマテレビを購入した人は視聴の際に相応の満足を得られない可能性がある。

◆ 記憶のバイアス

　しばしば意思決定者は過去の経験に基づいて将来の経験を予測する。しかし、記憶は変化しやすいため、こうした予測にはシステマティックなバイアスが生じる（Libby et al., 2005）。例えば、過去のイベントの記憶に基づいて行う将来の予測は、そのイベントのピーク時と終了時の経験に大きな影響を受けるのに対して、イベントの持続時間からはあまり影響を受けない（Frederickson, 2000）。このことは、Kahneman らによる古典的な研究によって示されている（Kahneman et al., 1993）。実験参加者は苦痛な経験を2つ与えられた。1つは、非常に冷たい水に60秒のあいだ手を浸すというもので、もう1つは、非常に冷たい水に60秒のあいだ手を浸したあと（つまり1つ目と同じ）、さらに、それよりは冷たくはないものの、冷たい水に30秒のあいだ手を浸すというものであった。客観的に考えれば、前者の経験に加えて、さらなる苦痛が追加される後者のほうが悪い経験であるはずである。しかし、実験参加者にこれらの経験について評価させると、前者よりも後者のほうが辛くなかったと回答した。さらに、どちらをもう一度経験したいか選ばせたところ、ほとんどの参加者が後者を選ぶことが確認された。これは、終了時の苦痛がそれほど強

くなかったことから、後者の経験のほうが悪くないと判断されたことを表している。この**ピーク・エンド効果**は、将来の経験を予測するとき、過去のイベントのうちピーク時と終了時の経験が想起しやすいことで生じると考えられる（⇒ BOX 7）。

　同じく、異常なイベントもまた想起されやすく、そのことがピーク・エンド効果と同様のバイアスをもたらすことが知られている。Morewedge は地下鉄の乗客に電車に乗りそびれた過去のイベントを思い出すように求めた（Morewedge, 2005）。半数の参加者はそうした事例を 1 つだけ思い出すように求められ、残り半数は複数の事例を思い出すように求められた。1 つだけ事例を思い出すように求められた参加者はたいてい最悪の記憶を思い出した。そのため、将来電車に乗り遅れそうな場面を予測させたところ、複数の事例を想起した参加者と比べ、もっとひどい事態が生じるのではないかと予測する傾向が高くなった。

◆ 信念によるバイアス

　予測はしばしば、どうすれば満足や喜びが得られるかについて意思決定者が抱く素朴な信念に基づいて行われる（Kahneman & Snell, 1992; Novemsky & Ratner, 2003）。こうした信念の多くはそれらが有効に機能する状況で学習されたものであるが、しばしば誤った状況に適用されることで、最適ではない決定をもたらす。例えば、Simonson は実験参加者にこれからの 3 週間で食べるお菓子を選択するように求めた（Simonson, 1990）。お菓子は 3 つ選ぶことができた。一方のグループの参加者は、最初に 3 つのお菓子をいっぺんに選ぶように求められた。他方のグループの参加者は、毎週 1 つずつ選ぶように求められた。いっぺんに 3 つ選んだグループの参加者は、週ごとに選んだグループより、お菓子の種類にバラエティをつけて選ぶ傾向があった。これは、いっぺんに選んだグループが、バラエティがあったほうが全体としてより大きな満足が得られると考えていたことを表している。しかし、実際に選んだお菓子について満足感をたずねると、週ごとに選んだ参加者と比べて、いっぺんに選んだ参加者のほうが、低い満足を報告した。これは、バラエティがあった方が楽しめるという信念が、実際の消費時の満足を反映していなかったことを表している。

　同様に、他の研究からも、たくさんの選択肢があるほど、よりよい決定ができるという社会通念に反して、意思決定者はしばしば、多すぎる選択肢に取り囲まれると、決定を延期したり、最適でない決定を行ったりしやすいことが明らかにされている（⇒ BOX 2）。

❀BOX 13❀ 誠意のコスト

　やや物騒だが、「ごめんで済んだら警察は要らない」という決まり文句がある。言葉で謝罪するだけでは被害者側の気持ちがおさまらない、といった場面で使われることが多い。「ごめんなさい。もうしません。」という言葉だけで反省の気持ちを伝えることは難しい、ということをこの言い回しは物語っている。

　我々が謝罪を額面通りに受け取ることができないのは、その謝罪がうわべだけで、相手が心から反省しているのか疑わしい場合である。もちろん反省している人は謝罪の言葉を口にするだろうが、手っ取り早く赦してもらうことだけを考え、あわよくばこれからも相手を搾取しようと企んでいる輩でも、言葉だけの謝罪なら簡単に言えてしまうのだ。そうなると、本当に相手が今後は自分を傷つけないのか、謝罪の言葉だけでは判断できないことになる。

　ではどうすればいいのか。大坪（2015）は、コストをかけて謝罪することが誠意の知覚を高め、赦しにつながると論じている。たとえば、お詫びに食事をおごったり、謝罪するために寒さの中長時間待ち続けたり、といった形で加害者が何らかのコストを負って謝った場合の方が、口頭で謝っただけの場合に比べ、被害者は謝罪を誠意あるものと受け止め、相手を赦す傾向が高まったという。ここでは加害者がコストを負うことが重要であり、それが被害者の利益になるかどうかは関係がなかった。この効果は日本だけでなく、アメリカ、インドネシア、オランダ、韓国、中国、チリでも確認されている。

　謝罪のコストが効果を持つ理由は以下の通りだ。相手との関係修復を心から望む者にとっては、謝罪に多少のコストをかけても、関係修復による長期的利益がそれを相対的に上回る。しかし、手っ取り早く赦してもらってまた相手を搾取してやれと企んでいる偽物の謝罪者にとっては、謝罪にあまりコストをかけると、搾取の短期的利益をコストが上回ってしまい、割に合わない。したがって、コストをかけて謝ることは、偽物の謝罪者には真似できない行動であり、結果として自分が誠実な謝罪者であることを効果的に相手に伝えることができるシグナルとなるのである。

　企業や政府の不祥事が連日のようにニュースになり、そのたびに関係者が頭を下げる映像が流れる。消費者や国民の信頼を再び得るためには、謝罪者の誠意、すなわち関係修復に注入するコストが重要といえるだろう。

第 V 章　行動からのアプローチ

　本章では、行動分析学のアプローチによる、選択場面での行動研究を取り上げる。行動分析学の顕著な特徴は、ヒトを含めた動物個体の行動と、環境との相互作用に研究の重点をおくことである。ここでいう相互作用とは、個体が行動し、その行動に環境の変化が伴い、そのことがまた個体の将来の行動に影響を与えることを意味する。例えば、栗の木の枝を棒でつつくと（行動）、栗の実が落ちてきて（環境の変化）、そのことによりますます枝をつつくようになったり、藪を棒でつつくと（行動）、蛇が出てきて（環境の変化）、それにより2度と藪をつつかなくなることなどは相互作用の例である。このような相互作用による個体の行動変容の起こり方や、その法則性を研究するのが行動分析学の中心をなすアプローチとなる。したがって、個体の行動に伴って環境が変化する条件を用意した上で、そこで生み出される行動を調べる実験が研究手法の中心となる。特に選択場面で行動を研究する場合は、複数の行動のそれぞれに環境変化が伴うようにする。栗の木と柿の木があって、いずれの枝をもつつけるような場面である。このような場面で環境変化を起こす複数の対象を**選択肢**と見なし、そのうちの1つに対する行動を**選択行動**と見なすことによって、行動的選択研究は成り立っている。

　本章ではまず、このような行動的選択研究を行うときの具体的な研究場面について説明する。そして、主な研究トピックとしては、迷信行動とギャンブル行動、遅延割引、マッチングの法則を取り上げる。また、遅延割引に関しては、その応用としての自己制御と衝動性の研究、さらにはヒトにおける価値割引研究への展開も取り上げる。最後に、周辺領域として行動生態学的研究を紹介する。

V—1　動物の選択行動

　これまで本書で紹介された意思決定の研究は主にヒトの判断や選択を取り扱ったものであったが、心理学ではヒト以外の動物を用いた研究も行われている。動物の選択行動についての研究が、米国の心理学者 B. F. Skinner が創始した**行動分析学**（behavior analysis）と呼ばれる心理学の一分野で行われている。本節は動物の選択行動研究を知る上で最低限必要な行動分析学の用語や分析手法を紹介する。

◆ 行動分析学の基本的な考え方

　行動分析学は、行動の制御要因の探求を目的とする。そして、ヒトを含んだ動物が「なぜそのように行動するのか」という原因を、他の多くの心理学のように「意識」や「感情」といった個体の内部に求めず、環境のなかに同定しようとする。行動分析学では、「意識」や「感情」、そしてもちろん「意思決定」も行動の一種であり、眼に見える行動を分析するのと同じ手法で研究できると考える。行動分析学には**実験的行動分析**、**応用行動分析**、**概念的行動分析**という３つの異なる研究スタイルがあるが、意思決定や選択の研究を行ってきたのは主に実験的行動分析である。実験的行動分析は、ヒトを含めた動物を対象として、環境の制御がしやすい実験室の中で基礎的な研究を行っている。そのような研究でヒト以外の動物を用いる理由には、行動や生育環境がヒトに比べ単純であること、長期にわたる行動の変容過程をよく統制された環境条件のもとで研究できることなどが挙げられる。

◆ オペラント行動

　ハトやラットを用いて行動の研究をする際に使用される装置は**オペラント箱**（もしくはスキナー箱）と呼ばれている（図５—１参照）。ハトは、円形の反応キイをつつくことによって、ラットはレバーを押すことによって反応することができる。これらの実験箱では、ハトやラットが反応すると自動的に餌（穀物の粒や実験用ペレット）が提示される。ハトのキイつつきやラットのレバー押しのように、個体が自発して環境に働きかけるような行動は**オペラント行動**（operant behavior）と呼ばれる。そして、オペラント行動を形成したり変容したりする手続きを**オペラント条件つけ**（operant conditioning）と呼ぶ。

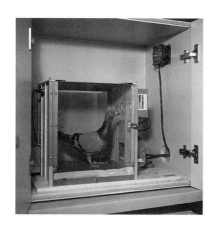

図5―1　ハト用オペラント箱
赤や緑に点灯する円形の反応キイをつつくことによって餌が提示される。餌は反応キイ下部の四角形の開口部から提示される。

◆ 強化と3項随伴性

　オペラント行動の重要な特徴は、行動の後に起こる出来事（刺激）によって影響を受けることである。特に、行動の後にある出来事が起こり、そのことで将来に同様の行動が起こりやすくなった場合、行動が**強化**（reinforce）されたという。

　強化には**正の（提示型）強化**（positive reinforcement）と**負の（除去型）強化**（negative reinforcement）がある。正の強化とは、反応が生じた後にある刺激を提示することによって、その反応が起こりやすくなることであり、このとき提示された刺激を**正の強化子**（positive reinforcer）と呼ぶ。ハトのキイつつき反応に後続して餌が提示されると、その後のキイつつき反応の自発頻度が増加することは、正の強化の典型例である。一方、負の強化とは、反応が生じた後にある刺激を除去することによって、その反応が起こりやすくなることであり、この除去された刺激を**負の強化子**（negative reinforcer）と呼ぶ。負の強化の例としては、提示されている電気ショックがレバー押し反応によって除去されると、のちに同様の場面でレバー押し反応の自発頻度が増加するような場合が挙げられる。なお、ここでいう自発頻度とは、通常、時間あたりの反応数（すなわち**反応率**）で表される。

　上で見たオペラント箱の中で、反応キイの裏側やレバーの上側にはライトが取り付けられている。そこで実験者は、これらのライトが点灯しているときにだけハトやラットの反応に強化子を後続させ、それ以外のときには反応しても強化子を後続させないこともできる。つまり、ライトが点灯しているときと点灯していないときでは反応の結果が異なっており、それによって反応率が変化すれば、そのような場合のライトの点灯を**弁別刺激**（discriminative stimulus）と呼ぶ。また、弁別刺激のもとで、オペラント行動が生起し、強化子が提示されるという関係を**3項随伴性**

（three-term contingency）と呼ぶ。3項とはもちろん、弁別刺激、オペラント行動、強化子である。個体のオペラント行動を3項随伴性の枠組のもとで分析し、理解することが行動分析学の重要な目的といえる。

◈ 強化スケジュール

　反応に後続させて正の強化子を提示すると反応が増えたり、維持されたりするが、反応が起こるたびにいつも強化子を提示する必要はない。いつ、どのように強化子を提示するかを決める規則を**強化スケジュール**（schedule of reinforcement）と呼ぶ。例えば、10回目ごとの反応に強化子を後続させると、**固定比率スケジュール**10（fixed ratio schedule 10; FR10と略す。以下同）を規則として用いたことになる。また、何回目の反応に対して強化子を提示するかは提示のたびに異なるが、平均10回目ごとの反応に強化子を後続させるものを**変動比率スケジュール**10（variable ratio schedule 10; VR10）と呼ぶ。さらに、反応の回数の代わりに、ある時点からの時間経過を規則にしても強化子を提示できる。例えば、最後に強化子を提示してから10秒経過した後の最初の反応に対して強化子を提示する場合は**固定時隔スケジュール**10秒（fixed interval schedule 10 s; FI10秒）であり、強化のたびに間隔の長さが異なるが、平均10秒経過した後の最初の反応に対して強化子を提示する場合は**変動時隔**

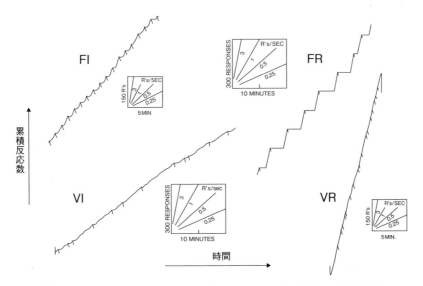

図5─2　基本的な強化スケジュールが生み出す反応の累積記録
(Ferster & Skinner, 1957 より)

スケジュール10秒（variable interval schedule 10s; VI10秒）である。以上のような強化スケジュールにしたがって動物の反応を何度も強化すると、図5―2のようなそれぞれに典型的な反応パターンが生まれることが知られている。

　この図5―2は反応の累積記録を表している。水平方向が時間、垂直方向が反応数の累積を示している。そのため、線の傾きが急であるほど短い時間に多くの反応が生起したこと（高反応率）になる。また、所々に現れる右下がりの短い線は、そこで強化子が提示されたことを示す。FRスケジュールでは、強化の後に反応の休止期間が続き、その後に一定の高反応率が起こる階段状のパターンになる。FIスケジュールでは、強化後の反応休止期間の後に緩やかな率で反応が始まり、強化子提示時点が近づくにつれて反応率が上昇する。このパターンは貝殻の縁の形に似ているため、**反応スキャロップ**と呼ばれる。一方、VRスケジュールとVIスケジュールでは一定の率で反応が生起するパターンが生じ、前者では高反応率、後者では中程度の反応率となる。

◇ 並立スケジュールと並立連鎖スケジュール

　以上のような基本的な強化スケジュール（以下、単にスケジュールと呼ぶ）の他に、これらを組み合わせた複合スケジュールがある。その中で特に選択に関係するのは**並立スケジュール**（concurrent schedules）と**並立連鎖スケジュール**（concurrent chains schedule）である。

　並立スケジュールでは、オペラント箱の中に、反応キイや反応レバーなどを通常2つ配置する。それら2つに対して上に挙げたようなスケジュールが別々に設定され、どちらに反応するかは動物まかせで、一方から他方へと反応を切り替えるのも自由である。つまり、動物は同時かつ独立に働いている2つのスケジュールの間でどちらに反応するか選択し、強化子獲得条件を満たした選択肢側で餌を獲得する。そこで実験者は、実験セッション中に2つのスケジュールに対してなされた全反応のうち、一方のスケジュールに対する反応の割合を算出する。これを**相対反応率**と呼び、動物がそのスケジュールに対して示した好み（**選好**）を表すと考える。

　並立連鎖スケジュールは2つの**連鎖スケジュール**（chained schedule）から構成されている。連鎖スケジュールとは、複数のスケジュールが連続して満たされた後に強化子を提示するスケジュールである。例えば連鎖VI FIスケジュールでは、最初に提示されるVIが満たされるとFIスケジュールの開始を知らせる刺激が出現し、このFIスケジュールが満たされた後に餌が提示される。動物が満たすべき最初のスケジュールは**初環**（initial link）、後から出現するスケジュールは**終環**（terminal

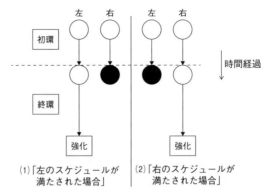

図5—3　2つの選択肢をもつ基本的な並立連鎖スケジュールの概念図
図中の白い円はハト用オペラント箱の点灯した反応キイを表し、黒い円は消灯した反応キイを表す。図の左半分は初環において左キイのスケジュールが、右半分は右キイのスケジュールが満たされた場合である。終環のスケジュールを満たすと強化子が提示され、その後、再び両方のキイが点灯して初環に戻る。

link）と呼ばれる。さて、並立連鎖スケジュールでは最初にこのような連鎖スケジュールの初環が2つ提示される（図5—3）。この場面は2つの反応キイや反応レバーが提示される並立スケジュールと同様である。並立スケジュールと異なるのは、動物が2つの初環のうち一方を満たすと、その連鎖スケジュールの終環に移行する点である。このとき、他方の初環に対応する反応キイやレバーに対する反応は無効となる。そこで、動物は1つだけ提示された終環を満たして餌を獲得し、その後にまた2つの初環が同時に働く選択場面に戻ることになる。並立連鎖スケジュールを用いた研究の大多数では、初環に2つの等しいVIスケジュールを設定して、2つの選択肢がもつ終環の違いを初環での選択に反映させるように工夫している。

　以上のような並立スケジュールや並立連鎖スケジュールは、餌の提示が終了するとすぐに選択場面が再開され、その場面で動物が自由に行動を配分できる**フリーオペラント手続き**（free-operant procedure）である。これ以外に、選択行動研究においては**離散試行型手続き**（discrete-trial procedure）もよく用いられる。離散試行型手続きでは、餌の提示終了後にしばらく選択肢が提示されない試行間間隔が設けられ、それによって選択場面が試行に区切られる。この選択場面ではあまり多くの反応を必要としない強化スケジュールが用いられることが多いため、相対反応率ではなく、ある試行でどちらの選択肢の強化スケジュールを満たしたかが選択の指標となる。ただし、このような離散試行型手続きも並立スケジュールや並立連鎖スケジュールの変型の一種と見なせる。

◆ 認知的アプローチとの違い

　最後に、以上のような行動的アプローチと、質問紙を用いた調査研究を行う認知的アプローチ（例えば、Ⅱ-4 〜13参照）との違いについて見てみよう。並立スケジュールや並立連鎖スケジュールにおける選択肢は、本章の導入部で挙げた例にしたがうと、栗の木と柿の木のような役割を果たしている。この例でいえば、質問紙調査は栗の木と柿の木の絵を見せて好きなほうに○をつけさせる方法をとる。このような研究スタイルの違いから派生するいくつかの相違点を、ここでは坂上（1994a）にしたがってまとめることにする。

①対象データと個体内、個体間比較：個体の経験を重視する行動的アプローチでは1個体が栗の木と柿の木の枝をどの程度の割合でつつくかが主なデータであり、条件を変えたときの割合の変容も同じ個体について調べる。一方、認知的アプローチでは多数の個体のうちどの程度の割合が柿の木に○をつけるかが主なデータであり、条件を変えるときには別の個体群に選択を行わせる場合が多い。

②選択場面の回数：行動的アプローチでは、個体は何度も枝をつついてその結果を調べられるのに対し、認知的アプローチでは絵に○をつけるのは1回か、多くて数回である。

③選択前の手がかり：行動的アプローチでは、枝をつついてみなくては選択肢の内容（どの程度の実が落ちてくるか）が分からないのに対し、認知的アプローチでは○をつける前に栗の木と柿の木の特徴についての教示を読むことができる。

④選択後の結果：栗の枝をつつくと栗の実が、柿の枝をつつくと柿の実が実際に落ちてくるのに対し、絵に○をつけても何も起こらないし、絵をつついても何も落ちてこない。

⑤選択 対 判断：以上の特徴から、行動的アプローチでは実際の選択（一方の枝をつつく）に重点を置いているのに対し、認知的アプローチは選択肢間の判断（一方に○をつける）を重視している。

　これらの相違点のうち特に④と⑤からわかるように、行動的アプローチと認知的アプローチのそれぞれが研究しているのは異なる種類の行動であり、それらの行動は個体の生活の中で果たす機能が異なる。そのため、2つのアプローチから得られた知見を交換できるかどうかは、それらの行動を制御する変数がどれだけ似ているかに依存するだろう。この点についてはあまり研究がなされているとは言えないが、行動的アプローチによって見出された法則を認知的アプローチに当てはめることができた例もある（⇒Ⅴ-5）。

Ⅴ－2　迷信行動とギャンブル行動

　迷信行動とギャンブル行動は、一見すると別々の行動のように見える。しかし、いずれの行動も不確実な環境の下で作り出されたり、維持されたりする。不確実な環境は、どのようにしてこれらの行動に関わっているのだろうか。

◆ 迷信行動

　Skinner（1948）は、実験箱の中のハトに、その行動とはまったく無関係に餌をある決まった時間間隔で提示する（固定時間スケジュールという）実験を行った。時間間隔は基本的には15秒である。すると、あるハトは反時計回りをし、別のハトは左右にステップを繰り返し、さらに別のハトは箱のある部分に向かって頭を動かすというように、8羽中6羽が明瞭な繰り返しのある行動パターンを獲得した。こうしたパターンは餌の間隔が短いほど安定し、また一度反応が確立すると、間隔を長くしても安定していた。行動と餌の提示間には定まった因果関係がないのに、あたかもあるかのように行動パターンが発達していったこと、行動と餌との何回かの偶然な随伴関係があれば行動の成立と維持が可能であることにSkinnerは注目し、ヒトの**迷信行動**（superstitious behavior）との類似性を指摘した。それまで迷信は、文化人類学、社会学などからのアプローチがなされてきたが、その成立の機序をこのような単純な実験を通してデモンストレーションした点に当時大きな注目が集まった。
　この研究を契機に、その後、迷信行動についてヒトやヒト以外の動物を用いた種々の研究が行われるようになった。その中でも迷信行動の成立を偶発的随伴性に求める考え方に疑問を呈したStaddon & Simmelhag（1971）の研究は、強化スケジュールがもたらす多様な行動への効果を考える上で触れておく必要があるだろう。彼らはより精密な観察を行うことによって、Skinnerの指摘した繰り返しのある行動パターンが、実は餌を定期的に出すことによって引き起こされた、一連の行動群の組み合わせであることを示唆した。この行動群の代表的なものが**中間行動**（interim behavior）と**終端行動**（terminal behavior）である。前者は餌が出終わってから次の餌が出るまでのほぼ中盤に出現する行動群で、床をつついたり、箱内を回ったりする行動である。後者は中盤から次の餌が出る直前まで増加していく行動群で、餌の出るパネルをつついたり、餌の出る方向を向いたりする行動が含まれる。つまり、Skinnerが迷信行動の出現と形成をオペラント行動の偶発的強化と捉えたのに

対し、彼らは餌によって誘発された一種の**レスポンデント行動**（環境に働きかけ、その結果によって行動が変容するオペラント行動とは違い、先行する誘発刺激に応答する行動をいう。パブロフの犬の条件反射の実験では、肉粉やそれと対提示されたメトロノームの音によって誘発された唾液分泌がこれに当たる）と考えたのである。

　ハトの定型的な行動パターンがどちらの行動のタイプであるのかについてはこうした異なる見解があるが、ヒトでの研究はもっぱら偶発的随伴性に注目してきた。Ono（1987）は大学生を実験参加者として、実験ブース内に設置された3台のレバー、3色のライト、強化装置としてのカウンター、強化ランプ、ブザーよりなる実験装置の下で迷信行動を観察した。参加者はブースにとどまってカウンターの得点を上げるよう教示されたが、実際には得点は行動とは関係なく加点され、その結果、20人中3人に明瞭な迷信行動が見られた。すなわち1人はレバーの押し方に、1人はブース内のものへの接触行動に、さらに1人は特定の色のライトと特定のレバーとの組み合わせに、定型的な行動パターンが生じた（小野，2016も参照）。この結果を含め、ヒトでの成果のいくつかがヴァイス（1999）の好著（研究室での実験報告だけでなく、多くの実例や関連現象への言及がある。原著は2013年に改訂版が出版されている）にまとめられている。そこでとりあげられた様々な例を見ると、ヒトの場合、とりわけ自分自身の言語行動が偶発的に強化されることで迷信行動が形成されていくことを、無視することができないように見える。

　このような偶発的随伴性は主観的確率についての評価を変えたり、高い反応率で抵抗力の強い行動を生成したりする。本書では、ランダムネスの知覚と生成（⇒Ⅲ-1）、共変関係の知覚（⇒Ⅲ-2）、制御幻想（⇒Ⅲ-5）といったテーマがこの偶発的な随伴関係と深い関係にある。次に迷信行動と共に強化スケジュールの威力が発揮されている例として、ギャンブル行動をとりあげる。

◆ ギャンブル行動

　「動物の選択行動」（⇒Ⅴ-1）の図5－2のように、変動比率スケジュール（VR）は相当高い反応率を生み出すことから、夢中になってギャンブルを繰り返すヒトの行動とよく対応しているような印象を受ける。この印象は、VRから、強化子を提示しない**消去**（extinction）**スケジュール**に切り替えたときの行動変容を調べた時、いっそう強くなる。ハトなどの実験動物はもはや強化子が得られないにもかかわらず、今までと変わらない（初期にはむしろ前より高い）反応率で何百回もキイをつつき続ける。その後突然反応をやめたかと思うと、再び同じような高い反応率でキイをつつき、この休止と反応頻発（burst）を繰り返しながら、次第に休止期間を長く

とるようになっていく。このような行動の消去までに自発される反応の多さや持続、極端な反応頻発は、ギャンブル依存症に陥ったギャンブラーの症状と類似している。

　上述したようにVRでは高い反応率の反応が観察されるが、このスケジュールへの選好もとても強力であることが示されている。例えば並立スケジュールを用いて固定比率スケジュール（FR）とVRとを直接比較すると、動物個体はVRへの強い選好を示し、FRのスケジュールの値を2分の1以下にしなければ選好を等しくできないと言われている（もしもVR値を60とすればFR30以下でようやく等しい選好となる）（Mazur, 1986）。

　しかしVR下の行動をもってギャンブル行動の例とする考え方（Skinner, 1953, 1969）に異論がないわけではない。Kendall（1987, 1989）は、反応出現のたびに乱数を発生させ、それに基づいて確率的に強化するような**乱動比率**（random ratio）**スケジュール**の方がギャンブル場面をより的確に捉えていること、トランプゲーム、競馬、宝くじといったギャンブルでは、ゲームのペースによって行動が支配されていて高い反応率が観察されないこと、通常の動物での実験ではギャンブルに見られる損失場面が含まれていないことを指摘し、より実際の場面に近い実験を提案している（坂上, 1994も参照）。

　またギャンブラーが示す、VR下での行動との類似性についても、VRスケジュールに特異的な行動パターンからの説明を用いず、時間割引によって説明する研究もある（Rachlin, 1990; Petry & Madden, 2010）。

　ギャンブル行動への様々な心理学的なアプローチのうち（Wagenaar, 1988; Walker, 1992）、行動的なアプローチではギャンブル行動を学習を通して獲得したものと捉え、ギャンブル場面における行動の制御を目指している。そうした研究のうち、規模が大きいものは、宝くじでのギャンブル行動を調べたLyons & Ghezzi（1995）の研究である。彼らはオレゴン州とアリゾナ州の2州で、約6年間にわたってギャンブル行動を調べ、当たり確率、大当たりでの最低賞金額の大きさ、週あたりの宝くじ回数が、賭けた金額の総量にどのような効果を持っていたかを調べた。その結果、当たり確率の減少が効果を持たない一方、大当たりの最低賞金額の大きさや週あたりの回数の増加が効果を持つことを明らかにした。一方、最近の実験室での研究では、スロットマシーン（MacLin et al., 1999）やルーレット（MacLin & Dixon, 2004）のコンピュータ上でのシミュレーションゲームを用い、これらの出目を細部にわたって制御したり、実験参加者の行動を詳しく観察したりすることができるようになった。

◆ スロットマシーンでの研究

　スロットマシーンは、様々なギャンブル行動の中でも、特に興味深い特徴を持っている。このゲームは、競馬や競輪、カジノでのほかのギャンブルと違い、参加者が選択できるものが極めて限られており、また勝率を参加者が制御できることはほとんどなく、その意味では何の技術もいらない。それゆえ、このゲームはまったくの時間つぶしと考えられていた。その一方で、これに夢中になる人たちは多く、また、単なる時間つぶしならばコインを1枚入れるタイプで遊んだほうがより時間をつぶせるにもかかわらず、複数枚のコインを賭けるスロットマシーンゲームも嫌われずに人気を保っていることがわかった。さらに、実際にスロットマシーンで遊んでいる人たちに考えていることを言いながらゲームをしてもらうと、賭博者の錯誤（⇒Ⅰ-1「今回失敗したら次回勝つ可能性が高くなる」）、機械の擬人化（「この機械はわざと私を熱くさせている」）、制御幻想（⇒Ⅲ-5「好調になってきた、コツをつかんだ」）といった非合理的な思考を多発させていることがわかってきた（Walker, 1992）。

　コンピュータ上でのシミュレーション実験で、こうしたスロットマシーンによる行動制御の微細な部分が明らかになってきた。例えばこのゲームをする人たちは、ゲームで勝った時は、負けた時よりも長い休憩時間（次にスロットマシーンの絵柄のついているリールを回転させるまでの時間間隔）をとり（Schreiber & Dixon, 2001）、それは賞金額が大きいほど長くなる（Delfabbro & Winefield, 1999）[注]。また、絵柄がすべてそろって勝ちとなる一歩手前の状態（特に最後に止まるリールの絵柄だけが残り2つの同じ絵柄と異なる状態）は**ニアミス**（near-miss）と呼ばれているが、このニアミスは、勝利についての主観的評価を上げ、上述した休憩時間を伸ばすことが報告されている（Dixon & Schreiber, 2004）。同様のニアミスの効果は実験室でのスロットマシーンシミュレータにおいても確認されている（例えば大森ほか，2017）。ニアミスは非合理的思考と深く関連している可能性が強いことから、スロットマシーンの魅力、翻って言えば、まだその機序がほとんどわかっていない**ギャンブル嗜癖**（gamble addiction）やインターネットを介したオンラインゲームへの嗜癖についての重要な要因を見つけ出す手立てになる可能性を秘めていると言えよう。今後は、実際のスロットマシーンで経験される随伴性だけでない、動物での研究も含めた実験的場面での研究が不可欠であろう（蒲生，2017；Weatherly & Phelps, 2006）。

注）　ただし、賞金額が大きくなると、その賞金額で当たるまでの時間間隔も同時に長くなるので、単なる強化後の休止期間（Ⅴ-1でのFRの場合の強化後の休止期間に相当する。FRの必要回数が大きくなるとこの休止期間も長くなる）である可能性もある。

Ⅴ— 3　動物行動研究から見た遅延割引

強化子は常に反応の直後に確実に得られるとは限らず、反応してから得るまでに待たなくてはならない場合があり、その場合に強化子の価値は低下する。この節ではこの**遅延割引**（delay discounting）と呼ばれる現象を取り上げる。

◆　強化遅延と遅延割引

ある反応をしてから実際に強化子を得るまでの時間を**強化遅延**（delay of reinforcement）と呼ぶ。ファンヒーターのスイッチを入れてから温風が出始めるまでの時間などは強化遅延の例である。これまでの多くの研究から、強化の影響力（価値）は強化遅延が長くなるほど低下することが分かっている。つまり、点火に時間のかかるヒーターのほうが価値が低い。図5—4の曲線は強化遅延が長くなるにつれて価値がどのように低下するかを示す遅延割引曲線である。

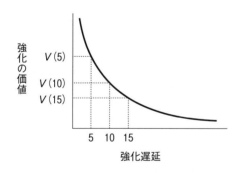

図5— 4　遅延割引曲線の図
横軸は強化遅延の長さ、縦軸は強化の価値を表す。図中の点線は強化遅延が5、10、15秒のそれぞれの場合における強化の価値との対応を示す。

このような下に凸の遅延割引曲線を表現できる数式には候補がいくつかある。まず、経済学では指数関数（exponential function）が用いられてきた（例えばSamuelson, 1937）。指数関数は、遅延にしたがって価値が一定の率で変化する（すなわち、$V(10)/V(5) = V(15)/V(10)$）という、複利計算と同じ考え方に基づいている。例えば、利率を1年につき5％とすると、100万円の元金は10年後に約163万円となる（$100 \times 1.05^{10} \fallingdotseq 163$）。これを逆から見ると、10年後の163万円は現時点で約100万円に割り引かれる（$163 \times 1.05^{-10} \fallingdotseq 100$）。この割引は一般に次の式で表せる。

$$V = Ae^{-kD}$$

ここで、Vは強化の価値、Aは強化量、Dは強化遅延を表す。kは割引率を表すパラメータであり、この値が大きくなるほど価値が大きく割り引かれる。ちなみに上の遅延割引の例をこの式で表すと、$100 = 163 \times \mathrm{e}^{-10\,ln\,1.05}$となる（$ln$は自然対数を表す）。

一方、心理学では次のような双曲線関数（hyperbolic function）が提案されてきた。

$$V = \frac{A}{1+kD}$$

この式は強化の価値が遅延の逆数（これは強化の近接性immediacyを表す）に比例するという考え方に基づいている。ただし、単なる逆数への比例（$V = A \diagup kD$）ではなく分母に1を加えてある。これは、遅延Dが0に近づくにしたがって価値が無限大になるのを防ぎ、遅延が0のときの価値を強化量Aによって決めるためである。この双曲線関数では、指数関数の場合と異なり、遅延が短いときに変化率の大きい遅延割引関数となる（$V(10)/V(5) < V(15)/V(10)$）。

以上のように指数関数と双曲線関数が予測する遅延割引曲線の形状は異なるが、動物実験ではその形状を直接求めて予測を確かめるのが難しい。そこでMazur（1987, 実験1）は、ハトを被験体として**調整遅延手続き**（adjusting-delay procedure; 図5－5）を用いた実験を行い、指数関数と双曲線関数のどちらがデータをうまく記述するかを調べた（彼は他の関数についても調べたが、ここでは省略する）。実験では、D_S秒の遅延後に餌が2秒間提示されるS選択肢と、D_L秒の遅延後に餌が6秒間提示されるL選択肢の間でハトが選択を行った。S選択肢の強化遅延D_S秒の長さは条件ごとに一定で、S選択肢とL選択肢の価値が釣り合うように、ハトの選択に従ってL選択肢の強化遅延D_L秒の長さが変化した。すなわち、ハトがS選択肢を好んだ場合はD_L秒が短くなることでL選択肢の価値が上がり、逆にL選択肢を好んだ場合はD_L秒が長くなることでL選択肢の価値が下がるようになっており、最終的にはハトが両選択肢を等しく好むようなD_Lの値を求められるようになっていた。そこで条件ごとにD_Sの値を変えてこの手続きを繰り返すことにより、S選

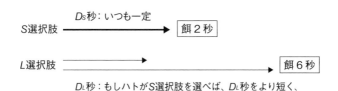

図5－5　Mazur（1987）の実験手続きの概念図

択肢と L 選択肢の価値を等しくするような D_s と D_L の組をいくつも得られる。その
ような組は**無差別点**（indifference point）と呼ばれ、指数関数と双曲線関数では無差
別点について異なる予測をする（付録1参照）。図5－6はそれぞれの関数が予測
する D_s と D_L の関係を示している。実験の結果、双曲線関数から導いた予測のほう
が実際に得られる無差別点によく当てはまることが明らかになった。

双曲線関数にしたがう強化子の価値の割引は**双曲線割引**（hyperbolic discounting）
と呼ばれており、ヒトでも双曲線割引が見られることが知られている（⇒V‒5）。

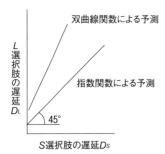

図5－6　指数関数と双曲線関数による無差別点の予測
S 選択肢と L 選択肢の価値を等しくするような遅延 D_s と D_L の組、
つまり無差別点を求めた時に、指数関数では無差別点が傾き1
の直線上にのることが、双曲線関数はその傾きが1以上である
ことが予測される。（Mazur, 1987の Fig. 3. 3. を改変。）

◆ 変動遅延への選好

双曲線割引により、動物実験で確認された変動遅延への選好も説明できる。変動
遅延への選好とは、選択後に遅延が経過してから強化子が提示される場面で、一方
の選択肢の遅延は一定であり、他方の選択肢の遅延は強化ごとに変動する場合、両
者の遅延が平均的には同じ長さであっても後者が選ばれやすくなる現象である。例
えばHerrnstein（1964）は、4羽のハトを被験体として、2つのVI 1分スケジュ
ールを初環とした並立連鎖スケジュール（⇒V‒1）を用いた実験でこの現象を観
察した。ある条件では、一方の終環にはFI 15秒、他方の終環にはVI 15秒スケジュ
ールを配置して長期間の訓練を行ったところ、後者の選択肢に対する初環での相対
反応率がどのハトでも70％を超えた。もちろん、終環の遅延の算術平均によって選
好が決まるならば、初環での相対反応率は約50％になったはずである。

Mazur（1984）は、双曲線関数を使って変動遅延の価値を予測できることを示し
た。例えば、1秒と19秒の遅延が等確率でランダムに起こる変動遅延の場合、1秒
と19秒を双曲線関数の D にそれぞれ当てはめて、まず $V(1)$ と $V(19)$ を求める（た
だし、$k=1$、A は任意とする）。次に、$V(1)$ と $V(19)$ の平均を求めて、それを双曲線
関数の左辺に設定して D を逆算する。するとこれが、上記の変動遅延と等しい価

136

値をもつ固定遅延になるはずである（約2.6秒）。Mazur（1984）は、調整遅延手続きの一方の選択肢にこのような変動遅延を設定し、他方の選択肢の遅延の長さをハトの選好に応じて変化させながら両選択肢間の選好が無差別になるまで訓練を続けると、このような予測が成り立つことを示した。すなわち、1秒と19秒の遅延が等確率にランダムに起こる変動遅延選択肢は、遅延が常に2.6秒である選択肢と価値が等しかった。そして、1秒と19秒の算術平均である10秒の遅延が常に起こる選択肢の価値 $V(10)$ はこれより低いため、遅延の平均値が同じなら変動遅延が選好されることも説明できた（図5—4でも、$V(5)$ と $V(15)$ の中点より $V(10)$ のほうが低い）。

《付録1》

　L 選択肢の価値、強化遅延、強化量を V_L, D_L, A_L とし、S 選択肢についても同様に、V_S, D_S, A_S とする。A_L と A_S はそれぞれ6秒間と2秒間の餌提示なので、$A_L > A_S$ である。これらを用いて、まずは指数関数で遅延割引を表現すると、

$$V_L = A_L e^{-kD_L} \quad (1) \qquad V_S = A_S e^{-kD_S} \quad (2)$$

となる（k は割引率）。実験から得られる無差別点では $V_L = V_S$ となるため、式(1)と式(2)の右辺同士を等号で結び、D_L を D_S の関数として整理すると式(3)になる。

$$D_L = (\ln A_L - \ln A_S)/k + D_S \quad (3)$$

同様に、V_L と V_S を双曲線関数で表すと次のようになり、

$$V_L = \frac{A_L}{1 + kD_L} \quad (4) \qquad V_S = \frac{A_S}{1 + kD_S} \quad (5)$$

$V_L = V_S$ から式(4)と式(5)の右辺同士を等号で結んで整理すると、式(6)となる。

$$D_L = \left(\frac{A_L - A_S}{A_S k} \right) + \frac{A_L}{A_S} D_S \quad (6)$$

ここで式(3)と式(6)を比べると、どちらも右辺の第1項は定数で、D_L が D_S の1次関数となっている。ただし、式(3)の傾きは1であるが、式(6)の傾きは、$A_L > A_S$ であるため、1より大きい。そこで、実験から求めた D_L と D_S の関係が明らかに1より大きな傾きを持つ1次関数で表される場合には双曲線関数が支持される。

Ⅴ─ 4　自己制御（セルフコントロール）と衝動性

　選択場面には様々な種類があるが、強化までの遅延と強化量が異なる選択肢から構成される場面には特別な注意が払われている。それは、その場面が**衝動性**（impulsiveness）と**自己制御**（self-control）の葛藤に関わるためである。

◆ 強化遅延と強化量の相互作用としての選好逆転現象

　自己制御場面に関する行動分析学的研究では、短い遅延で小さな強化子をもたらすものを**衝動性選択肢**、長い遅延の後に大きな強化子をもたらすものを**自己制御選択肢**として定義してきた。（ここでいう遅延の長短や強化子の大小は、絶対的な長短や大小ではなく、他方の選択肢と比べたときの、遅延の相対的な長さや強化子の相対的な大きさを意味する。）このような選択場面は日常生活の中にも見つかる。例えば、外出時にコーヒーを飲みたくなったとき、すぐにあまり美味しくない缶コーヒーを買うか、家に帰って美味しいコーヒーをいれるまで我慢するか、という選択場面で、前者を選べば衝動性選択、後者を選べば自己制御選択である。動物実験の結果から、これらの選択肢のうちどちらが選ばれるかは場面によって異なることが分かっている。例えば、ハトに対して、2秒の遅延後に2秒間の餌提示をもたらす選択肢と、6秒の遅延後に6秒間の餌提示をもたらす選択肢を提示した場合、前者の衝動性選択肢が好まれる。ところが、両方の遅延を26秒ずつ延ばして、28秒の遅延後に2秒間の餌提示をもたらす選択肢と、32秒の遅延後に6秒間の餌提示をもたらす選択肢にすると、後者の自己制御選択肢が好まれる（Green et al., 1981）。この現象もまた

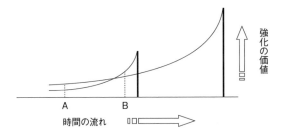

図 5─ 7　選好逆転現象が起こる理由

図の太い2本の垂直線は小さな強化子と大きな強化子を表し、それぞれの上端から始まる曲線は遅延割引曲線である。水平線上を右に進むに従って実際の強化子提示時点が近づく。

選好逆転（⇒Ⅱ-3）と呼ばれている。

　選好逆転がなぜ起こるかは前節で取り上げた双曲線関数による遅延割引曲線を用いて説明できる。長く遅延される大きな強化子と、短く遅延される小さな強化子のそれぞれについて遅延割引曲線を描くと図5─7のようになる。まだ両方の強化子の提示時点が遠いA時点では長く遅延される大きな強化子のほうが高い価値をもつため、この時点で選択が行われると自己制御が示される。しかし、強化子提示時点が近づいてくると2本の遅延割引曲線は交差し、B時点では短く遅延される小さな強化子のほうが高い価値をもつようになる。そのため、この時点で選択が行われると衝動性が示されることになる。人間の場合でも、外で美味しくない缶コーヒーを飲むよりも家で美味しいコーヒーを飲むほうが好きだと思っていながら（A時点）、自動販売機を前にすると（B時点）、つい缶コーヒーを買ってしまうものである。

◆　自己制御に影響する要因

　過去の強化遅延の経験が自己制御に影響を与えることがある。例えば、Mazur & Logue（1978）がハトに与えた選択場面では、等しく遅延された短い餌提示時間と長い餌提示時間の選択肢があった。当然ながら、このときハトは長い餌提示時間の選択肢を選好した。その後、彼らは短い餌提示につながる選択肢の遅延を数日かけて徐々に短くしていき、短く遅延された短い餌提示時間と長く遅延された長い餌提示時間からなる通常の自己制御場面に近づけた。この**フェイディング**（fading）**手続き**を経験したハトは、最初から通常の自己制御場面を与えられたハトよりも高い自己制御を示した。一般に、自己制御場面の前に遅延に慣らすことにより、自己制御を高めることができると言われている。

　強化遅延中の過ごし方も自己制御に影響を与える。人間の子供に、数分待てば3本のプレッツェルをもらえるが、待ちきれずに途中でベルを鳴らすとすぐに1本だけもらえて終わってしまうという選択場面を与える。このとき待っている間にプレッツェルが見えるところにおいてあると、子供は待ちきれずにベルを鳴らしてしまいやすい。また、待っている間に玩具で遊ぶことのできる子供は、玩具を与えられない子供よりも自己制御を示しやすい。さらに、待っている間にプレッツェルがどんなに美味しいか（これは"hot thought"と呼ばれる）を考えるように言われた子供はベルを鳴らしてしまいやすいが、プレッツェルの色や形などの抽象的なこと（"cool thought"と呼ばれる）を考えるように言われた子供は最後まで待つ自己制御を示しやすい（Mischel et al., 1989）。ただし、得られる報酬のどのような側面が"hot thought"と"cool thought"にあたるかは曖昧である。

Grosch & Neuringer（1981）は以上と同様の効果をハトで確認した。彼らの実験場面では、ハトに１つの反応キイを提示し、それに反応すれば即座に好ましくない餌を与え、一定の時間は反応しないで待てば好ましい餌を与えた。この選択場面で、待っている間にそれら２種類の餌が見える場合は、そうでない場合よりも反応して好ましくない餌を得てしまう衝動性選択が見られやすかった。また、待っている間に選択とは無関係な反応キイをつつける条件では自己制御選択が見られやすかった。さらに、待っている間に実験箱内の餌提示場所がライトで照らされていると（これは、"hot thought"に対応すると考えられる）衝動性選択が見られやすかった。

最後に、選択場面の構成の仕方によって自己制御を高める方法を紹介する（図５―８参照）。Rachlin & Green（1972）は次のような実験場面でハトに選択を行わせた。まず場面Ｘでは、２つの反応キイのうち一方に対する１回の反応により、即座に餌が２秒間提示された後に６秒間のブラックアウト（実験箱内が真っ暗になる）が続く衝動性選択肢と、４秒間のブラックアウトの後に餌が４秒間提示される自己制御選択肢の間で選択が行われた。この場面ではハトはほとんどの場合に衝動性選択肢を選ぶ。しかし、彼らの手続きでは場面Ｘに先立つ時点に場面Ｙが設けられていた。場面Ｙでは、２つの反応キイに対する通算25回目の反応がそれらのいずれに対してであるかにより、場面Ｘに進むか、自己制御選択肢のみの場面Ｚに進むかの間で選択が行われた。この場面Ｙで後者を選ぶことは**先行拘束**（commitment）と呼ばれ、結果的には場面Ｘで自己制御選択肢を選んだのと同じになる。実験者たちは場面Ｙでの選択が終わってから次の場面に進むまでの時間を操作し、その時間が長いほど、場面Ｙにおいて先行拘束が行われやすいことを発見した。また、Green & Rachlin（1996）は、場面Ｚを選んでも場面Ｘと同様に自己制御選択肢と衝動性選択肢の両方が現れるが、ここで衝動性選択肢を選ぶと餌を得た後にペナルティ（長いブラックアウト）を課されるような条件で実験を行い、そのような場合にも場面Ｚを選ぶ

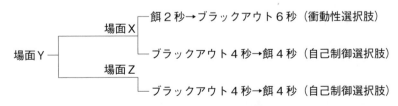

図５―８　先行拘束手続き

選択場面Ｘは通常の自己制御場面であり、場面Ｙは場面Ｘと、
場面Ｘにおける自己制御選択肢のみの間の選択場面である。

先行拘束が行われることを示した。以上のような先行拘束が行われる理由は図5－7の選好逆転現象から説明できる。すなわち、図5－8の場面Xと場面Zは図5－7のB時点に、場面YはA時点に対応しており、A時点がB時点から離れているほど自己制御選択肢が好まれやすく、先行拘束が起こりやすい。

　Siegel & Rachlin（1995）は、反応の継続性によって自己制御が起こりやすくなることを示した。これは、衝動性選択が起こる可能性を事前に排除しないという意味で、**ソフトな先行拘束**（soft commitment）と呼ばれる。彼らの実験では、ハトが2つの反応キイのうち一方を選択すると0.5秒の遅延後に餌が2.5秒間提示され（衝動性選択肢）、他方を選択すると3.5秒間の遅延後に餌が4.5秒間提示された（自己制御選択肢）。この場面で、どちらかの反応キイに1回だけ反応すれば選択が完了するFR1条件では、衝動性選択が起こりやすかった。しかし、どちらの反応キイでもよいので合わせて30回つついた後、31回目の反応によって選択が行われたFR31条件では、31回目の時点では実質的にFR1条件と同じ場面になったにもかかわらず、自己制御選択肢の反応キイを一貫してつつき続ける自己制御選択が増えた。

◆　応用場面への示唆

　自己制御の研究は日常場面への応用が最も盛んに行われている領域の1つと言える。例えば、衝動買いをする癖のある人は、目の前の不要なものを買うか、買うのを我慢して後でお金をもっと有効に使うかの選択に出会ったときに、前者の衝動性選択肢を選んでしまいがちである。また、甘い食べ物やアルコールを過剰に摂取したり、煙草や他のドラッグを服用したりしてしまう人は、一時的な快楽と末永い健康との間の選択で前者を選んでいる。長期的にみると不幸な結果につながるようなこれらの行動傾向を改善する手段の1つが前述の先行拘束である。人が衝動性選択をしやすいのはその選択の対象が比較的目前にあるとき（図5－7のB時点）であり、そうでないとき（A時点）には衝動性選択をやめたいと思っていることが多い。例えば、酒を飲み過ぎる傾向がある人も、飲み始める前には控えめに飲もうと思っていたり、二日酔いで朝を迎えたときには酒をやめようと思ったりする。そこで、そのようなときに将来の衝動性選択を防ぐ先行拘束を行えばよい。衝動買いする癖のある人はクレジットカードを解約し、外出時には必要最低限のお金しか持たないようにすればよく、飲み過ぎる傾向のある人は酒を勧められそうな状況をあらかじめ避ければよい。さらに強力な手段としては、アルコールを摂取すると非常に気分が悪くなるようにする薬もあるので、これを飲んでおくことも先行拘束の1つである。

✿BOX 14✿ 自己制御の技術

V-4で述べられているように、即時的で衝動性の高いものを選択してしまう傾向を防ぐ様々な方法が開発されている。その方法は、①～⑤のような5つの機会に即して分類することができる（図）。

①**選択前**：V-4で述べた先行拘束の他に、遅延に慣れるための訓練をしたり、努力することそのものを訓練したりするという方法が提案されている。あるいは自己制御をしているとよい結果になることを、観察を通じて学習すると自己制御が増進することが示されている。自己制御による「よい結果」や、しないことによる「悪い結果」を弁別刺激として提示しておくことも効果がある（例えば、冷蔵庫にスリムな自分の姿の写真を貼っておくなど）。ある年齢や知能指数に達していることの必要性、父親がいることの重要性を主張する研究や、種の違いや言語行動の有無が自己制御の能力を決めるという研究も存在するが、これらを検証した研究は少ない。

②**強化遅延時間中**：選択ボタンと同じ色を遅延中に呈示すると自己制御を増加できる。しかし餌が見えたり、餌の提示に随伴して出された刺激（条件強化子とよばれる）が提示されたりすると衝動性選択が増えるという報告もある。遅延期間中に刺激を提示することの効果についてはまだはっきりとした結論が出ていない。本文中では、遅延中に作業をさせると自己制御が増大するという研究について触れているが、こうした研究との関連についてもまだ明らかではない。そのほかには、遅延期間中に注意を強化子から遠ざけたり、本文中のフェイディング手続きのように強化遅延を漸次的に変化させることで、自己制御を獲得しやすくすることができる。

③**強化後遅延時間中**：衝動性選択肢の強化子が提示された後、その遅延時間を単に延ばすことでは自己制御を増強できないが、この遅延時間中に、例えば強化子提示までの遅延時間中の弁別刺激と異なる色の刺激を提示すると、やや効果があるとの報告もある。

④**選択結果後**：衝動性選択肢を選んだ場合、強化子の代わりに嫌悪刺激を提示する旨の行動契約（随伴性契約）を他人と結ぶこと、自己報酬や自己罰を与えること、友達に頼んで注意してもらうこと、どのような随伴性となっているかや費用と便益の関係がどうであるかをよく考えること、自分の行動をモニターすることなどが自己制御に効果があるとされている。

⑤**強化子とその提示**：実際に提示される強化子の種類、強化子としての効果

の強弱、提示量、選択反応に対する提示確率、時間あたりの提示頻度、強化ス
ケジュールといった、強化子をめぐる様々なパラメータが自己制御に関与する
と考えられている。自己制御選択肢に、より好きなものを置くといった手法や、
1 つの衝動性選択肢に対して、2 つ以上の自己制御性選択肢を用意し、後者の
複数の選択肢に束ねることによって前者に対抗する手法、今すぐやってしまわ
ないと後で困るようなものがある場合、それを遅らせた時に起こることを順次
比較しながら最終的には自己制御選択肢を選択させる手法なども考えられてい
る。

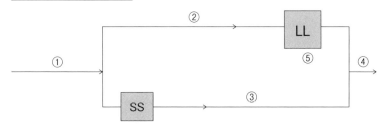

①選択前　②強化遅延時間中　③強化後遅延時間中　④選択結果後　⑤強化子

図　自己制御研究の手続き

　上で述べたように行動分析的アプローチでは自己制御を、具体的な環境操作
を通して促進させることを考え、「我慢」「根性」「心構え」といった言葉は使
わない。興味を持たれた読者は Logue（1995）、Rachlin（2000）、Watson &
Tharp（2014）といったテキストにあたってほしい。

V—5　ヒトの価値割引研究への展開

双曲線割引（⇒V-3）はヒトを対象とした認知的アプローチによる遅延割引研究の結果にも当てはめられている。さらに、選択の結果が確率的であることによる割引や、結果を受け取る人との社会的距離による割引にも双曲線割引が当てはまることが明らかになってきた。

◈ ヒトにおける遅延割引

Green et al.（1994）は高齢者、青年、児童に対して、一定の遅延後に一定の金額を得られる選択肢と、即座にある金額を得られる選択肢をカードに書いて提示し、どちらが好ましいかを判断させた（ただし、選択の結果として実際のお金は与えられなかった）。これは例えば、「10年後の1000ドル」と「現在の650ドル」ではどちらが好ましいか、というような判断であった。後者の金額を徐々に上昇または下降させながらこのような判断を繰り返し行わせると、その結果から参加者が「10年後の1000ドル」と等しい価値を感じる現在の金額を求めることができる。これは**調整量手続き**（adjusting-amount procedure）と呼ばれる。「10年後」を1週間、1年、25年などの様々な長さの遅延に置き換えてこの手続きを繰り返すと、1000ドルがそれらの長さで遅延されたときの価値を求めることができ、遅延割引曲線を描ける（図5—9参照）。高齢者、青年、児童のそれぞれについて求めた遅延割引曲線を比べたところ、年齢が高いほど遅延割引が緩やかであった。なお、遅延割引が緩やかなほど選好逆転（⇒V-4）が起こりにくいため、自己制御が起こりやすい。

年齢の他にも、様々な要因が遅延割引の程度と相関する（レビューとして、Odum

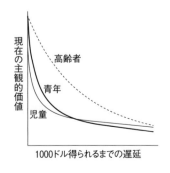

図5—9　高齢者、青年、児童の各群の平均的な遅延割引曲線
横軸は1000ドル得られるまでの遅延を表し、右にいくほど遅延が長い。縦軸は遅延された報酬について現在感じる価値を表す。（Green et al., 1994のFig. 2を改変）

& Baumann, 2010)。例えば、個人差に関係する要因としては、知能検査の得点、教育水準、収入の高低、人種または文化、タバコやアルコール等の嗜好品やヘロイン等の薬物使用の有無などがある。また、報酬の種類や、利得場面か損失場面かの違いなどは、遅延割引の程度に影響することが実験で示されている。特に、「10年後の1000ドル」という選択肢の報酬量を「10000ドル」に置き換える場合のように、報酬量を大きくするほど遅延割引は緩やかになる（Green et al., 1994 ; Kirby, 1997）という**報酬量効果**（magnitude effect）は、様々な研究で確認されている。

　ヒトにおける遅延割引を記述する場合、単純な双曲線関数よりも、その分母に指数sをつけた次の式のほうが当てはまりがよい（Myerson & Green, 1995）。

$$V = \frac{A}{(1+kD)^s}$$

これは双曲線様関数（hyperbola-like function、またはhyperboloid function）と呼ばれており、kは割引率パラメータ、sは報酬量や遅延の客観的な大きさや長さを主観的な大きさや長さに変換するために必要なパラメータであると解釈されている（Green & Myerson, 2004）。sを1とおけば、基本的な双曲線関数と同じになる。

　ヒトの遅延割引の程度を定量化する場合、双曲線関数や双曲線様関数をデータに当てはめたときの割引率パラメータを用いる他に、データから直接得られた割引曲線を用いることでモデルに依存しない指標を得る方法もある。これは、AUC（area under the curveの略）と呼ばれており、その名の通り割引曲線とx軸との間に挟まれた領域の面積の大きさを表す指標である（Myerson et al., 2001）。

◆ 確率割引

　報酬の価値はそれを得られる確率によっても割り引かれる。この**確率割引**（probability discounting）も遅延割引の場合と同様の選択場面で調整量手続きを用いて調べられる。すなわち、「50％の確率で得られる1000ドル」と「確実に得られる650ドル」のような選択肢を用意して、後者の報酬量や前者の確率を操作しながら選択を繰り返してもらう。この手続きで、「確率的に得られる大きな報酬」と等価になるような「確実で小さな報酬」の報酬量を求めることができ、それをオッズの関数としてプロットすると、確率割引曲線を描ける。この曲線にもやはり以下のような双曲線関数が当てはまることが知られている（Green et al., 1999; Rachlin et al., 1991）。

$$V = \frac{A}{1+h\Theta}$$

この式でΘはオッズ（odds against）を表し、ある報酬を得る確率をpとすると、$\Theta = (1-p)/p$となる。オッズΘは確率pが小さくなるほど大きくなる（ハズレの見込みが大きくなる）ため、pが小さいほど報酬の価値が下がることを表せる。またhは、遅延割引のkと同様に、確率によって報酬が割り引かれる程度を表すパラメータであり、値が小さいほどリスク嫌悪傾向を示すと考えられる。Rachlin et al.（1991）は大学生を被験者とした研究で、この式が確率割引をうまく記述することを明らかにした。また、Green & Myerson（2004）は、この双曲線関数の分母にも指数をつけた双曲線様関数を用いることを提案している。

遅延割引ほど研究は多くないが、個人の特性によって確率割引の程度が異なることを示した研究もある。例えば、喫煙者は非喫煙者に比べて金銭報酬の価値を確率によって割り引く程度が大きい（Reynolds et al., 2004）。また、食べ物を報酬として想定する場合、体脂肪率が高い群は低い群の人たちに比べて遅延割引と確率割引の程度がどちらも大きい（Rasmussen et al., 2010）。このような割引率の違いがいかなる因果関係から生じるかは現在のところ不明だが、ヒトの健康行動を促進する施策を立てる場合、遅延割引や確率割引がその手がかりとなる可能性がある。

◆ 遅延割引と確率割引の関係

ある報酬を獲得できる確率が低いと、それを獲得できるまでに必要な選択の繰り返し回数が平均的に多くなるため、最初に選択してから獲得できるまでの遅延も長くなる（Rachlin et al., 1986）。また、遅延割引と確率割引を記述する双曲線関数は、上記のように似ている。これらのことから、遅延割引と確率割引の心理的機構は同じである可能性が考えられた。

しかし、のちにこの可能性に反する実験事実が得られている。もっともよく確認されているのは、遅延割引と確率割引とでは逆方向の報酬量効果が見られることである（Green et al., 1999）。上述のように、遅延割引においては、報酬量が大きいほど割引が緩やかになる（割引率kが小さくなる）。他方、確率割引においては、報酬量が大きいほど割引が急激になる（割引率hが大きくなる）。また、遅延割引においては、ビール、キャンディ、ソーダなどの消費財の割引に比べると金銭報酬の割引は緩やかであるが、確率割引においてはそれらの割引は同程度である（Estle et al., 2007）。これらの点から、現在では遅延割引と確率割引の機構の少なくとも一部は独立したものだと考えられている（Green & Myerson, 2010）。

◆ **社会割引**

　私たちが他者を優遇するとき、相手が親しい場合よりも親しくない場合のほうが優遇することの価値が低くなるとすると、これも価値割引の一種である。Rachlin & Jones（2008，実験1）は以下の方法でこの**社会割引**（social discounting）を調べた。まず、実験に参加した大学生は、知り合い100人を親しい順に並べたリストを想像した。このとき、リストの1番目には最も親しい家族や友人、100番目には名前すら知らないような顔見知りを想定するように教示された。その上で、「リストのN番目の人が75ドルもらう」か「自分がVドルもらう」かの選択を繰り返した。この選択場面で、条件ごとにN（社会的距離）として1、2、5、10、20、50、100番目などの具体的な数字を当てはめ、各条件内で自分がもらうVドルの大きさを変化させながら調整量手続きを用いると、2つの選択肢の価値が等しくなるようなNとVの組を求めることができた。そして、その結果にはやはり以下のような双曲線関数が当てはまった。

$$V = \frac{A}{1 + k_{social}N}$$

　この式でk_{social}は割引率を表すパラメータであり、平均的な値は約0.05であった。また、Aは$N = 0$のときの報酬量であり、データから推定すると79ドルとなった。（以上の数値を用い、Nにも数値を入れて計算すると面白い。）

　以上のような結果は、「リストのN番目の人と自分が75ドルずつもらう」か「自分だけがVドルもらう」かを選択する場面でも得られている（Jones & Rachlin，2009）。また、Rachlin & Jones（2008，実験2）が報酬量効果を調べたところ、7.5、75、75000ドルのように報酬が大きくなるほど割引率k_{social}の値も大きくなるという、遅延割引の場合とは逆の効果が見られた。

　社会割引研究ではゲーム場面の研究とともに利他性との関連が探られている。例えばJones & Rachlin（2006）やRachlin & Jones（2008）の実験で用いた選択場面は、独裁者ゲームや最後通牒ゲームにおいて自分と相手の報酬の配分を50：50、100：0、0：100などとした場合を考えているものとみなせる。そこで、Rachlin & Jones（2010）は、リストのN番目の人を相手として独裁者ゲームや最後通牒ゲームを行った場合の結果にも双曲線関数が当てはまることを示した。また、Jones & Rachlin（2009）は、社会割引、および確率割引が緩やかな人ほど、公共財ゲームにおいて協力する金額が多いという相関関係を得ている。

V－6　選択行動研究とマッチングの法則

　私たちは日常生活の様々な場面で選択をしている。曇っている日に傘を持ってい
くかどうかや、今日のランチに何を食べるかといった私たちの行動の多くは選択の
結果であり、意思決定と深いつながりを持つ。この選択行動についての研究がハト
やラットを用いた動物実験でなされている。本節では、選択行動を記述するために
広く用いられてきたマッチングの法則を紹介し、次にこの法則が成立するメカニズ
ムを説明する。最後に近年盛んに研究が行われるようになった動的場面での選択行
動研究について紹介していく。

◆ マッチングの法則

　Herrnstein（1961）は選択行動を研究するための手続きとして、並立 VI VI スケ
ジュール（⇒V-1）を用いた。被験体にハトを用いて訓練を行ったところ、一方
の選択肢への相対反応率（両方のキイへの総反応数に対するそのキイでの反応数の割
合）が、その選択肢で得られる相対強化率（両方のキイで得られる総強化数に対する
そのキイで得られる強化数の割合）に一致することを見いだした。彼はこの現象を記
述する**マッチングの法則**（matching law）を以下のように表した。

$$\frac{B_1}{B_1+B_2} = \frac{R_1}{R_1+R_2} \quad (1)$$

ここで B_1、B_2 は左右の選択肢への反応数であり、R_1、R_2 はそれぞれの選択肢から
得られる強化子数である。例えば並立 VI VI スケジュールで、左キイでは VI 30秒
が、右キイでは VI 60秒が設定されているとしよう。被験体が適度に両選択肢に反
応を配分している場合、VI 30秒が設定される左キイでは平均して30秒に1回、ま
た VI 60秒が設定される右キイでは平均して60秒に1回、強化子を得ることができ
る。したがって、被験体は60秒間に左右あわせて平均3回強化子を得ることができ、
左キイで強化子を受け取る頻度は両選択肢で受け取る頻度の3分の2となる。そし
て式(1)はこの場合、総反応数に対する左キイへの反応数の割合も3分の2である
ことを予測し、実際のハトの反応は予測とほぼ一致したのである。
　その後、このマッチングの法則に関して多くの検討が加えられ、この法則はハト
やラットだけでなく、ウシ（Matthews & Temple, 1979）、アカゲザル（Woolverton &

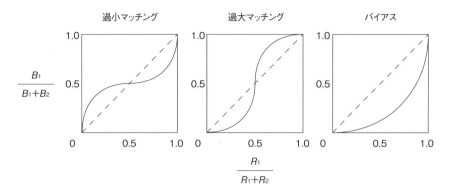

図 5―10　マッチングの法則からの逸脱
点線はマッチングの法則に完全に従った場合を、実線は 3 種類のマッチングの法則からの逸脱を示している。(Mazur, 1991 より改変)

Alling, 1999）など広範囲の種においても成立し、さらにヒトの日常場面での行動にも当てはまることが示されている。例えば、Conger & Killeen（1974）の実験では、実験参加者は実験協力者である他の 2 名のサクラとともに、薬物濫用に関する議論を行った。この実験では参加者がどちらのサクラに対して話しかけるかという選択行動が検討された。参加者の言語反応に対し、2 名のサクラがそれぞれ VI スケジュールに従って、強化子として参加者の発言にあいづちをうったり、ほめたりする行動を伴わせた。結果として参加者のそれぞれのサクラに対する言語反応の割合は、サクラが提示した強化頻度の割合にほぼ一致することが示されたのである。

　しかしその後の研究から、動物の選択行動は式(1)の予測と完全には一致しない場合があることが明らかにされた。Baum（1974, 1979）はこのような逸脱も説明可能な**一般化マッチングの法則**（generalized matching law）を提案した。

$$\frac{B_1}{B_2} = b \left(\frac{R_1}{R_2} \right)^a \quad (2)$$

式(2)では、式(1)のマッチングの法則は比の形で表される。a は強化比に対する反応比の感度を、b はバイアスを表す。$a = 1.0$ でかつ $b = 1.0$ のとき、相対反応率と相対強化率が完全に一致し、式(1)を比の形で表したものと等しくなる。

　マッチングの法則からの逸脱として、典型的には**過小マッチング**（undermatching）、**過大マッチング**（overmatching）、**バイアス**（bias）の 3 つがある（図 5―10）。図の点線はマッチングの法則に完全に従った場合を、実線は 3 種類のマッチングの法則

からの逸脱を示している。a が 1 よりも小さく 0 よりも大きい場合は過小マッチング、a が 1 よりも大きい場合は過大マッチングと呼ばれる。過小マッチングとはマッチング法則の予測よりも選択肢間の選好が無差別（0.5）に近くなる現象で、選択肢間の弁別が困難であるような実験場面でよく観察される（例えば Todorov et al., 1983）。過大マッチングは相対反応率が相対強化率よりも極端である現象を指し、選択肢間に障害物がある場合など選択を切り替えるための努力量が大きい実験場面で観察される（例えば Baum, 1982）。バイアスとは相対強化率の変化にもかかわらず、一方の選択肢に対する一定の選好がある場合をいう。これは一方の選択肢の方が被験体にとって容易に反応できる場合や、キイの色やつつく位置への選好といった実験者には統制することが難しい要因によって生じる。

◆ マッチング現象を示す理由（1）　—最大化理論—

　並立スケジュールにおいて個体が示す行動の配分がマッチングの法則からの予測と一致する場合、これを「マッチング現象が見られた」と言う。では、なぜ個体の選択行動はマッチング現象を示すのだろうか。

　Rachlin et al.（1976）は、個体は選択肢間で時間当たりの獲得強化数を最大化するように行動するという**最大化**（maximization）**理論**を提案した。この理論では、個体は与えられた制約の中で獲得できる強化量を最大にするように行動しており、動物の選択行動がマッチングの法則の予測と一致するのは、得られる強化量を最大にする行動配分がマッチングの法則の予測と一致しているからにすぎないと考える。この考えに基づき並立 VI 30秒 VI 120秒でコンピュータシミュレーションを行った結果、被験体が獲得強化量を最大化するのは、VI 30秒側に約80％の時間を費やした時であることを彼らは見いだした。そしてこの点は、マッチングの法則が予測する VI 30秒選択肢での相対反応率とほぼ一致したのである。

　しかし、並立 VI VI スケジュールを用いた実験場面では、マッチングの法則も最大化理論も同じ予測をするため、最大化理論がマッチング現象を説明する妥当な理論であるかを検討する適切な実験場面ではない。そのため、並立 VI VR スケジュールを用いて実験が行われている。並立 VI VR スケジュールでは、マッチングの法則は強化子数と反応数の比が等しくなると予測するが、最大化理論は被験体の反応が VR 側へのバイアスを示すと予測する。なぜなら、VR スケジュールでは自発した反応数に応じて獲得強化量を増加させることができるため、強化量を最大化するには VR スケジュールに多くの反応を費やすと予想されるからである。他方、VI スケジュールに多くの反応をする必要はない。強化に必要なのは 1 反応のみであり、

それまでにある一定時間が経過していれば強化子を得ることができるからである。したがって、獲得強化量を最大化する方略は、時々 VI 側が強化準備状態かどうかを調べに行き、それ以外の時間は全て VR 側への反応に費やすことである。

　しかしながら、並立 VI VR スケジュールを用いてなされた多くの実験では、最大化理論の予測と矛盾した結果が見られており（例えば Herrnstein & Heyman, 1979）、最大化理論がマッチング現象を説明する妥当な理論であるかについては今もなお論争の的となっている。

◆ マッチング現象を示す理由（2）　─逐次改良理論─

　どのようにしてマッチング現象に至るかを説明する 2 つめの理論として、Herrnstein & Vaughan（1980）が提唱した**逐次改良**（melioration）**理論**がある。式(1)の左辺を各選択肢に費やされた行動ではなく、費やされた時間と考えてみる。

$$\frac{T_1}{T_1 + T_2} = \frac{R_1}{R_1 + R_2} \quad (3)$$

T_1、T_2は各選択肢で費やされた時間、R_1、R_2はその選択肢から得られる強化子数である。この場合もマッチングの法則が成立することが明らかにされている（Brownstein & Pliskoff, 1968）。式(3)より式(4)を導くことができる。

$$\frac{R_1}{T_1} = \frac{R_2}{T_2} \quad (4)$$

この等式は各選択肢における単位時間当たりの強化数、すなわち**局所強化率**（local reinforcement rate）が等しいこと、そして分子と分母を逆転させれば強化子 1 単位当たりの時間的コストが等しいことを意味する。

　Herrnstein & Vaughan（1980）はマッチング現象に至る過程として、局所強化率が両選択肢で等しくなるように個体は行動を配分していると考えた。例えば、並立 VI VI スケジュールにおいて、一方の選択肢での局所強化率が高ければ、個体はそちらの側へより多くの反応と時間を費やす。このことは各強化子のコストを両方の選択肢で等しくすることを意味する。そして、最終的に局所強化率が両選択肢で等しくなった場合、反応の配分はマッチングの法則と一致するのである。

◆ マッチング現象を示す理由（3）　─瞬時最大化理論─

　動物は獲得強化量を最大化するように行動するという最大化理論はセッション全体の獲得強化量といった巨視的な視点での最大化を問題としているので**巨視的最大化**（molar maximizing）**理論**に分類されている。この考え方に対し、動物はそれほど

長い時間スケールを取り扱うのではなく、微視的なレベルでの最大化をしているという批判がある。この考えは**瞬時最大化**（momentary maximizing）**理論**と呼ばれ、動物は反応の瞬間に最大の価値を持っている選択肢を選択すると考える（Shimp, 1966, 1969）。つまり、その時々の強化確率に従って反応する選択肢を変えていくことにより、最終的にはマッチング現象に至るというのである。

　各瞬間で最大の価値を持つ選択肢を選ぶことから、動物の選択には規則的なパターン、すなわち 2 つの VI スケジュールのより強化率の高い選択肢に何回か反応し、次にもう一方の選択肢に反応するというようなパターンが見られることが予測される。例えば左キイのスケジュールが VI 3 分、右キイのスケジュールが VI 1 分であるとすると、瞬時最大化戦略は右右右左右右右左という特定のパターンを予測する（Williams, 1988）。しかし、多くの研究はこのような規則的な反応系列パターンを見いだすことができなかった（例えば、Nevin, 1969）。

　これまでマッチングの法則が成立するメカニズムについての 3 つの考え方を見てきたが、どの理論も一長一短があり、一概にどの理論が優れているかを結論づけることは難しい。しかし現在では、これら 3 つの考え方は分析の水準が巨視的か微視的か、すなわち強化と反応をどれだけの時間窓の幅で扱うかという観点から総合的に捉え直されており、このような観点からの研究は**集成水準**（aggregation level）の問題として扱われている（平岡, 1997）。このようにそれぞれの理論的立場に固執することなく、共存の可能性を模索することも今後選択行動研究が発展する上で必要になると考えられる。

◆ 動的場面での選択

　1990 年代から、選択場面が変化する動的な環境での行動変容を調べた研究が増えてきた。そのような研究は、行動変容の規則性を明らかにすることを通して、従来の静的な場面で確認されてきた現象の理解を促進させる可能性がある。ここでは代表例として動的並立スケジュールを用いた研究を紹介する。

　Baum と Davison による一連の研究（例えば、Baum & Davison, 2004; Davison & Baum, 2000）では、ハトを被験体として、並立 VI VI スケジュールで左右の反応キイに設定した強化率の比を実験セッション内で変化させた。強化率の比には、27：1、9：1、3：1、1：1、1：3、1：9、1：27 という 7 条件があり、1 つの条件下で左右合わせて 10 回の強化が起こると、両方の反応キイを消灯して選べなくした短い期間の後に、新しい強化率の比で選択場面を再開した。このとき、7 つの強化率比はランダムな順序で用い、比の値の手がかりになる刺激は強化子提示そ

のものだけであった。以上のような手続きをここでは動的並立スケジュールと呼ぶ。

　このように、強化率の比がほとんど手がかりなしに頻繁に変化する手続きであったにもかかわらず、実験を50日間続けてから最後の1か月あまりのデータを調べると、ハトはセッション内での条件の変化に敏感に対応しつつ、ある程度規則的な選択パターンを示すようになっていた。例えば、①各条件の下での反応率の比を強化率比の関数として表すと、一般化マッチングの法則が当てはまった。また、②条件内で強化が繰り返されるほど、その条件での強化率の比に対応した選択をする度合いが強くなっていた。さらに、③一方の反応キイからの強化が連続するほどそのキイへの選好が徐々に増すという局所的な選択パターンや、④一方のキイへの反応が強化された直後はその反応キイが極端に選ばれやすくなり、時間経過とともに極端な選好が減衰するという**選好パルス**（preference pulse）などが見られた。

　このような現象は、基本となる VI スケジュールの強化率を変えた場合や、強化率比の代わりに強化量の比を変化させた場合（Davison & Baum, 2003）にも確認されている。また、③と④の現象は、通常の並立 VI VI スケジュールで1つの強化率比の値だけを2か月以上用いた場合にも確認されている（Landon et al., 2002）。これらの実験結果から、動的並立スケジュールで見られる現象にはある程度の一般性があると言える。現在のところ、それらの現象が逐次改良理論や瞬時最大化理論が想定するメカニズムに合致するか否かは検討されていない。むしろ、そうした理論的アプローチが想定していたよりも豊富な現象を明らかにすることで、マッチング現象の解明に繋がることが期待される。

◆ 動物の選択行動研究と人間の意思決定

　動物を用いた選択行動研究によって明らかにされた成果のいくつかは、人間の意思決定研究に対しても深い示唆を与える。例えばマッチングの法則は、ある選択場面でのヒトの行動の配分を、あらかじめ供給される強化子数の比から予測することを可能にする。また、マッチングの法則からの逸脱が生じる様々な要因についての研究は、人間の合理的な意思決定からの逸脱といった現象に対して示唆を与えるかもしれない。さらにマッチングの法則が成立するメカニズムについての3つの考え方は、巨視的か微視的かといった分析水準の観点から検討可能であり、このような分析水準も意思決定研究を検討する極めて有効な視点であろう。

Ⅴ─7　行動生態学

　ほとんどの場合、動物を使った実験では選択の結果として餌を提示しているので、動物の採餌行動を研究しているともみなせる。採餌行動を扱う分野には他に生物学における行動生態学があり、行動分析学との間で学際的研究が行われている。

◆ 最適採餌モデル

　行動生態学（behavioral ecology）では動物の**採餌**（foraging）**行動**の数理モデルがいくつか提案されてきた。それらのモデルは、動物がおかれている環境を想定し、その環境の中で動物がどのような選択を行いつつ採餌するかを予測する。動物を使った実験的行動分析は、そのようなモデルが想定する環境を実験室の中に構築したシミュレーションを行うことによって行動生態学との交流を図ってきた。

　この交流の中で重要な役割を果たしたモデルは、Charnov（1976a, 1976b）に始まる2つの**最適採餌**（optimal foraging）**モデル**である。2つのモデルはそれぞれが独自に想定する場面の中で、動物が**平均採餌効率**を最大化するような採餌方略をとると予測する。平均採餌効率とは、単位時間あたりの採餌量であり、採餌量をその獲得に要した時間で割ったものである。このような予測の背景となっているのは、平均採餌効率が高いほど環境への適応度が高く、適応度が最大化されるような行動を生み出す形質が進化しやすいという考え方である。

　第1の、**最適メニュー**（optimal diet）**のモデル**は様々な種類の餌が存在する場面を想定し、その中で動物がどの餌を採るかを予測する。餌の様々な側面のうち、ここで問題となるのは餌の存在密度、餌から得られるエネルギー量、遭遇した餌の処理にかかる時間である。これらの側面で異なる数種類の餌がある場合、平均採餌効率の最大化から次のようなことが予測される（坂上，1996）。①エネルギーの大きな餌の密度が高いと動物はそればかり採って小さな餌を無視するが、その密度が低いとどんな餌でも採る。②この選択に影響するのは大きな餌の密度のみで、小さな餌の密度は影響しない。③大きな餌のみ採るか、どちらの餌も採るかのどちらかであり、その中間（例えば、小さな餌を50%の確率で無視する）はない。この最適メニューのモデルについて、Lea（1979）はオペラント箱を用いた実験で、ハトを被験体としてシミュレーションを行った。実験手続きは並立連鎖スケジュールを変形したもので、2つの異なる色で点灯する反応キイが異なる種類の"餌"とみなされた。

それらの異なる餌は、餌の探索場面に相当するFIスケジュールを満たした後に、ある確率にしたがって一方のみが提示され、ハトはそれを採るか、採らずに別の餌を探すかを選択できた。採ることを選んだ場合には、餌の処理場面に相当するFIスケジュールを満たした後に本物の餌（穀物）が提示され、探索場面に戻った。採らないことを選んだ場合には、餌を表す反応キイが消えてすぐに探索場面に戻ったため、処理場面の長い餌が出現した場合にはそれを採らないほうが得なこともあった。以上のような手続きでは、手続きのパラメータ（探索場面や処理場面を表すFIスケジュールの長さ、餌を表す反応キイの提示確率、本物の餌の提示時間）を変えることによって、ハトが得られる平均的なエネルギー量や餌の存在密度を様々に試してみることができる。この実験では、予測の②について曖昧な結果が得られ、③は支持されなかった。また、Hanson & Green（1989b）がVRスケジュールを用いて行った同様の実験では、予測の③は概ね支持されたが、②は支持されなかった。

　第2の、**最適餌場利用**（optimal patch use）**のモデル**は動物の生息場所にいくつかの餌場がある場合を想定し、動物がそれらの餌場をいかに利用して採餌するかを予測する。この場面では、餌場内の餌密度や、餌場間の移動時間が採餌効率に影響する。ある餌場内で餌を採ると、その餌場内の餌が枯渇して採餌効率が次第に低下するが、いつ動物はその餌場を離れて別の餌場に向かうだろうか。ここでも同様に平均採餌効率の最大化を考えると、それはある餌場内での採餌効率が生息場所全体の採餌効率と等しくなったときだと予測できる。このモデルが想定する環境のシミュレーションを行った例としてはHanson & Green（1989a）の実験がある。Lea（1979）の実験と同様に、彼らの実験でも被験体はハトであった。また、手続きも同様に並立連鎖スケジュールの変形であったが、この場合は、異なる色の反応キイが異なる"餌場"を表していた。この餌場は1度に1つずつ提示され、ハトはその餌場に滞在して餌を採り続けるか、餌場を離れて別の餌場を探すかの選択ができた。また、餌場を表す反応キイにはVRスケジュールが設定されていたが、ハトが同じ餌場で餌を取り続けると次の餌を採るために必要な平均反応数が次第に増加し、これによって餌場が次第に"枯渇"するようになっていた。このような実験の結果、実験場面全体での採餌効率が低下すると餌場への滞在が増加するという予測は支持されたが、餌場内での反応数は予測を上回っていた。つまり、ある餌場内での採餌効率が実験場面全体の採餌効率を下回っても、ハトはその餌場に滞在し続けた。

　以上のように、実験的行動分析では最適採餌モデルで想定されている環境のシミュレーションをするために様々に工夫を凝らした実験手続きを用いてきた。そのような実験の中には最適採餌モデルの予測を支持する結果を得たものも、完全には支

持しない結果を得たものもある。また、上のような手続きを用いた実験の結果に、実験的行動分析が独自に発展させてきた理論（例えば、遅延低減仮説）を当てはめた研究もある（例えば、Fantino & Abarca, 1985）。

◆ リスク感応型採餌

　リスク感応型採餌（risk-sensitive foraging）と呼ばれる現象も行動生態学と実験的行動分析学の交流の焦点となっている。リスク感応型採餌とは、得られる餌の量とその獲得確率の異なる選択肢が複数あるときに動物が示す採餌の現象の1つである。例えば、選択肢Aでは100％の確率で2個の餌を得られ、選択肢Bでは50％の確率で4個の餌を得られるか、全く餌を得られないとする。選択肢Aのように確実に一定量の餌を得られる選択肢はリスクレス選択肢、選択肢Bのように餌の量が確率的に変動する選択肢はリスク選択肢と呼ばれている。上の例で何度も繰り返し選択を行える場合、獲得できる餌の量の期待値は両選択肢で等しく、平均して1回あたり2個である。そのため、もしも動物が最終的に得る餌を最大にすることのみに従って行動するならば、動物は2つの選択肢の一方を特に好んで選択することはないはずである。しかし実際には、動物は自分が置かれている状況に応じて、リスクレス選択肢とリスク選択肢の一方に選好を示すことがある。これがリスク感応型採餌と呼ばれる現象である。

　Caraco et al.（1980）は小鳥の一種であるメキシコユキヒメドリ（yellow-eyed junco; *Junco phaeonotus*）を用い、このリスク感応型採餌に関する実験を行った。実験条件の1つを例にとると、リスクレス選択肢では常に2粒、リスク選択肢では50％の確率で0粒か4粒の餌が得られ、それらの餌粒は選択肢ごとに餌皿に入れて提示された。餌皿には不透明な蓋がついており、被験体は一方の餌皿の蓋を外して選択を行うまでは餌粒を見ることができなかった。しかし、実験者は各々の選択肢を常に左右の決まった位置に提示し、それらの選択肢と餌皿の位置との対応関係を学習させるための強制選択試行（一方の選択肢しか選べない試行）を行った後に、選択肢間の選好を調べた。このような選好が条件ごとに餌粒の数を変えて何度も調べられ、それらの結果から餌粒の数と効用（好ましさ）の関係を表す関数（効用関数）が求められた。被験体側の条件としては、1時間、または4時間の絶食後に実験する条件があった（実際にはそれらの条件では試行を行う時間間隔も異なった）。実験の結果、絶食1時間条件では凹の効用関数が得られ（図5—11左）、ここから被験体はリスクレス選択肢を好む嫌リスク（risk-averse）を示したと言えた。なぜなら、凹の関数ではリスク選択肢で確率的に得られる餌の平均的な効用（矢印A）よりも、

リスクレス選択肢からの確実な餌の効用（矢印 B）のほうが高いからである。逆に、絶食 4 時間条件では凸の効用関数が得られ、リスク選択肢を好む**好リスク**（risk-prone）が見られた（図 5 —11 右）。これらの結果は適応度の観点から説明できる。実験に使われた小鳥は通常は常に餌を食べ続けてエネルギーを摂取していた。そのため、絶食 1 時間の条件では被験体は嫌リスク選択をすることで確実に 1 日に必要なエネルギー量を摂取できたが、絶食 4 時間の条件では嫌リスク選択をしても必要なエネルギー量に満たないため、好リスク選択をするほうが生存確率を高めることができた。このように、1 日に必要なエネルギー量を摂取できるか否かの条件に応じて嫌リスク選択と好リスク選択を切り替える方略は、Stephens（1981）によりエネルギー経費則（energy budget rule）と呼ばれている。

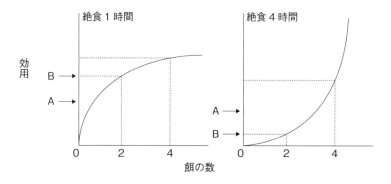

図 5 —11　嫌リスクの効用関数（左）と好リスクの効用関数（右）
横軸は餌の数、縦軸は効用を表す。矢印 A の位置は50％の確率で餌が 0 粒か 4 粒かの場合（本文参照）の効用、矢印 B の位置は100％の確率で餌が 2 粒の場合の効用である。（Caraco et al., 1980 の Fig. 1 と Fig. 2. より改変）

　ただし、Kacelnik & Mouden（2013）によると、近年では動物がエネルギー経費則には必ずしも従わないことを示す実験結果のほうが多い。彼らは、Caraco et al.（1980）の研究の意義として、行動生態学に餌の量の期待値だけでなくその変動も重要であるという考え方を取り入れた点を評価しつつ、餌の量の変動は動物にとって確率分布の知られたリスクの問題ではなく、確率分布自体が分からない不確実性の問題（⇒Ⅰ- 6 ）であると考えるべきだとしている。また、採餌行動のモデル化にあたっては、動物がもつ知覚、学習、記憶、意思決定のメカニズムについての心理学的知見を取り入れるべきだとしている。

❁BOX 15❁ 動物も不公平を嫌う？

　人間は他者よりも不当に小さな利益しか得られない場合に、その利益を拒否してまで抗議することがある。これは**不公平性嫌悪**（inequity aversion）の一種である。この行動傾向の系統発生的な起源を探るために、他の動物を対象とした研究が行われている。

　Brosnan & de Waal（2003）はメスのフサオマキザル5頭について行った実験で、ヒト以外の動物でも不公平を嫌うことがあるという可能性を示した。実験は1度に2頭のサルを組にして行われ、それぞれのサルは金網で仕切られた2つの部屋に別々に入れられた。サルにはトークン（代用貨幣）が与えられ、それを実験者に渡すと代わりに食べ物をもらうことができた。この交換は2頭のサルに対して順番に行われ、1頭目のサルが交換を行うのを見た後で自分の番を迎えた2頭目のサルの行動が分析の対象となった。

　まず、1頭目のサルが交換でキュウリのスライスをもらい、2頭目のサルも同様だった場合（公平条件）では、交換がスムーズに行われた。しかし、1頭目のサルがトークンを渡してキュウリよりもずっと好ましいブドウをもらった後で、2頭目のサルがトークンをキュウリと交換する不公平条件では、この2頭目が交換を拒否することが増えた。交換を拒否する場合、サルは実験者にトークンを渡さなかったり、実験者が渡そうとしたキュウリを受け取らなかったり、受け取ったキュウリを食べなかったりした。このような拒否は、1頭目のサルがトークンを渡す必要なしに労せずしてブドウをもらえた条件では、さらに増えた（統計的に有意ではなかった）。

　同様の行動は他にもチンパンジーとイヌで見られることが確認されている（レビューとして、Brosnan & de Waal, 2012）。ただし、上記の実験で、1頭目のサルがおらず、1頭目のサルが入っているはずの部屋にブドウが置かれた後で"2頭目"との交換が行われた場合にも交換が拒否されやすかったことや、その他の実験手続き上の問題（例えば、試行ごとに2頭のサルの役割が入れ替わったことなど）を考えると、そのような交換の拒否を不公平嫌悪として解釈できるかどうか確かではない。例えば、Wynne（2004）は、単に他にもっと良い餌が得られる可能性のある状況で価値の低い餌を提示されたことによる対比効果で説明できる可能性を指摘している。Brosnan et al.（2010）は、チンパンジーを対象とした実験でそのような可能性を排除しようとしているが、まだ完全とは言えず、今後の研究が待たれる。

第Ⅵ章　社会からのアプローチ

　Ⅵ章では大きく2つのテーマを扱っている。1節から5節は集団意思決定に
関わる、集団での判断や問題解決、合意形成の問題を扱う。集団で行う決定は
個人とは異なる特徴を持っている。例えば会議が進んでいくうちに大半のメン
バーが事前に持っていた意見とは全く異なる過激な議論になってしまったり、
逆に誰しもが心の中で反対意見を持っているはずなのに全く意見が出ないまま
終わってしまい、首をひねった経験はないだろうか。また、集団で分担するこ
とで仕事がはかどるはずなのに、なぜか逆に効率が悪くなったことはないだろ
うか。本章ではまず第1節で、このような問題意識から社会心理学で明らかに
された、集団での人間の判断や行動の特徴に関する重要概念をおさらいした上
で、集団での意思決定等の問題について2～6節で紹介する。2節は主に集
団での判断、3節は問題解決と生産性、4節は集団での討議と合意形成に関す
るものである。「3人寄れば文殊の知恵」というが、本当に集団で問題に当た
ることは個人よりも有効なのだろうか。2、3節はこの点について行われた代
表的な研究とその結果である。4節は近年社会的に重要性が高まっている合意
形成に関する研究を扱う。社会的に重要な決定は集団で行われることが多い。
例えば委員会や議会、裁判員制度もこの例だが、これらの集団を構成する人々
の異なる意見はどのように集約され、合意が形成されているのだろうか。4節
では、**対人集約問題**（interpersonal aggregation problem）と言われるこう
いった問題に関する近年の研究を紹介する。5節は、インターネットの普及に
伴って注目されるようになった集合知に関する研究を紹介する。
　後半の6～9節は意思決定が社会的に応用された重要分野として、災害や
事故、医療や環境問題に対するリスク認知研究と、リスクコミュニケーション
やリスクリテラシーの研究を紹介する。震災後のリスクコミュニケーションや、
遺伝子治療に関わる意思決定、地球環境問題など、これらの問題は近年ますま
す重要性を高めている。この分野でのこれまでの研究や主要知見を紹介する。
　意思決定の理論が社会的な場面でどんなふうに応用されているのかを本章を
通して知り、意思決定研究についてさらに理解を深めてほしい。

VI— 1　集団の影響

　集団での意思決定と個人場面との違いを紹介するにあたり、本節ではまずそれに関わる社会心理学の基礎的な概念や集団での判断について簡単におさらいしよう。

◈ 社会的促進

　我々のとる行動は、1人の時と他に人が存在する時で違いはないのだろうか。この疑問は社会心理学者の主要な関心の1つである。Triplett（1898）は自転車のレーサーの観察や幼児に釣糸を巻かせる実験で、単に競争者が存在するだけで成績が良くなることを確認し、単なる他者の存在だけで個人のパフォーマンスが向上することを明らかにした。また Zajonc et al.（1969）はゴキブリについて他のゴキブリが走路脇にいるとより速く走るという結果から、同様の現象がヒト以外でも見られることを証明した。このように、社会構造や規範もなく相互作用や協力が最小限でも、単に他個体が存在するだけで個人のパフォーマンスは影響され、上の例では「促進」される（**社会的促進**（social facilitation））。

　しかし観客がいるとあがって実力が発揮されない時があるように、パフォーマンスを阻害する場合もある。なぜ場合によりパフォーマンスへの影響が異なるのだろうか。Zajonc（1965）は、観察者の存在が覚醒水準または動因水準を高め、その結果優勢な反応の生起率が上がると説明した。このため単純で十分に学習された反応は観察者の存在で促進されるが、複雑で十分身についていない反応ではあまり影響がなく、どちらが起こるかは課題の性質によるという仮説を提唱した。現在までこの仮説は基本的に支持されている。さらに Michaels et al.（1982）はビリヤードのショット数への観察者の存在の影響を検討し、能力が平均以上の競技者は観察者の存在で成功が増えるが、平均以下では減少すること、また物理的に他者が存在しなくても他者に評価される見込みがあれば成功が増えることも示した。このように社会的促進は課題の種類や個人の能力で影響の有無が変わる。

◈ 社会的手抜き

　一方、集団作業は全体では個人よりパフォーマンスが良いが、参加者各人のパフォーマンスは一般に悪くなる。Ringelmann（1913）は綱引きを2〜8人で行う時に個人の出す力をそれぞれ測定して比較し、2人では1人の時の93％、3人では85％、

8人では49%しか力を出さない
ことを示した。さらに Ingham
et al.（1974）は集団で綱を引く
際の協同作業の**調整ロス**の影響
を除くため、参加者に目隠しを
させ他者がいると信じさせる方
法で実施した。その結果、他者
がいると信じられていればやは
り力の低下が起こり、調整ロス
以外の要因によるパフォーマン
スの低下が明らかになった。
Latané et al.（1979）は課題を

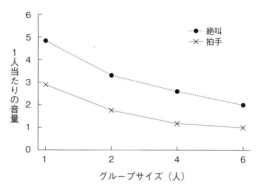

図6－1　グループサイズと1人当たりの作業量
(Latané et al., 1979)

拍手と絶叫に変えたが、やはり集団ではパフォーマンスの低下が起こり、6人集団
では1人の場合の約1/2しか声を出さないことを示した（図6－1）。このように集
団サイズの増大に比例し1人当たりのパフォーマンスが低下する現象を**社会的手抜
き**（social loafing）という。社会的手抜きは動機的側面から、すなわち集団で作業
を行うと参加者は同定されにくく貢献が判別しにくいため個人の動機づけが下がる
ことにより説明されている。実際、Williams（1981）は同様の集団での絶叫の測定
を行ったところ、Latané et al.（1979）同様にマイク1つで集団全体の音量のみ測
定可能な時には社会的手抜きが起きたが、各人にマイクをあてがい、各人の音量が
測定可能だと起きなかったのである。

◆ 同調行動と少数者の影響

　個人の判断が周囲の集団の影響を受けることもよく知られる。Asch の実験（Asch,
1951）では、個人の判断が同席の他者判断に影響される**同調**（conformity）が検討さ
れ、意思決定前の情報判断の段階で、個人はすでに集団に影響されることを明らか
にした（図6－2）。実験では長さの異なる3本の線分のうちから、標準刺激であ
る別の線分と等しい長さのものを同席する7～9人の判断者に口頭で報告させた
（18試行）。判断者は1人以外がサクラで12試行で指示された誤判断を行うので、そ
れで参加者の正答率がどう変化するかを調べた。その結果、単独判断では誤りはま
ず起こらないが、他の判断者が共通して誤判断すると正解率は約60%に落ちてしま
った。また誤判断率は集団サイズが増加すると比例的に増えるが、7人で最大とな
りそれ以上はサイズが増加しても誤判断は増加しなかった。また対立する判断者の

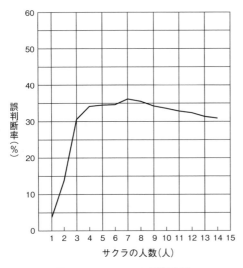

図6—2　Aschの同調実験
横軸が誤答を行うサクラの人数、縦軸が参加者の正答率。サクラが多ければ多いほど誤判断が増加するわけではなく、7人をピークとし、それ以上は人数が増えても誤判断はそれほど増加しない。(Asch, 1951)

中に1人でも同じ判断を行う者がいると正答率は増加したが、この同じ判断を行う者が途中で退席する条件と、途中で判断を変える条件とでは、前者では参加者の正答率はあまり落ちなかったが後者では落ちてしまった。すなわち、同意見の人間がその場に物理的に存在しなくても、そういう人間が存在していると推定できる場合は正しい判断がなされたのである。

� 情報的影響と規範的影響

　同調のような社会的影響を生む源は2つあるとされる。1つは**情報的影響**（informational influence）である。人は他者の行動からしばしば役立つ情報を得ているため、課題がより困難あるいは曖昧で、個人が自分の判断に自信がなければないほど、また集団がよく情報を得ていると考えれば考えるほど、同調傾向は強まる。もう1つは**規範的影響**（normative influence）で、集団において個人は他者の評価を得たいと考えるため、集団に受容されたいと望み、集団から逸脱することに恐怖を感じる。このことが同調傾向を生む。また、集団の側も、集団内に逸脱者が存在すると逸脱をなくすべく努力を向けることが知られている（Schachter, 1951）。例えば**ホーソン研究**（Homans, 1961）という名で知られる工場労働者の観察では、働いて生産性が上がれば上がるほどその対価をもらえるにもかかわらず、被雇用者が自分達の基準、すなわち1日当たりどの位働くのが適正かという基準を発展させてしまうと、それ以上は働かなくなることを報告した。そればかりか逆にそれ以上働く者については集団から罰を与えるなどの圧力がかけられる。

　しかし集団内の少数者の判断が、その場の集団成員の判断に影響する場合もある。Moscovici et al.（1969）は2人のサクラと4人の参加者から構成される集団を形成し、「色彩知覚の実験」と称して白紙のスクリーンの前に座らせた。そして何枚ものスライドを見せ、各スライド上に出された図形の色と明度について、各集団成員の意見を尋ねた。呈示された実際の色は青の明度を様々に変えたものだったが、サ

クラにはある定められた試行でそれらを「緑」と判断するようにさせた。その結果、参加者は定められた試行の平均８％でサクラの判断に同調し、また参加者の32％が少なくとも一度はサクラの回答に同調した。一方、サクラの影響がない統制群でそれらを緑と判断したのは、792回中わずか２回であった。このことから Moscovici らは少数者が多数者に重大な影響を与えているとした（**少数者の影響**（minority influence））。ただし、２人のサクラがそれぞれ「青」と「緑」のように異なる意見を述べた場合には、参加者が「緑」と回答する割合はわずか１％にまで落ちてしまう。したがって少数者の影響は、サクラが複数の場合には共に同じ立場を取っている時のみに限られる。

◆ 集団レベルの帰属の誤りとバイアス

　さらに、他にも集団での意思決定に影響を与えるような現象がある。個人の原因帰属では**基本的な帰属の誤り**（⇒Ⅲ-４）として実態以上に行為者自身に原因を求める傾向があるが、集団でも同様に**集団帰属の誤り**（group attribution error）という、より集団に原因帰属する傾向がある（Allison & Messick, 1985）。例えば市の局長が水の保全のための政策を講じると、何もしなかったときに比べ、水の保全行動を市民全体がより強く支持しているように見える。しかしよく考えてみれば、実際にはたった１人の役人の決定であり、必ずしも世論を反映しているとは限らない。このように、外的な他の様々な要因があるにもかかわらず、１人の行動の原因をその人が含まれる集団に帰属する傾向が存在する。また、同様のバイアスに**集団びいきバイアス**（group-serving bias）がある。これは**利己的バイアス**同様、集団成員が成功を集団の属性に、失敗を状況に帰属しがちであることをいう。Taylor & Doria（1981）は陸上の大学間対抗試合で、チームが勝つと原因をチームの資質などの要因に求める例が多いことを示している。

❖BOX 16❖ ただ乗り問題と共有地の悲劇　社会的ジレンマ—

　社会的手抜き（⇒Ⅵ-1）と類似の問題に**ただ乗り問題**（free riding problem）
（Olson, 1965）がある。集団で仕事を行う場合、他の集団成員が仕事の全てを
やってくれる可能性が存在する。例えば学生団体が学校側と学費値下げ交渉を
行う時、自分は何もしなくても交渉が成功すれば安い学費を享受できる。
Kerr（1983）やKerr & Brunn（1983）は集団の成功が自分の努力の有無に必ず
しも依存しないと知覚し、かつその努力が大きい場合、集団成員は集団のため
に努力しなくなる傾向があることを明らかにした。Kerrの実験では、個人が
血圧計のゴムバルブで空気を入れる課題を、2人1組で評価される集団条件と
個人条件とで比較した。個人条件では課題に成功すれば1試行当たり＄0.25も
らえるが、集団条件ではどちらかが成功すれば両者共＄0.25もらえる。参加者
は試行毎に自分の成績に関する正確なフィードバックを与えられるが、集団条
件では加えてパートナーが毎回成功しているようなフィードバックを与えられ
る。すると、すぐ成員はパートナーの努力にただ乗りできることに気づき、個
人条件に比べ有意に努力しなくなったのである。この問題は**ゲーム理論**の主要
課題の1つである。

　またやはりゲーム理論の主要課題に**共有地の悲劇**（tragedy of the commons）
がある。ある村に10人の牛飼いがいて、各々100万円の牛を10頭ずつ共有の牧
草地に放牧している。この牧草地は100頭までなら十分に牛を養えるが、100頭
を超えると牧草の量が不足し牛が痩せてしまう。ある牛飼いが自分の儲けを増
やすため、もう1頭だけ牛を増やすかどうか考えているとする。1頭増やせば
共有地で飼われている牛の数は101頭となり、牧草の量が不足する。その結果、
この共有地の牛は痩せ、値段は99万円に下がってしまう。しかし、この牛飼い
にとっては99万円×11頭＝1089万円が自分の財産となり、差し引き89万円の儲
けになる。もちろん、他の牛飼いたちの財産は減るが、村全体では99万円×
101＝9999万円で1万円の損失でしかない。このように考えると牛飼いにとっ
て牛を増やすことは合理的である。しかし、全員がこのように考えたらどう
か？　共有の牧草地には次々と追加で放牧され、共有地は過放牧となって荒廃
し、悲劇的な結末に至るのである（長谷川, 1991）。この問題は軍拡競争、地球
環境問題などの社会的な問題と同様の構造を持っており、ゲーム理論の分野で
検討が進められてきた。

　よく知られた囚人のジレンマは2人間でのジレンマ構造であるが、共有地の

悲劇のように集団が 3 人以上に拡張されたものが**社会的ジレンマ**（social dilemma）である。本文では社会的ジレンマについては触れなかったが、この分野も現在特に社会心理学の多くの研究者を惹きつけて、様々な研究がなされている（山岸, 1990など）。

VI－2　集団の問題解決

　前節のように集団の判断は個人の判断と大きな違いが生じるが、問題解決や意思決定ではどうだろう。集団意思決定研究には大きく分けると2つの源が存在する。1つは社会心理学の中のもので、集団決定固有の現象を社会心理学の理論から説明しようとしてきた。もう一方は厚生経済学や**公共決定**（public choice）、社会学の**社会的選択理論**（social choice theory）など、合理的決定を行うための合意形成過程に関心を寄せ、数量的手法を用いて決定過程を分析する立場のものである。本節ではまず正解のあるような問題についての集団での問題解決について述べる。私達が集団で物事に当たろうとするのは、「3人寄れば文殊の知恵」のように集団ならより良い知恵が出るという信念があるからだが、果たして実際にそうなのか見てみよう。

◆　3人寄れば文殊の知恵？

　私達は集団は1人より優れているという信念を日常持っているが、集団での問題解決は個人よりも本当に優れているのだろうか？　最初期の研究はShaw（1932）による夫婦の河渡り問題等、3つのパズル問題を用いたものである。

　3組の夫婦が河を渡ろうとしている。ボートは使えるが、3人しか乗ることができない。しかし、さらに制約がある。

　1) 夫しかボートを漕ぐことができない。

　2) 夫は、自分もいない限り、自分の妻を他の夫がいるところにおくことを許さない。

　　　　　　　　　　　　　　　　　　　　　　　（夫婦の河渡り問題）

　この問題を解かせたところ、個人では21人中わずか3人しか正しく解けなかった（正解は注参照）。しかし、4人の集団で行わせると、5集団中3集団が正解を得たのである。Shawは他のパズル問題でも同様の結果を得た。Shawは、集団成員は他者の誤りを発見し、誤った解答を却下するから集団は個人よりも優れているとし

注）　夫婦の河渡り問題の正解は以下の通り。3組の夫婦をH_1-W_1、H_2-W_2、H_3-W_3と表す。①H_1は自分の妻W_1を伴って河を渡る。彼は妻を向こう岸において漕ぎ戻る。②H_1、H_2、H_3が共に漕ぎ渡る。H_1は船を降り、H_2、H_3が漕ぎ戻る。③H_2、H_3、W_2が3人で向こう岸に渡る。H_2とW_2は下船し、H_3のみが戻って、④W_3を乗せて向こう岸に渡る。

た。しかし、これは後で見るように必ずしも正しくない可能性がある。

　もう1つ実験例を見てみよう（Maier & Solem, 1952）。

> 　ある男が馬を＄60で買い、＄70で売った。それから彼は＄80でそれを買い戻し、再び＄90で売った。彼は馬の売り買いでいくら儲けたのか？　　　（馬の取引問題）

　この問題を大学生に1分時間を与えて1人で解かせるとわずか44〜46％しか正解できない（正解は＄20）。その後、5〜6人の集団で8分間の議論後尋ねると、集団に議論を見ているだけの消極的リーダーがいる時には71.6％、全員に意見表明を促す積極的リーダーがいる時には83.6％が正解した。積極的リーダーはその集団に正解者を1人しか含まない少数派の時特に有効であった（積極的リーダーでの正解増加率72％に対し、消極的リーダーでは46％）。Maier らは集団討議が正解を増加させた理由として、議論で他の人がその解答に達した理由の説明を聞くと、最初から正解だった参加者は議論後も意見を変えないが、不正解だった参加者は意見を修正することを挙げている。また、事前に1人で考えた上で議論を行っているので、考える時間も長くなることからその点でも正解が増えるのはむしろ当然である。

　しかし、ここで注目すべきは正解が増加したことではなく、個人で正解できた成員を少なくとも1人含む集団でも、最終的な正解率は70〜80％程度であったという点にある。とすれば、集団がそこに含まれる成員と同等以上の成績を常に修めているわけではなく、集団になることでむしろロスを生じている可能性がある。

◆ 潜在的生産性とプロセスの損失

　その後の実験でも、集団は全体としては確かに個人より概ね学習が速く、問題解決も優れているという結果が得られた（Davis, 1969）。しかし、費やされる単位時間当たり・1人当たりの生産性で見た場合も、集団は個人よりも相互作用による何らかの優れた結果を生んでいるのだろうか。このような疑問から、集団の生産性に関するモデルを提供したのが Steiner（1966, 1972）である。Steiner はまず集団の**潜在的生産性**という概念を提案した。これは集団がある課題に対して持つ可能な最大レベルの生産性で、①成員の資源、②課題の要求、の2つに影響される。成員の資源とは、課題達成に必要な成員の知識・能力・技能やツールを、また課題の要求は、課題の特徴、特に課題達成の基準としてどのような側面が測られているか、を含む。彼は集団が潜在的生産性を達成するのは難しいとし、実際に達成される生産性との差を**プロセスの損失**と名づけた。プロセスの損失が起こる理由は2つある。第1に、

共同作業においては集団の各成員の寄与の程度は明確にはならないことが多く、また仕事をしなくても集団の成果に同様に与れることもある。その結果、他人の仕事にただ乗りし、社会的手抜きが起こる。これは動機付けの低下による損失ということができる。第2は行為の相互調整による損失である。協同作業をするためにはタイミングを合わせる必要がある。例えば集団で綱引きを行う際、タイミングや方向が合わないことで、結果的に全員の力の合計に至らないことがあるが、集団討議も、発言のタイミングなどから調整ロスが起こっている可能性がある。プロセスの損失は社会的手抜きに対する説明とも合致している（⇒Ⅵ-1の社会的手抜きの綱引き実験の追試も、この調整ロスが考慮されている）。

　Steiner のモデルでの集団における潜在的生産性やプロセスの損失は課題や成員の影響を受ける。そこで、集団での問題解決の研究は単純な「集団は個人よりも生産性が高いか」ではなく、「何が集団と個人の生産性の違いに影響し、また集団が可能な生産性レベルに達しないのはなぜか」という問題に進んだ。

◆ 1980年代前半までのレビュー

　以降、個人と集団での生産性の比較について膨大な実証研究が行われ、80年代に2つの大きなレビューが出ている。1つは Hastie（1983）で、結果は、集団での問題解決能力は必ずしも個人の総和を上回らず、プロセスの損失が見られるものが大半であった。彼は集団判断に影響を与える要因に関する従来の研究を検討し、集団と個人の違いを大きく分けて3種類の課題別にまとめた。すなわち、①量と強度についての判断（例：ビンの中の豆の数の推定）、②難問を論理的に解答する判断（例：馬の取引問題）、③一般的な知識問題に対する判断（例：「アブサンはリキュールか、宝石か？」）、である。その結果、①に関しては、集団はわずかに個人よりも優れている（1/8標準偏差程度）。②に関しては、集団は通常個人よりも優れているものの、集団成員の最も優れた成員が単独で行った場合には、その成員を含む集団全体よりも優れている。③においても、集団は平均的個人よりは優れているが、集団の最も優れた成員はその成員を含む集団の成績と同様、またはそれに優る傾向が見られる。よって、集団は平均的個人に比べより正確な判断を行うが、集団の最も優れた成員の単独の成果は、その成員を含む集団全体での問題解決と等しい、またはそれより優れている、と結論づけた（図6−3）。Hill（1982）の結論も同様である。Hill は判断と意思決定の他に問題解決や創造性も含め、過去50年間の個人と集団の研究をレビューした。彼女は、集団を大きくすることの持つ効果が課題の難易度で異なるとした。すなわち簡単な課題では集団を大きくすると、課題を解決できる成員が含

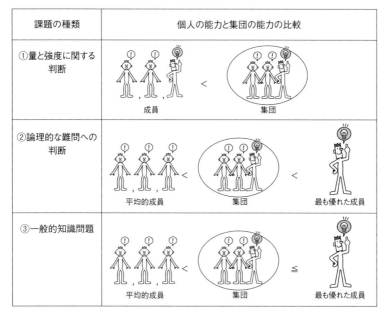

課題の種類	個人の能力と集団の能力の比較
①量と強度に関する判断	成員　＜　集団
②論理的な難問への判断	平均的成員　＜　集団　＜　最も優れた成員
③一般的知識問題	平均的成員　＜　集団　≦　最も優れた成員

図6 ― 3　1980年代前半までのレビューに基づく集団と個人の判断課題別での能力の比較

集団は平均的個人より判断能力が良いが、最も優れた成員よりは劣ることが多い。特に論理的難問の場合、最も優れた成員が含まれていても、集団になるとかえって問題解決能力が下がってしまう場合さえある。（Hastie, 1983 に基づき筆者作成）

まれている可能性が単純に増加するが、困難な課題では、むしろ集団成員が各自の資源を持ちより互いの誤りを正せる可能性が高まる効果があるとした。また彼女はブレーンストーミングに注目し、集団で行った時より、同じ人数の個人がそれぞれアイディアを出した後、それらを持ち寄った場合の方が生まれたアイディアの数が多いことを見出した。よって、集団が行う課題遂行の優れた点は成員間相互作用ではなく、単に個人の集積的機能にすぎない、とした。

◇ **集合知研究へ**

　1980年代の2つのレビュー後、この領域の研究には大きな方向転換が起こったように見え、90年代からは徐々に、集団が個人の能力を抑制してしまう部分に対する批判的視点より、むしろどのような方法・課題・手段が集団での問題解決や意思決定を優れたものにするのかに変わっていった。これは、研究が一巡したということもあるだろうが、おそらくウェブの出現や、研究の視点の変化、他領域の影響が大

きい。90年代以降のウェブやグループウェア等の技術の飛躍的進展により、人類史上初めての観察可能な大集団での意思決定や問題解決場面が出現したことと、これらに関心のある認知科学や情報工学等の隣接領域のアプローチは、情報技術の展開の中で集団がどうふるまうかを積極的に捉えて生かそうとする方向性にあることによる。心理学分野の90年代からの研究も従前の研究と矛盾するものではないものの、他領域のこういった動きは心理学における集団意思決定研究にも影響を与え、また他方、進化の観点から適応的な側面にも強い関心が集まることになった（⇒Ⅵ‐5）。

❀BOX 17❀ 1円はどこへ消えた？

　下の文章は、内田百閒『阿房列車』の列車の中での会話である。

　　　　「三人で宿屋へ泊まりましてね」
　　　　「いつの話」
　　　　「解り易い様に簡単な数字で云ひますけれどね、払ひが三十円だつたの
　　　です。それでみんなが十円づつ出して、つけに添へて帳場へ持つて行か
　　　せたら」
　　　　蕁麻疹を掻きながら聞いてゐた。
　　　　「帳場でサアギスだと云ふので五円まけてくれたのです。それを女中が
　　　三人の所へ持つて来る途中で、その中を二円胡麻化しましてね。三円だ
　　　け返してきました」
　　　　「それで」
　　　　「だからその三円を三人で分けたから、一人一円づつ払ひ戻しがあつた
　　　のです。十円出した所へ一円戻つて来たから、一人分の負担は九円で
　　　す」
　　　　「それがどうした」
　　　　「九円づつ三人出したから三九、二十七円に女中が二円棒先を切つたの
　　　で〆て二十九円、一円足りないぢやありませんか」
　　　　蕁麻疹を押さへた儘、考へて見たがよく解らない。
　　　　　　　　　　　　　　　　　　（内田百閒『阿房列車』, 1979, 旺文社, pp.36-37）

　この会話は内田百閒と解説を書いた平山三郎の間で実際に交わされたものらし
く、平山が文庫版の解説の中でこれを取り上げている。平山はこの話を明快
な答えを得ぬまま覚えていたものを話したのだが、「先生も一向不得要領な顔
をして、首筋を掻いているだけなのでいくらか安心した（p.270）」そうである。
　さて、1円はどこに行ったのだろうか。この問題はどこか「馬の取引問題
（⇒Ⅵ-2）」と似ている。説明の中で視点が動いて利益と損失の主体がずれる
ことで、1円が消えてしまったかのように思わせてしまうところがミソである。
ある種の参照点のずれ、とも言えるかもしれない。さて、お分かりだろうか？
　　　　　　　　　　　　　　　　　（東京女学館大学　高野昌行教授のご教示による。）

VI— 3　集団の意思決定と合議（1）

　前節では問題解決を取り上げたが、本節ではもっと日常的な会議等の合議の場面を取り上げる。合議もまた、集団で行うことで優れた決定ができるという信念に基づいて行われているものだが、果たしてそうなっているのだろうか。また集団で決めると決定にはどのような傾向が見られるのだろうか。

◆ 集団思考

　古典的研究によると、集団になるだけで決定内容自体が変質してしまう場合がある。この典型が**集団思考**（groupthink）で、最初に提唱したのはJanis（1982）である。Janisはキューバ・ピッグズ湾侵攻失敗を事例に、集団思考を説明した。1959年1月キューバのカストロの革命政府成立を受け、61年1月にキューバとアメリカは断交した。その後4月にケネディ政権はピッグズ湾における反カストロ分子のキューバ侵攻を援助したものの、これに失敗した。これがピッグズ湾事件といわれるものである。この侵攻は米国空軍の援護を受け支持されたものの、最終的に作戦は失敗、無駄な生命の損失や国家的財政窮乏を生み、また米国の威信をも低める結果となった。この大失敗を引き起こした原因こそ集団思考である、とJanisは主張した。

　集団思考は集団が無敵であると感じ、過剰に楽天的であるときに起きる。集団において、危機状況が起きても誰も決定に対して異議を申し立てられない状態になり、集団成員は決定を傷つけるような外部情報から自分達を守るようになる。最後には、実は集団内に非常に大きな表明されない異議があるにもかかわらず「決定は満場一致」と信じこんでしまう。このような場合、相互に決定を支持することで集団の士気は極めて高くなるが、内外に存在する不一致は封印され、決定は時に惨憺たる結果を生んでしまう。この集団思考の起こる過程を分析したものが表6—1である。

　集団思考は、歴史的事例の分析を通して研究されていることが多い。他の事例では、1986年のスペースシャトル、チャレンジャー打ち上げ時に、危険性のある気候条件であるにもかかわらず、打ち上げを決定した際集団思考が起こったとされている（Esser & Lindoerfer, 1989；集団思考に関するレビューはEsser, 1998）。Janis自身、自説を証明する様々な歴史的な事例を指摘し、それを通して集団思考が起こる条件を述べている。すなわち、集団思考はしばしば非常に凝集性の高い集団において、外部の異議をシャットアウトすることで起こる。また非常に強いリーダーがいる場

表 6 ― 1　集団思考の分析

┌─［先行条件］─────────────────────────────────┐
│　1．決定主体が極めて凝集性の高い集団である
│　2．外部の影響から集団が孤立している
│　3．支配的なリーダーである
│　4．選択肢である行為に対し賛成あるいは反対を注意深く検討する手続きが欠如している
│　5．外的脅威による高いストレスがあり、かつリーダーが支持しているもの以上の、よ
│　　　り望ましい解決策を探せる希望をほとんど持てない
└──────────────────────────────────────┘

↓

┌──────────────────────────────────────┐
│　　集団のコンセンサスに対する強い希望―集団思考の傾向
└──────────────────────────────────────┘

↓

┌─［集団思考の症状］────────────────────────────┐
│　1．無敵であるという幻想を持つ
│　2．集団のモラルについての信念がある
│　3．集団での合理化
│　4．外集団のステレオタイプ化
│　5．疑いや異議に関して自ら検閲を行ってしまう
│　6．満場一致幻想を持つ
│　7．反対者に対して直接の圧力がかかる
└──────────────────────────────────────┘

↓

┌─［貧弱な意思決定の症状］───────────────────────────┐
│　1．選択肢である一連の行為について、不完全な調査しかしない
│　2．集団の目的に関して不完全な調査しかしない
│　3．好まれている選択肢のリスクを検討し損なう
│　4．棄却された選択肢の再評価をしない
│　5．関連した情報をあまり調査しない
│　6．情報を処理する上で、選択的なバイアスがある
│　7．随伴したプランを発展し損なう
└──────────────────────────────────────┘

↓

┌──────────────────────────────────────┐
│　　成功する確率が極めて低い
└──────────────────────────────────────┘

(Janis, 1982; Sears et al., 1988)

合にも、リーダーが問題に対する特定の解決を強く唱えていると、成員が集団から
の拒絶や士気の低下を恐れて異議を申し立てないために起こるとしている。しかし、
実験研究（Flowers, 1977）では、凝集性を高くする操作（例えば友人同士を実験に参
加させる）をしても議論の質の低下は起きず、この点でJanisの予測とは一致しな
いが、閉鎖的で支配的なスタイルのリーダーのほうが開放的で異議を許容するリー
ダーよりも集団思考を増加させる、という点では一致した結果が得られている。こ
のように単なる歴史的な事例の分析によるアプローチでは矛盾例の見過ごしが起こ

りがちであり、調査・実験を通した集団思考を生み出す詳細な状況の分類の検討が必要とされている。

◆ 集団思考の回避

　集団思考を避けるためにはどうしたらいいだろうか？　Janis は以下の方法を提案している。①リーダーは異議や批判を奨励する。②リーダーは最初に自分の好悪を述べるのを止め、公平な立場で議論に参加するよう努める。③集団をさらに小さい集団に分けて独立して問題を話し合い、それを持ち寄って違いを集団に示す。④外部の専門家や資格を持った同僚を時折招いて集団のコンセンサスを打ち破るようにさせる。⑤各集会で、少なくとも1人に批判者の役割を担わせて集団の考えに挑戦させる。Russo & Schoemaker（1989）は日本のある企業でこのルールを採用し、集団の最下位成員に最初に発言させ、次いで下から順に話させるようにした事例を報告している。これにより、発言者は企業においてより高い地位の人間の意見と異なっていることを恐れずに話すことができ、集団思考に陥りにくくなる。

◆ リスキー・シフトと集団極性化（成極化）

　集団での決定により決定内容自体が変質していく場面は集団思考のみならず他の局面にも見られる。この一例が**集団極性化（成極化）**（group polarization）である。集団極性化は集団による議論が集団意見を強め、議論以前に比べより過激な判断を生み出す傾向をいう（Moscovici & Zavalloni, 1969）。これは従来いわれていた**リスキー・シフト**（risky shift）（Stoner, 1961）、即ち集団討議が個人の意思決定よりもリスキーな決定を生み出すという考えの拡張にあたる。

　リスキー・シフトの典型的研究は **CDQ**（Choice Dilemma Questionnaire）を使って研究されてきた。CDQ は Kogan & Wallach（1964）によって開発された質問紙で、スポーツや医療など、人々がリスキーから保守的までのいずれかの行為を選ばなければならないような12の仮説状況を設定している（次ページの囲み参照）。回答者はこの状況で選択を迫られているある任意の他者に対し、成功確率がどの位だったら決断すべきかをアドバイスすることを求められる。研究手続きは次のようなものである。参加者はまず事前テストとして他者が決断するために必要な成功のオッズを1人ずつ個別に回答する。次いで5人前後の参加者が集団になり、12の状況について話し合って、どのレベルの成功確率で決断すべきかのコンセンサスを得る。この処理条件での平均点と事前テストの平均点との差がリスキー・シフトとなる。この結果、集団での討議は個人の意思決定よりもリスキーになることが明らかになった。

　　Ｂ氏は45歳の会計係で、最近主治医から深刻な心臓病が進行していることを聞かされた。病気は深刻で、Ｂ氏は自分の乱れた生活習慣の多くを変えざるを得なくなった──仕事の負荷を減らし、日常の食事を徹底的に変え、楽しい休暇の娯楽をあきらめた。主治医は難しい手術をしてもし成功すれば心臓の状態は完全に治るだろうと言った。しかしその成功は保証されたものではなく、事実、手術は致命的であるかもしれなかった。

　　あなたがＢ氏に助言していると想像してください。下のリストは手術が成功するいくつかの確率またはオッズです。

　　あなたが手術をすることを受け入れられると考えるもっとも低い確率をチェックしてください。

　　　□ もしあなたがＢ氏は確率がいくらでも手術をうけるべきではないと考える
　　　　 なら、ここをチェックしてください。
　　　□ 10のうち9の確率で手術は成功する。
　　　□ 10のうち7の確率で手術は成功する。
　　　□ 10のうち5の確率で手術は成功する。
　　　□ 10のうち3の確率で手術は成功する。
　　　□ 10のうち1の確率で手術は成功する。

（Choice Dilemma Questionnaire（CDQ）の設問例：回答者はこのような12種類の仮説状況について、下に示されているような6つの選択肢から1つを選択する。Kogan & Wallach, 1964 より）

　しかし、集団討議は必ずしも常にリスキーになるわけではなく、時には慎重な決断にシフトする傾向も見られた（**コーシャス・シフト**（cautious shift））ことから、後年両者は集団極性化という用語でまとめられ、事前に存在している集団選好が集団内の相互作用を通して集団全体として極端化することを指すようになった。具体的には、人種差別的な学生は集団で議論を行うと差別的傾向が強められ、逆に非差別的な学生では弱まることが示されている（Myers & Bishop, 1970）。また模擬法廷において、陪審は弱い罪状証拠を示されると集団討議後ではより寛大になり、強い証拠を与えられるとより過酷になることも示されている（Myers & Lamm, 1976）。

　なお、行動経済学者の Thaler との共著もあり、社会制度設計に行動経済学を結びつける主張で知られる Sunstein は、その論文（Sunstein, 2002）で現実社会の中で

も、例えば銃規制や地球温暖化に関する議論は、事前の態度が議論後により極端になる極性化が起きており、これは行政府、立法府や行政委員会、裁判でも起きているという主張を展開している。また近年ではサイバー空間での集団極性化にも注目が集まっているが、Kiesler et al.（1984）や Sproull & Kiesler（1986）はコンピュータを介したコミュニケーション（CMC : computer-mediated communication）では対面での議論よりも集団極性化するという結果を明らかにした。一方、白石ら（2002）はCMC は匿名性から極端に異なる意見がはっきり表明されやすいことから、むしろ極性化が起こりにくいのではないかという仮説に基づいて実験を行い、課題による違いはあるが、対面でむしろ極性化が起こり、CMC では起こらなかったことを報告している。

◆ 集団極性化の原因

　集団極性化は常に起こるとは限らない。集団極性化が起こる必要条件として、集団討議前から個々人が基本の方向性について一致していることが挙げられている。それが討議を経てより極端になるのである。では、どのような過程により極端になるのだろうか？　この点について、2 つの要因が考えられている（Baron et al., 1992）。第 1 は社会的影響過程における規範的影響である。もし事前にリスク選択を好む規範が集団に存在していれば、規範的影響により成員は規範からの逸脱を避ける。仮に規範にあまりコミットしない個人が集団に含まれていたとすると、集団の中ではあたかも逸脱しているように見えてしまう。このため、成員は集団規範に沿って少なくとも「平均以上」であろうとすることで影響力を持とうとする。第 2 に情報的影響も働いている。個人は他の成員が選好を議論する上での理由や論点を聞くことで、極端な選択を行う理由を多く聞かされることになり、このために意見が強まるのである。

　これらの 2 つの要因のうち、どちらがより影響力が強いのだろうか。従来の研究では、どちらも必要条件ではなく、いずれか一方だけでも極性化を生み出すのに十分であることが示されている（例えば Burnstein & Vinokur, 1973）。相対的な強さでは説得的議論（情報的影響）の方が、競争的過程（規範的影響）よりも強いという結果も得られている（Isenberg, 1986）が、状況によっても異なると考えられている。例えば、課題に注目が向いている場合には情報的影響が優位になりやすいし（Kaplan & Miller, 1987）、状況の曖昧性が高い場合は規範的影響が強いと言われている（Boster & Hale, 1989）。

～　集団極性化はこんな風にして起こる‥?　～

VI—4　集団の意思決定と合議（2）

　本節では1980年代に行われた、集団討議に関する代表的な実験的研究を紹介する。いずれも日本でいう裁判員制度に当たる陪審制等を想定した小集団研究であるが、現実の合議、特に決定とそのルールに関わるもの等重要な研究である。

◆　模擬陪審による実験

　審議前の個人の意見が審議後の決定にどう反映するかを検討したのはDavis et al.（1975）である。Davis らはレイプ事件の模擬陪審を 2 種類の大きさの陪審員グループ（ 6 人または12人）で、 2 種類の**決定ルール**を適用して評決を出す、という 2 × 2 （陪審員の大きさ×決定ルール）の参加者間デザインで実験を実施した。決定ルールの部分の種類は、①全員が一致した時のみ決定になる満場一致ルールと、②陪審員の2/3が支持すれば決定となる2/3決定ルール、である。実験は個室で 2 時間行われた。最初にテープで全員にインストラクションが流されたが、決定ルールの部分のみ条件により異なっていた。そこでは審議時間まで話をしてはいけないこと、どの個人も審議を独占支配してはいけないことが説明された。次いでレイプ事件一般に関する短い質問紙に回答した後、実際にあったレイプ裁判の記録を短くまとめたテープを45分間聞いた。その後、審議に先立ち個人の意見を質問紙で回答し議長を選出した後、最大30分審議を行った。議長は陪審員が審議を始めた時間と投票の行われた時間を記録し、さらに各陪審員の投票内容を記録する。30分で評決に至らなかった場合には議長は陪審を「未決」とし、実験の次の段階に入る。審議後、陪審員は再び自分の意見を質問紙で回答した。

◆　集団の合意形成は多数派にシフトする

　Davis らはこのデータを**社会的決定図式**（social decision scheme：SDS モデル）というモデルに基づいて分析した。これは参加者の事前の選好が合議を通して集団の決定に集約されるモデルであるが、その際参加者の選好に関する知識やその選好を持つ理由などの要因は一切考慮せず、合議の事前の選好（入力）と事後の決定（出力）の結びつきだけを問題とする。Davis らはこのモデルの下、起こりうる評決を確率的に予測した。すなわち、13種類の決定ルールを仮定し、12人の陪審員の事前の意見分布に対してこれらの決定ルールを用いた場合に起こる有罪・無罪・未決の

表6 — 2　Davis らによる社会的決定図式のモデルと実測値

決定ルール	決定結果についての各モデルの予測値		
	有罪	無罪	未決
比例型[1]	.220	.780	.000
2/3多数決型[2]	.001	.899	.100
満場一致型[3]	.000	1.000	.000
実測値[4]（36グループで 12人集団モデル）	.000	.833	.167

注1）　事前の意見の分布がそのまま比例的に事後の結果に反映する、というルール。

2）　2/3以上の初期支持を集めた選択肢に事後の結果が帰結する。

3）　1人でも無罪主張者がいれば無罪に帰結する。

4）　実測値は用いられた2種類の決定ルールを含む全体での値。

罪に関する個人の意見は確率 $p_1, p_2, p_3, \cdots, p_n$ で起こると考える。n は可能な排他的反応の数である。もし有罪または無罪だけなら $n = 2$ となる。ここでは簡略化のため、各陪審は有罪を p、無罪を $(1-p)$ で表明すると考える。なお、実測値における事前の個人での有罪・無罪の反応の確率はそれぞれ .22、.78 であった。

サイズ r の陪審（ここでは $r = 12$）について、考えうる参加者の選好の分布の数 m は $m =_{n+r-1}C_r$ となる。もし評決が2値（有罪／無罪）で、陪審の大きさが12なら $m = 13$ になる。すなわち、(12,0)(11,1)(10,2)(9,3)(8,4)(7,5) …… (0,12) という組合せが考えられる。グループ内で有罪を選好する i 番目の選好分布は確率 π_i で起こるとする。表5 — 2の場合 π_i は $_{i}C_{r-i+1} p^{(r-i+1)} \cdot (1-p)^{(i-1)}$ で定まる。審議前に i 番目の選好分布であるとき、審議後集団が j 番目の選択肢（例えば無罪）となる確率 d_{ij} は、そのとき働く決定ルールに依存して決まる。例えば2/3多数決なら、(8,4)までが有罪、(7,5)～(5,7)は未決、(4,8)以下の有罪支持者なら無罪となる。したがって最終的な陪審の評決の分布は、ベクトル $(\pi_1, \pi_2, \cdots, \pi_m)$ を、$m \times n$ の社会的決定図式の行列 D（それは $\{d_{ij}\}$ の要素を持つ）と掛け合わせたものとなる。冒頭の事前の個人での確率 .22、.78 を入力として以上を計算し、この分布で最終的に算出される有罪、無罪、未決の値を合計すると、表中の予測値が得られる。（亀田，1997より。一部改変）

比率を確率的に計算した。その上で、実際に模擬陪審を作って行った前述の実験での事前・事後の意見分布と決定の実測値と比較し、どの決定ルールによる予測が最も合っているかを検討した（表6 — 2。なお、表では代表的決定ルール3種類のみを呈示）。その結果、2/3多数決型決定ルールが最も当てはまりがよいことを明らかにした。このように、事前の多数派の意見方向に評決がシフトするという結果はその後の実験でも確認されている（Kameda, 1991）。また**集団極性化**現象（⇒Ⅵ-3）もこのモデルでの予測と合致する。なお、SDS モデルは最終的には出力が離散的な決定であるため、Davis は後年これを連続量（例えば確率の推定）に拡張した**社会的判断図式**（social judgement schemes：SJS モデル）を提案している（Davis, 1996）。

◆ **話すは共有情報ばかり　―情報抽出モデル―**

集団合議では、一体何がどのように話されているのだろうか。この合議の中での情報処理について検討したのが Stasser & Titus（1985, 1987）である。

　Stasser & Titus（1985）はまず以下のような実験を行った。大学生の参加者に学生団体代表候補者 3 人の記述を読ませた後、どの候補者が最もその地位にふさわしいかを 4 人集団で決定させた。記述はそれぞれ16のプロフィールを含む。プロフィールの属性が肯定的／中立的／否定的かは実験前の評定で決定されたが、候補者Aのプロフィールは B、Cに比べてやや肯定的で中立的な属性が少ないため、最も良い候補者になっている。実験条件は以下の 3 条件である。①共有条件：参加者は各候補者に関する全ての情報を読む。②非共有・コンセンサス条件：各候補者に関する部分的情報しか読まないが、参加者が全員集まると全情報が揃い、議論を通して完全な全体像を作れるようにしてある。Aに関する肯定的情報とBに関する否定的情報が共有されず、 1 人の参加者のみに与えられる。③非共有・葛藤条件：②同様、事前情報は成員間での偏りはあるが、全情報を含んでいる。Aに関する肯定的情報に関しては②同様の戦略が取られるが、BとCに関する否定的情報は共有されず、事前の選好がAに傾かないようにしている。手続きは候補者の記述以外全条件で共通である。参加者は、この実験は政党の幹部会のシミュレーションであると説明され、最大 4 名のランダムな集団に分けられて記述を読んだ後、議論して候補を選んだ。結果は、最も好ましい候補者ではなく、初期に大多数が好ましいとした候補者に落ちつく傾向にあった。また、合議前と後に成員がプロフィールに関し再生した内容では、参加者が好ましいと思っている候補者を支持する情報はより再生されるが、共有されていない否定的情報は再生されず、修正されない傾向が見られた。

　そこでStasser & Titus（1987）は集団議論に関する**情報抽出モデル**（information sampling model）を立て、このモデルによる予測を実験的に検討した。このモデルでは、情報が集団討議に投入される確率を以下の式で表している。

情報抽出モデル（information sampling model）（Stasser & Titus, 1987）

$$P(D) = 1 - [1 - p(R)]^n$$

$P(D)$：ある情報が議論される確率

$p(R)$：個人が議論中にある情報を記憶から再生し、それに言及する確率

n：その情報を最初に持っている参加者の数

　モデルでは、ある情報は少なくとも 1 人の参加者が再生すれば集団討議に投入されることを仮定している。また、共有情報は非共有情報よりも言及される確率が高く、その情報を保有している人数 n が大きくなるほど投入確率は増大し、議論され

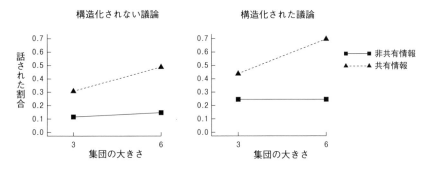

図6－4　集団の大きさと議論の構造化の有無別　言及された情報の平均比率
構造化条件は最初は意見を述べず全員で全ての情報を吟味し、その後自由な討論を
行う。非構造化条件は最初から最後まで自由な討論を行う。(Stasser et al., 1989)

る確率が増える。つまり、集団サイズが大きくなるほど共有情報が議論される確率
が高いという予測ができる。次に予測に基づき Stasser & Titus（1987）では情報負
荷の高さ（候補者のプロフィールの項目が多い vs. 少ない）と共有情報の比率（33％
vs. 66％）の影響を検討した。その結果、情報負荷が低く、かつ共有情報の比率が
低い条件で最も非共有情報が議論されたが、コンセンサスに至らないことも多く、
あまり効果的ではなかった。さらに、集団の大きさ（3人 vs. 6人）と議論の構造
化の有無の影響を検討し（Stasser et al., 1989）、集団が大きいほど、また議論が構
造化されているほど共有情報の話される比率が高いことを明らかにした（図6－4）。
　以上から見ると、集団討議は相互に事前には知らなかった情報を明らかにする場
ではなく、むしろ既に共有している情報を参加者が再確認する場になっている。
Stasser（1992）は、情報が偏り事前に参加者の一部にしか有されていないため、見
かけ上埋もれている優れた選択肢のことを、**隠れたプロフィール**（hidden profile)
と名づけたが、実験から見ると隠れたプロフィールは発掘されにくく、集団討議は
期待ほど創造的な場になっていないと言える。
　以上のような研究結果から見ると、合議では極端な結果や情報の偏りが生じたり
するらしい。とすれば、合議よりも優れた個人が独裁的に決定を行ったほうが効率
上は優れているという結論になりそうである。しかし、独裁的決定は人々に斥けら
れる。その理由は、何よりも集団による議論という民主的手続きを踏むこと自体に
対する人々の強い信頼感が存在しているからだとされる（亀田, 1997）。また現実場
面では誰が「優れた個人」（ベストメンバー）であるかが明確でないこともしばしば
あり、このことも集団合議が日常的に採用される一因と考えられる。

VI—5　集団の意思決定と合議（3）集合知

　1990年代頃から集団はどんな条件の時に優れた意思決定ができるのかが次第に注目されるようになってきたが、その契機の1つは経済ジャーナリストSurowiecki（2005 小高訳 2009）の"Wisdom of crowds"[注]で、世界的に集合知への関心を集めた。集合知研究は本来認知科学や情報科学が背景で必ずしも集団意思決定と同じ観点や立場で行われている訳ではないが、強い影響を受けたことは確かである。本節では集合知研究と現在の集団意思決定研究について紹介する。

◆　ゴールトンによる牛の体重の推定

　集合知（collective intelligence）を一躍有名にした表記の本の冒頭には、古典としてGaltonによる牛の体重の推定の研究（1907）が紹介されている。彼がプリマスの牛の競売会に通りかかったところ、1頭の雄牛の体重を参加者に推定させるコンテストを行っていた。推定値が最も近い者に賞金を与えるというもので、興味を持ったGaltonは推定値のデータをもらい、800枚のうち判読できない13枚を除いた787枚を分析した。その結果、推定値の平均値は実際の体重とわずか£1しか違わなかった（推定平均は£1197、実際は£1198）。かつて**群衆**（crowds）は群衆になることで通常持っている規範を失い、暴力的になったりする負の側面だけが強調されていた。しかし実際にはむしろ優れたものになるのでは、というのが同書の主張で、これは集合知という概念の示唆である。ただ、オリジナルの論文は分布の歪み（図6—5）に着目し、中央値の方が優れた推定になることを紹介している。Galtonは当時導入されつつあった民主主義に基づく一般市民の選挙の投票制度に関心

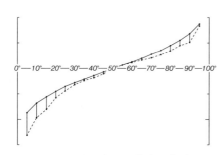

図6—5　787人が行った雄牛の体重の推定値の分布

横軸はパーセンタイル。中央値は50°で、そこから回答者を10%ずつに分け、その平均値をプロットしたと推測される。実線は正規分布に基づいた値、点線は観測値。(Galton, 1907)

注）　なお同書の日本語版は誤訳が見られ、また原著にある注及び本文記述が一部省略されているので、学問的関心のある人は合わせて原著を読むことをお勧めする。

があり、それが上手く働くのかやや疑問に思っていたようだが、研究を通し中央値を使う等の手法で優れたものになるのでは、という結論を出している。

◆ 集合知研究の視点

　ところでGaltonは心理学者でもあるが、「集合知」概念の出自は実は心理学ではない。心理学の代表的データベースPsycINFOで"collective intelligence"をキーワード検索しても学術誌に掲載された論文は約30本（2015年9月時点）。最も古い70年頃のものは内容的に異なるため、実質初めて現れるのはごく最近で97年（Sulis, 1997）である。しかもそこでの集合知は、準独立のエージェントが階層的な組織もないのに確率的決定論に従って適応的行動を取るとされ、アリの行動が例に採られている。つまり伝統的な心理学が扱ってきた対象ではなく、生態学や物理学がシミュレーションで扱うようになった多数個体の行動が対象なのである。その後も、人工知能やコンピュータシステムなどとの関係から捉えられているものが多い。ウェブが普及することで、従来想定・実験されてきたよりもはるかに大きな集団が出現し、しかもそこに直接的相互作用があるという点で、従来（90年頃まで）の研究とは一線を画し、問題意識も、むしろどんな決め方・相互作用で優れた知が達成できるかに力点が置かれる。多人数の集団でどのような規範が維持されれば適応的か、といった複数世代に関する研究も行われているが、これもまた従来の集団意思決定とは異なる視点である。この意味で、集合知研究は極めて学際的である。

　集合知研究が従来の心理学と最も異なる点は、心理学が個人を基本とするのに対し、集団を基本とする点である。この点は心理学の行動的意思決定論が経済学の行動経済学と、同様の対象や現象を扱っていても大きく異なる点があるのと似ている。後者は最終的に市場や税制などの社会制度設計に関心を持ち、マクロの、つまり集団全体の振る舞いに関心があり、全体として合理的になるかに関心を持つが個々人には還元して考えない。一方、心理学は個人の集積として集団を考え、個人レベルでの心理過程が集団過程にどう影響するかが関心の焦点になる。同様の研究をしながら一見異なった（実際には同じ結果を述べているのだが）考察や結論になるのは1つにはこのためで、注意が必要である。

◆ 集合知

　では心理学とは一線を画した独自の特徴を持つ集合知研究とはどのようなものだろうか。前書を手掛かりに、集合知で注目されている要素をいくつか紹介する。

　集合知では、Galtonの課題のような単純な物理的判断課題や意思決定、問題解

決での同調にも触れているが、市場や市場の価格形成、科学における協力、小集団での集団の運営や合意形成などが取り扱われている。また要素としては認知、調整、協力が取り上げられ、「集合知」が実現されるために必要なこととして、エージェント（シミュレーションも行われているので、必ずしも現実の人間ではない）がそれぞれ独立であること、各人間の分散が大きく多様性があること、そして適切な調整機能が必要であることが強調されている。よって逆に独立ではなく、情報不足の状態で単に他者の模倣をする同調が極端に働くと、バブルやその崩壊のように集団が一気に一方向になだれ込む**情報カスケード**が起こるとされる。

　また特に興味深いのは、ウェブ等を利用しての、合意形成や問題解決の新しい仕組みが取り上げられる点で、その一例が**予測市場**（prediction market）である（図6−6）。予測市場は、取引をする対象を将来の「予測」とする市場である。早くから取り組まれ良く知られているのがアイオワ電子市場（Iowa Electronic Markets：IEM）で、ここでは先物取引という形で、現金を賭けて選挙での特定の候補者の当落予想をする。タイプは2つあり、1つは選挙の勝者を予想するタイプで、その候補者に関する契約の代金がほぼその候補者の当選確率に関する市場の予想を表していると考えられる。もう1つは特定候補者の最終得票率を予想するというものである。

　IEMは1988年に設立され、あらゆる選挙結果に関する予測市場を設けてきており、1988年〜2000年までの49の選挙結果とIEM価格を比較すると、米国国内の選挙のみを対象にすると、予測との％の違いが平均3.43ポイントとかなり正確である。

　ただ米国にある予測市場が常にうまくいっている訳でもないようだが（Wolfers & Zitzewitz, 2004）、効果は実験的にも検討されている。Maciejovsky & Budescu

図6−6　2016年の大統領選挙に関する予測市場

（IEM, http://tippie.uiowa.edu/iem/）

（2007）は**4枚カード問題**を用い、通常の対面場面と競争的オークション場面の効果を検討した。実験1では、第1・3段階では個人で、第2段階では集団意思決定で解決をしてもらったところ、結果として集団での成績が個人よりも良く、また集団で行った第2段階の経験は個人に転移することも明らかになった。実験2では、この第2段階を競争的なオークション場面（自由にはコミュニケーションができない状態で競争的）にして同様の検討をした結果、オークション場面のように相互作用が限定され最小限であっても、正解が増えることを明らかにした。

◆ 集団意思決定の現在

　最新（2016年）の意思決定のハンドブックを参考に、集団意思決定研究の現在の概観を見てみよう（Tindale & Kluwer, 2016）。同書では集団意思決定の問題としてなぜ集団が個人より優れた結果を出すのかに注目しつつ、従来行われた研究を課題の性質や決定の過程・手法という観点から分類している。それによると、集団意思決定は①選好が1人あるいは外部の人間により単に集積されるような単純な集積の場合、②成員が自由に相互作用しても、影響が地位や確信度で異なるなどにより情報交換がある程度限定されている場合、③マネージャーが他者の助言をもらって決定するような判断者・助言者システム（Judge-advisor system）による場合、④コンセンサスに至るまで対面で議論する完全相互作用の場合、の4つに分類される。

　①はGaltonのケースと同様であるが、その場合に優れた決定をする上では集積手法を改善することが考えられ、最近ではベイジアンモデルの導入などが提案されている。②については従来知られたデルファイ法に加え、予測市場もここに含まれている。③で注目されるのは、助言者の助言をどのくらいの重みとすべきかで、多くの場合判断者には**自己中心的助言割引**（egocentric advice discounting）が見られることが指摘されており、これはアンカリングや動機的説明がされている（Yaniv, 2004）。④については、前述のSDS／SJSモデルや隠れたプロフィールの研究が含まれ、Hintz et al.（1997）などをきっかけに集団での情報処理について関心が集まり、その結果集団で利用可能な情報の程度の違いの検討（Brodbeck et al., 2007; Lu et al., 2012）や集団と成員の動機的側面に関する研究（De Dreu et al., 2008）が行われていることを紹介している。なおKameda et al.（2003）は**社会的共有性**（social sharedness）が集団のコンセンサスの元にあると主張した。すなわち特定の課題関連の認知の社会的共有性が大きくなるほどそれが集団意思決定に影響するとし、こういった課題関連の認知の社会的共有性の影響は適応的であり、集団生活の有用な面としての進化の結果と考えられている。

VI― 6　リスク心理研究（１）

　本節以降では工学や環境、自然災害等に関わるリスク研究を取り上げる。社会的に受容されるリスク水準とはどのようなものか、人々はリスクをどう認知しているのか、そして事故・災害リスクはどのように伝えられるべきか。本節では意思決定理論を背景にリスク心理研究が展開していった経緯と今日までの流れについて概観する。

◆ Starr の受認限界水準の提案とダブルスタンダード

　意思決定の発想を取り入れたリスク研究の端緒は Starr（1969）による原子力発電所に関する受認限界水準の提案である。Starr は米国での様々な事故・災害について、その原因となる活動への年間関与者または関与時間当たりの死亡数の経年変化を検討し、これらには一定に落ち着いてそれ以上減少しない水準があるとした。そしてこれは、明らかに危険性が高いと認識された原因事象を社会が法や制度等を通じて防止・減少させた結果であり、一方水準未満の対象はその時点での便益―費用関係からさらに減少させる必要がないと判断された結果で、この水準を社会の**受認限界水準**（acceptable risk level）とみなすことを主張した。また分析を通し、社

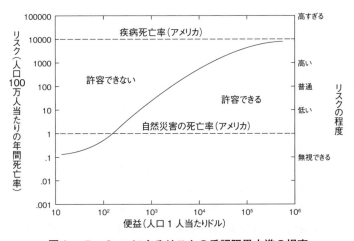

図６―７　Starr によるリスクの受認限界水準の提案
便益の増加にしたがって、許容するリスクの程度が増える。（Starr, 1969を一部改変）

会は自発的なリスクと受動的なリスクに対して異なる基準を持っているともされた。そこで、自動車等の事故の発生源となる技術の**便益**（benefit）の3乗のS字曲線を描き、過去50年以上の努力によってもほとんど減らなかった疾病の死亡率を上限、自然災害の死亡率を下限とした安全水準を提案した（図6－7）。この考え方は「どのくらい安全ならば十分安全なのか？」という、当時工学者等を中心にして提起されていた問いへの、合理的に見える回答案であった。

　この刺激的な仮説は多くの分野の研究者を引きつけ、心理学ではリスク認知研究の隆盛のきっかけとなった。人々は本当に認知上も自発・受動のダブルスタンダードを持ち、またリスクと便益・コストの均衡を取って意思決定しているのか。この問題意識から、70年代には多変量解析の手法を用い、様々な対象に対するリスク認知の構造を検討する研究が行われた。これが**リスク認知**（risk perception）研究の始まりである。当初は意思決定の枠組みに基づくリスク・便益分析を背景に、様々な技術に関して人々の認知する主観的リスクと便益を測定し、両者の主観的均衡点を探り、それらとリスクの性質との関係を検討する方法が主であった（例えばVlek & Stallen, 1981）。しかし、70年代にヒューリスティックスの存在（⇒Ⅱ章）が有力視されるにつれ、リスク、便益といった定量的指標に対応する知覚を検討するというアプローチへの疑問も出てきた。Lichtenstein et al.（1978）の死亡者数推定の研究（⇒Ⅱ-6の図2－3）はその代表格である。この研究は人々の死亡者数への認知には利用可能性ヒューリスティックが働き、疾病／事故という死亡原因の性質や報道量の偏り（Combs & Slovic, 1979）により歪みを生じていると主張した。（ただし報道量の偏りによる影響については、他の共変する要因が検討されていない点を批判されてもいる（Shanteau, 1978）。）彼らは専門家と一般の人々の認知の違いも検討し、30の技術に関連した活動について、専門家は危険度評定と死亡者数の推定値の相関が高いが、一般の人では低いことを明らかにした。

◆ Slovicらのリスク認知構造の研究

　LichtensteinらのグループのリーダーであったSlovic（Slovic, 1987 ; Slovic et al., 1980）はこれに続いてリスクの認知構造を本格的に検討した（なおSlovicの研究はStarrとシンポジウム（Schwing & Albers, Jr., 1980）で直接議論したためか最も有名だが、70年代後半からの同時期には同様の研究が複数行われている）。30の技術、活動、物質について、リスクの性質を表す18尺度（自発／受動、結果の即時性、リスクに対する知識、新しさ、結果の深刻さの程度など）で評価させ、それらと心理上の危険度、便益の大きさ、受容度との関連を検討すると同時に探索的因子分析を行い、リスク

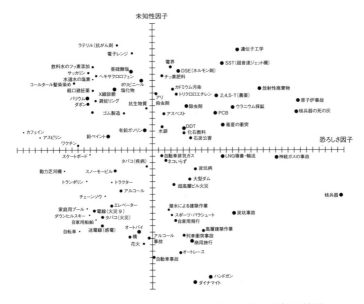

図 6 — 8　Slovic らによるリスク認知の因子分析の結果

図中の円が将来規制の規模の大きさを表す。恐ろしさ因子が高いものは強い規制を希望し、またそのうち第 2 因子でも負荷が高く、観察不可能、接触者が知ることができない、新しい、科学的に解明されていないといったものはより強い規制が望まれている。（岡本，1992を改変）

認知の 2 次元構造を抽出した。この結果、リスク認知の構造は 2 因子で全データ変動の約78％が説明可能であることが明らかになった（図 6 — 8）。因子を構成する評価尺度は、第 1 因子では「制御不可能」「恐ろしい」「世界規模で破滅的」「結末が致命的」「不公平」「破滅的」「次世代へのリスク大」「軽減が困難」「増加傾向にある」「受動的」の順で因子負荷量（評価尺度とその因子との関係の強さを表す）が高かったため、Slovic はこれを「恐ろしさ（dread）因子」と名づけた。第 2 因子は「観察不可能」「接触者が知ることができない」「影響が遅発性」「新しい」「科学的に解明されていない」の順で因子負荷量が高く、これを「未知性因子（unknown）」と名づけた。

　Slovic et al.（1982）はこの結果から、人々の死亡者数の認知にはヒューリスティックによるバイアスがあり、また一般人では死亡者推定値と危険度の評定は乖離しているという点から、死亡率を根拠とする Starr の考え方を疑問視した。加えて主観的危険度にはリスクの多様な定性的特性が関与し、Starr の指摘した自発／受動より他の特性の方が相対的に強く影響していることから、この特性のみではない、リス

クの多様な質的側面の評価の重要性を強調した。なおその後の多変量解析手法による複数の追試ではほぼ同様の2〜3因子構造が得られたことから、この構造は一定の一般性を持つと考えられている。また政策上でも、この因子構造は将来規制をより強くしてほしいと人々が考える希望の程度と強い相関を示した点（Kleinhesselink & Rosa, 1991）で重要とされる。

　Slovic らのこの研究は、現在ではリスク認知研究の古典と言える位置づけであり、多くのリスク認知研究がここで検討された変数を参考にしている。ただ、彼の得た結果は慎重に評価すべき点もある。1つは因子の抽出は対象の種類と評価尺度、及び回答者の3要素に強く影響を受けるが、一連の関連研究ではこの3要素があまり統制されず研究者によってかなり異なる点である。それでもほぼ2〜3因子が抽出されることは興味深いが、次元の意味を考える際にはこれの影響を念頭におく必要がある。例えば結果は、社会が対峙しているリスクの属性自体が時代と共に制御可能から不可能へ、観察可能から観察不可能へ変化していったことの反映かもしれない。またこれは個人の心理構造の反映ではなく、回答者の個人差構造の反映で、受動的リスクをより怖いと感じる集団とそうでない集団の存在の結果かもしれない。さらに、Slovic の因子も解釈で「恐ろしさ」という情動が取り上げられているが、社会的に何らかの形で介入・変更の可能性のある性質「自発−受動」「制御可能−不可能」も「恐ろしさ」次元で高い因子負荷量を持つ。「恐ろしい」感情が先か、対象の性質が先かは未解明であることから、解釈のラベルでリスク認知構造を単純に考えず、こういった属性間の関連にも注目すべきだろう（井上, 1996）。

◆ リスク論とリスク心理

　このように Slovic らの研究はリスク心理研究がより注目されるようになる契機となり、1つのアプローチとしてリスクの伝達方法や合意形成手法に注目するリスクコミュニケーション研究に発展していった。しかし一方で、Starr が用いたリスク・便益分析といったアプローチもまた打ち捨てられたのではなく、意思決定や公共経済学を背景にした**リスク論**の規範枠組みへと発展した。現在ではこの規範枠組みに基づく要素がリスクコミュニケーションでメッセージとして伝えられる場合もあり、またこの点をリテラシーとして要求する場合もあるため、規範枠組みやそれに関わる要素の認知や態度が検討されることも多い。そこでリスク論でよく議論になる基本的な点にどんなものがあるのかを以下、ごく簡単に要点を紹介しよう。

---

①リスクの定量化

「100%安全」対「危険」という考え方ではなく、リスクを定量化して考える。

②リスク比較

定量化された複数のリスクを比較し、その重要性の程度によって政策順位を決める。

③規制に関するいくつかの考え方

1) ゼロリスク原則

2) リスク・ベースド原則（等リスク原則）

3) リスク・便益（ベネフィット）原則

---

①についてはどう定量化するかという点を除くと、少なくとも「100%安全はない」については、最近（少なくとも研究者の中では）あまり異論は出ない。だが、②と③についてはリスク研究者の中でも考え方の違いがある。リスク比較は政策的には重要かもしれないが、質の異なるリスクを同じモノサシで考えることについては大きな議論がある（詳しくは中谷内, 2006）。③は規制の考え方であるが（岡, 1999参照）、③1）は一般的には求められやすい規制だろう。この原則を採った規制としては米国のデラニー条項（どんなに微量でもリスクが認められるならば食品に使用してはならない）が有名であったが、実際にはほとんどの食品には発がん物質が含まれていることから現実的ではなく、条項自体1996年に廃止された。このように現実には③1）はほぼ不可能である。これに対して③2）は一定の許容レベルを設定してリスクを制限する方法である。しかしこれも、実施費用についての考え方を欠いている。そこでリスク削減のコストを考慮し、ベネフィットと対置する考え方がリスク・便益原則（③3））である。特に環境政策や食品安全の問題に関してはリスク・便益原則は合理的な制度設計の考え方として政策立案や行政側では検討されつつある。ただ一方でリスク論の各要素は、後述するように心理的には様々な問題を孕んでいる。

✿BOX 18✿「直観」が全てを知っている？！　現実場面での意思決定

　考えられ得る全ての選択肢を列挙し、それぞれの利点、欠点を洗い出した上で各選択肢に重み付けし、合計得点の高いものを最終的に選択する、これがいわゆる伝統的な「分析的モデル（analytic model）」による意思決定の方法である。実際、このような方法を解説する書籍は数多く出版されているし（例えば、サンズら，2006）、日常的にはこのような方法で選択肢を見比べることもある。

　ところが、クライン（1998）は実は分析的モデルは現実の意思決定場面ではほとんど実用的には用いられておらず、最初から「1つの選択肢」を確信を持って実行しているという研究結果を報告した。彼は現場経験の豊富な消防隊長が緊急時にどのようなストラテジーで意思決定を行ったかをインタビューによって詳細に調べ、多くの場合消防隊長は「最初から最良の行動手段を選択できる」こと、そして「直観による」意思決定が可能なのは「その領域での豊富な経験を積んでいること」が前提条件として必要なことを見出した。

　Klein（2003）は、直観を「これまでの経験の中から類似のパターンを瞬時に見つけ出し、次に取るべきアクションを特定する力」と定義し、たくさんの経験を積む中で身に付けることのできる「スキル」として扱っている。直観がスキルならば、そのスキルを効率的に身に付けるためのトレーニング・プログラムを開発することが可能である。彼は軍隊や消防隊、一般企業向けに、意思決定が困難な具体的場面を設定しての練習問題や、問題を解いた後に自分が行った意思決定プロセスを徹底的にふり返ることなどで構成されている、「直観トレーニング・プログラム」を開発している。

　クラインは "Better is the enemy of good enough." という諺を引用して、大事なことは「最高の選択肢」を求めることではなく「受け入れ可能な選択肢」を素早く見つけることだとも説いている。これはありとあらゆる情報を収集して分析することでは重大な意思決定を行うことは不可能だという点で、Simonらが紹介した「限定合理性」という概念とも共通している。

　もっと良い選択肢が出てくるのでは……とぐずぐずするのではなく、「覚悟を決めること」言い換えれば「足るを知れ」ということが現実の意思決定場面では実は大事なことなのかもしれない。ただし、その場合には「十分な経験を積んだ上での直観に頼る」ことが必要ではあるが。

VI─7　リスク心理研究（2）リスクコミュニケーション

　リスクに関する心理学的研究には、リスク認知研究や、リスク情報の伝達と合意形成を目標としたリスクコミュニケーション研究がある。日本ではこれらをまとめてリスク心理研究と呼ぶことも多い。以下、いくつか代表的な研究を紹介する。

◆ リスクコミュニケーションの定義と種類
　リスクコミュニケーション（risk communication、以下リスコミと略称）は1980年代中頃に生まれた用語で、最も有名なNational Research Council（1997）での定義は「関与者集団間の、健康や環境リスクに関する何らかの目的的な情報の交換」である。どの定義においても情報が一方向的なものではなく双方向であることを大き

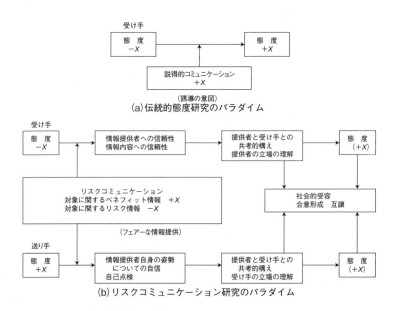

図6─9　伝統的態度研究パラダイムとリスクコミュニケーションのパラダイム
伝統的態度研究のパラダイムでは説得的コミュニケーションにより対象に関する誘導方向（＋X）を伝達し、受け手の態度変容を狙う。これに対して（b）のパラダイムでは、左側にあるように対象に関するリスクとベネフィット情報の両方をフェアに提供する。また矢印が受け手側・送り手側の両方に向いている点にも注意。これにより、受け手・送り手の双方が共に信頼性を培ったり、提供情報の内容についての確信を自己点検し、最終的に右側にある合意に至る。（木下・吉川, 1990）

な特徴としており、この点で処方的アプローチ（⇒Ⅱ-10）との共通性がある。下位分類には①ケア・コミュニケーション、②コンセンサス・コミュニケーション、③クライシス・コミュニケーションがある（Lundgren & McMakin, 2009）。①は危険性やその扱い方が科学的研究を通して既によく定められ、聞き手の多くから受け入れられているリスクに関するもので、殺虫剤の扱い方や医学的コミュニケーションがこれにあたる。②は情報を与え、リスクをどう扱うか（防止または軽減する）について決定するため、共に活動するよう集団に促すようなコミュニケーションで、リスコミの特徴を一番よく含んだ中心的なものである。安全に関する計画決定や健康に関する規制の設定がこれにあたる。③は極度で突然の危険に直面した場合のコミュニケーションであり、工業プラントでの事故や致死病の発生などが該当するが、それ以外にも企業での不祥事発生の際の緊急記者会見がこれに該当し、むしろ企業のリスク管理場面の方が浸透しているかもしれない。東日本大震災後のリスコミは、上記の分類でいえば②と③の両方に相当するものだったことになる。なおリスコミの目的を合意形成とするか否かは今のところ意見が分かれており、情報交換までを目的とする場合も少なからずある。

　リスコミを社会心理学の**説得的コミュニケーション**（persuasive communication）のパラダイムと対比したものが図6—9である。(b)にあるように、送り手・受け手の双方向で情報交換しながら態度を調整し、合意に至ることが想定されている。以下、従来の説得的コミュニケーションの影響要因にしたがって、①送り手、②メッセージの内容・構成と表現、③媒体、④受け手、のそれぞれに関して、リスコミの場合に特に重視される要因や、代表的な研究を幾つか紹介する。

◆ 送り手要因：信頼性、SVS モデル

　説得的コミュニケーションの送り手要因では、送り手が魅力的で、受け手と類似性が高く、信憑性があると説得効果が高いと言われるが、このうちリスコミで特に注目されるのが**信憑性**（credibility）である。信憑性は、送り手の**信頼性**（trust）（送り手が中立な立場で情報を提供しているという信念）と**専門性**（speciality）（送り手がメッセージについて専門的知識を持っているという信念）の2つから構成され、リスコミでは特に前者が重視されている。例えばTrumbo & McComas（2003）はEagly & Chaiken（1993）の**ヒューリスティック・システマティックモデル**に基づき、州や企業に対する信憑性が高いとヒューリスティックな処理が、低いとシステマティックな処理が促進され、これがリスク知覚の高低につながると主張している。さらに最近はより一般的な社会的信頼の要素が注目され、信頼がリスクや便益の知覚、リ

スクのある技術への受容や協力意思と関連しているといった主張がされている（Siegrist, 2000 ; Siegrist et al., 2003 ; Poortinga & Pidgeon, 2005）。

では送り手の信頼性は何に規定されるのか。これに注目したのが**主要価値類似性モデル**（salient value similarity model）（Earle & Cvetkovich, 1995）である。このモデルでは人は、相手の主要価値が自分のものと類似していると認知するとその相手を信頼するとする。Nakayachi & Cvetkovich（2010）では米国でタバコ税増税、未成年者の喫煙禁止の２つの説明について、送り手の信頼の高さを目的変数として価値類似性、有能さ、中立公正さの評価との関連を重回帰分析で分析した結果、いずれも最も影響が大きいのは価値類似性であることを明らかにしている。

◆ メッセージの内容や構成、表現

説得効果に関わる内容・構成の要因として、リスコミではまず唱導方向のみのメッセージを示す一面呈示ではなく、逆方向のメッセージをも示す両面呈示が有効だと言われている。

またリスコミではその性格上、メッセージとして説明されるリスクが不安を喚起する場合も多いが、受け手に不安や恐怖感を喚起する**恐怖訴求**（fear appeal）の過去の研究では、ただ単に恐怖を強めるコミュニケーションは、受け手の自我防衛反応や「自分には起こらない」という**否認**（denial）が生じることによりかえって効果的ではないという研究が知られる（Janis & Feshbach, 1953）。ただし、その後の研究によると、メッセージ内にその危険を回避できる方法が明示され、実際に受け手がそれを遂行できる場合には、恐怖訴求が強い方が効果的であるというものが多い（詳細は深田，1999）（⇒感情の影響はⅣ-1やⅡ-8も参照のこと）。

◆ 受け手要因

受け手要因では**自己効力感**（self-efficacy）が挙げられる。Wiegman et al.（1992）によるオランダでの研究では、がんや環境問題、強盗に対する防犯を対象として、反応の効力感、自己効力感、深刻さの何が最も行動意図に影響を与えるかを検討している。結果は、がんに対する行動意図は、反応についての効力感と自己効力感の両方が強く関わっており、環境問題と強盗については自己効力感が最も影響を与えていることを明らかにしている。

またリスク研究では人口属性差もしばしば指摘されている。米国では女性より男性が、また黒人より白人が、リスクをより過小視する傾向があり、これは**ホワイトメール効果**（'white-male' effect）と呼ばれている（Finucane et al., 2000b）。これはそ

の前の研究（Flynn et al., 1994）で白人男性の30％がリスクを低く見ていることを受けて同様の結果を得たものである。ただし彼女らはこの差は従来言われてきたように合理性の程度や教育水準、生物学的な違いによるものではなく、社会・政治学的な複雑な背景によるものと解釈している（具体的には世界やその組織に対する態度（世界観や信頼等）やスティグマの違いを原因として挙げている）。ジェンダー差、特に女性の方が危険を高く評価する傾向については、例えば最近でも地震に関してリスコミの結果、女性の方がより対処を行う傾向があるなど、ジェンダー差が見られることが指摘されている（Kung & Chen, 2012；広田・大木，2016）。

　なおⅥ-9で紹介するリスクリテラシーの研究も、一種の受け手要因とみなすことができるだろう。

VI— 8　科学情報のコミュニケーション

　リスコミに近い語として科学コミュニケーションがある。源流や発展過程は異なるものの、食品や新技術の安全性、震災後の低線量放射線の健康影響など、両者が扱う問題は近年接近・重複しつつある。そこで本節では冒頭で科学コミュニケーションの成り立ち等を紹介するが、後段では意識的にあまり厳密に区別せず、個人にとっての科学情報の認知やコミュニケーションという観点から広く紹介する。

◆ 科学コミュニケーション（サイエンスコミュニケーション）

　科学コミュニケーションは元来複数の背景を持つが、近代の原点は英国の王立研究所による市民向けの講演にあるとされる（Faraday, 1861の "The Chemical History of a Candle"（邦題「ロウソクの科学」）はこのクリスマス講演の記録である）（藤垣&廣野, 2008）。初期のこの活動は一般市民の科学についての啓蒙が目的の、いわゆる**パターナリズム（父権主義）**に基づく活動であった。一方、現代の科学コミュニケーションは、特に欧州においては遺伝子組み換え食品やBSEに関する1980〜90年代における社会的議論の中で、科学技術に関わる専門家と、一般市民の間で対等に合意形成を行う必要性が社会的に極めて高まったことが注目を集めた契機である。このため、合意形成を行うための手法が複数開発された。例えばデンマークに端を発する**コンセンサス会議**は、十数名の市民パネルと専門家パネル、運営委員会の3種のプレイヤーで構成され、複数回の議論を通して合意を目指すという手法である。具体的には専門家による説明を受けた後、質疑を行い、これに続いて市民パネル側がさらに論点を準備し、運営委員会が関係専門家を呼んで説明を受ける。そしてこれらを繰り返して最終的な「合意」文書を作成する（詳細は小林, 2004）。**サイエンス・カフェ**も科学について、権威を感じるような場所で一方向に「説を拝聴する」のではなく、身近に感じてもらうべくカフェで科学についての講演を聞き語り合う場を作る取り組みである。これらは共に、専門家側からの一方的なコミュニケーションではなく、双方向のコミュニケーションを図るための仕組みでもある。

◆ 不確実性の伝達

　以上のような、どちらかといえば社会学的な活動の一方で、科学情報をなぜ専門家と一般市民が異なって理解するかという点に関する研究は実験などのスキルのあ

る心理学が貢献できる部分である。例えば**共変関係の誤謬**（⇒Ⅲ-2）は因果関係に関するよくある誤解を理解する上で役立つ。不確実性の伝達の研究もその1つである。確率に代表される不確実性のコミュニケーション研究はすでに世界的には多いが、その理由は科学情報では不確実性伝達が重要な要素になっているからである。

　確率に対する主観的重みづけはKahneman & Tversky（1979）のプロスペクト理論で確率の重みづけ関数の知見、すなわち小さい確率は過大視され、大きい確率（.5以上）は過小視されることが知られている（⇒Ⅱ-10）が、それ以外にも古典的には確率に関する劣加法性の研究（Fischhoff et al., 1978）がある。この研究ではフォールト・ツリーを用い、自動車の様々な故障原因（7カテゴリーあり、最後に「他のすべての原因」とある）に各確率を書かせたのち、2つの原因を除いて再び数値を推定させたところ、本来その分が増加するはずの「他のすべての原因」の増加分はごくわずかにすぎなかった。このことから、人は提示されないものについては考えない傾向があり、結果として確率推定について歪みが生じることが明らかになっている。

　また**分母無視**（denominator effect）もよく指摘される現象である。これは確率や割合を分数の形で示されたとき、分母を無視し分子の大きさだけで判断する現象である（Wolfe, 1995）。そういったことはまれに思えるかもしれないが、しかし実際には医療場面で、例えば薬を服用して副作用の起きた人数の絶対値（分子）にのみ注目し、服用した人数（分母）を無視するということは珍しくなく、特にメディアでは少なからずある。なお分母無視はアイコンや円で全体の分母に当たる人数を表し、その中で分子の人数に色を付けるなどして表現すると誤りが減ることが近年の研究で報告されている（Garcia-Retamero et al., 2010）。

　不確実性に関しては、特に医療分野で乳がんの発生率や検診の誤診率等を伝達する際にどのような手法を用いれば確率を正しく伝えられるかについての研究が多数行われている。例えばGigerenzer（1996b, 2002）は乳がん検診の効果を確率的に伝達

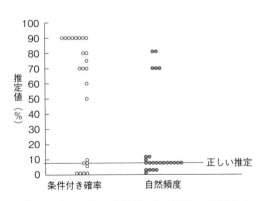

図6—10　条件付き確率と自然頻度で伝達した際の医師の正解率

(Gigerenzer, 1996b)

する場面について、条件付き確率は医師でも誤りが多いが、自然頻度では理解され
やすいことから、生態学的な妥当性のある自然頻度で確率を伝達することの効果を
強調している（図6―10参照）。

　地球環境問題についてはBudescu et al.（2009）がIPCC（気候変動に関する政府間
パネル）の気候変動を伝える際のガイドライン（言語確率による言い換え）に関して
研究を行っている。このガイドラインでは気候変動に関する個人間での不確実性の
違いが議論の食い違いを生む可能性から、言語確率（「とてもありそう」など）への
言い換えを推奨している。そこでこの手法を実験的に検討し、実際には言語確率へ
の受け手の認知には大きな個人差があることを示した。また広田（2014）は災害の
発生確率の提示の際、集団単位の提示方法（例：10万人にX人）より時間単位の提
示方法（例：1年間にY人）の方が、怖さや頻度の認知が高くなることを明らかに
した。

　このように不確実性のコミュニケーションについては多くの研究が行われている。
ただし全体のレビューでは研究結果はばらつきが大きく、文脈性が極めて高いこと
も指摘されている（Visschers et al., 2009）。

◆ 極めて小さいリスクの伝達可能性

　数量表現に関するもう1つの大きな問題に、極めて小さいリスクの伝達がある。
環境リスクなどではリスクの大きさが極めて小さいケースも多い。また数量表現
の効果は数値の絶対的な大きさにも影響される。そこで、このような極めて小さ
い値を数量的メッセージとして伝達可能かどうかを検討したのがCamerer &
Kunreuther（1989）、Kunreuther et al.（2001）である。前者はそれまでの研究を複
数検討し、低確率は無視されるが、時間や集団に集積して大きく見えるようになる
としばしば予防行動を取ると主張した。一方、後者は極めて低い確率（10^6乗分の1
レベル程度）で、結果が大きい負の事象に関する判断の実証研究を行った結果、極
めて低い確率間の違いを判断するのは困難であることを示した。このことから、彼
らは低確率の評価は相対的にしか可能ではなく、絶対判断は極めて困難であると主
張し、評価に際しての文脈情報の重要性を主張している。

　またこの問題についても視覚的な表現方法の効果が検討されている。放射線の影
響などの極めて低い確率の伝達では、格子上の表示の中に影響がある人数を×で示
す手法（Weinstein et al., 1994）や、複数リスクを提示し相対比較を促すリスク比較
の呈示手法の1つ、リスクの階梯（risk ladder）（例えば図6―11）を用いた手法の
効果や問題点が検討されている（Lipkus & Hollands, 1999）。

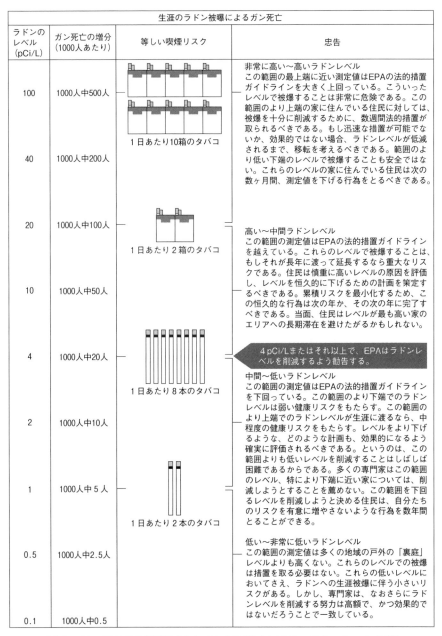

生涯のラドン被曝によるガン死亡			
ラドンの レベル (pCi/L)	ガン死亡の増分 (1000人あたり)	等しい喫煙リスク	忠告
100	1000人中500人	1日あたり10箱のタバコ	非常に高い～高いラドンレベル この範囲の最上端に近い測定値はEPAの法的措置ガイドラインを大きく上回っている。こういったレベルで被爆することは非常に危険である。この範囲のより上端の家に住んでいる住民に対しては、被爆を十分に削減するために、数週間法的措置が取られるべきである。もし迅速な措置が可能でないか、効果的ではない場合、ラドンレベルが低減されるまで、移転を考えるべきである。範囲のより低い下端のレベルで被爆することも安全ではない。これらのレベルの家に住んでいる住民は次の数ヶ月間、測定値を下げる行為をとるべきである。
40	1000人中200人		
20	1000人中100人	1日あたり2箱のタバコ	高い～中間ラドンレベル この範囲の測定値はEPAの法的措置ガイドラインを越えている。これらのレベルで被爆することは、もしそれが長年に渡って延長するなら重大なリスクである。住民は慎重に高いレベルの原因を評価し、レベルを恒久的に下げるための計画を策定するべきである。累積リスクを最小化するため、この恒久的な行為は次の年か、その次の年に完了すべきである。当面、住民はレベルが最も高い家のエリアへの長期滞在を避けたがるかもしれない。
10	1000人中50人		
4	1000人中20人	1日あたり8本のタバコ	4 pCi/Lまたはそれ以上で、EPAはラドンレベルを削減するよう勧告する。
2	1000人中10人		中間～低いラドンレベル この範囲の測定値はEPAの法的措置ガイドラインを下回っている。この範囲のより下端でのラドンレベルは弱い健康リスクをもたらす。この範囲のより上端でのラドンレベルが生涯に渡るなら、中程度の健康リスクをもたらす。レベルをより下げるような、どのような計画も、効果的になるよう確実に評価されるべきである。というのは、この範囲よりも低いレベルを削減することはしばしば困難であるからである。多くの専門家はこの範囲のレベル、特により下端に近い家については、削減しようとすることを薦めない。この範囲を下回るレベルを削減しようと決める住民は、自分たちのリスクを有意に増やさないような行為を数年間とることができる。
1	1000人中5人	1日あたり2本のタバコ	
0.5	1000人中2.5人		低い～非常に低いラドンレベル この範囲の測定値は多くの地域の戸外の「裏庭」レベルよりも高くない。これらのレベルでの被爆は措置を取る必要はない。これらの低いレベルにおいてさえ、ラドンへの生涯被爆に伴う小さいリスクがある。しかし、専門家は、なおさらにラドンレベルを削減する努力は高額で、かつ効果的ではないだろうことで一致している。
0.1	1000人中0.5		

図6―11　リスクの階梯(risk ladder)を用いたコミュニケーションの例

(Lipkus & Hollands, 1999)

◆ 人々はゼロリスクを求めているのか

　一方、中谷内（1998）は女子学生を対象に、同じリスク削減案であっても、施策の繰り返しにより最終的にゼロリスク（例えば犠牲者を0にする）の達成が可能な案は、達成不可能な案よりより高く評価されることを見出した。次いで地震災害を対象に、漸次的ゼロリスク達成条件（4000人の予想死亡者を徐々に低減して0にする政策）と、一斉達成条件（4000人の予想死亡者を一気に0にする政策）の効果を回答者の支払い意思で比較し、ゼロリスク効果は一斉型では見られるものの、漸次的に達成する場合にはむしろ最初の4000人を3000人に削減する初動策への支払い意思が高く、ゼロリスク効果は見出されないことを明らかにした。よって「ゼロリスク社会を求める人々」というイメージは実際には限定的で、現実には「最初のリスク削減には大きなコスト負担も受容するが、その後のプロセスでは次第に冷めてしまう」イメージの方が有効ではないかとしている。

◆ 特定可能な犠牲者効果

　ところで科学情報の伝達という点で関係者に大きな衝撃を与えたのは Small et al.（2007）による**特定可能な犠牲者効果**（identifiable victim effect）の研究である。この研究は募金の意思決定の研究で、難民に対する寄付を募る際、①アフリカにおける難民の数値を示して寄付を募る条件（統計的生命条件）、②難民の女の子1人の写真とプロフィールを示す特定可能な生命条件、③①と②を組み合わせた条件の3つで、それぞれ寄付がいくら集まるかなどを調べた。結果は図6─12の通りで、最も寄付が集まったのは特定可能な生命条件で、統計的生命条件よりも高かった。また興味深いのは組み合わせた条件③で、実際には①、②の両情報が含まれているので②と同様かそれ以上の寄付金が集まっても良さそうだが、実際には特定可能な生命条件ほどには募金が集まらなかった。この結果は二重過程モデル（⇒Ⅱ-11）から解釈され、統計値を与えられた場合システム2の働きにより、システム1での感情・直観が抑制さ

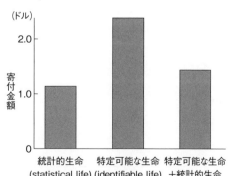

図6─12　条件別寄付額
(Small et al., 2007を一部改変)

れた可能性が指摘されている（ただしこの現象はなかなか複雑で、プロフィールを示される人数が増えるとこの効果は見られないという報告もある）。共通する結果は Hirota & Oki（2016）でも見られた。日本で地震の長期予測地図を見せた時の効果をウェブ調査で検討した際、地震の発生確率の高い地域で参加者に地図での発生確率を数値で回答した条件と色で回答した条件（発生確率に対応した地図上の色の選択肢を選んで回答する）とを比較したところ、後者の方が地震に見舞われる可能性の認知や怖さの程度が高くなることを明らかにした。これも数値で回答することで感情・直観が抑制されるとすれば説明可能である。

VI— 9　リスクリテラシー

　意思決定研究では近年個人差の研究が盛んである。これはコミュニケーションの受け手要因に関する研究とも言える。本項ではこの概念や要素を紹介する。

◆　ニューメラシー

　リスクリテラシー（risk literacy）はリスクに対する基礎的知識・能力を指す。リスクコミュニケーションが有効ではない1つの理由に受け手属性の問題が指摘され、震災後リスクリテラシーが注目されるようになったのはこのためでもある。だがこの「基礎的知識・能力」の指すものについての見解は多様である。

　リスクリテラシーを早くに提唱したのはGigerenzer（2002）で著書の邦題にも用いられているが、彼のリスクリテラシーは主に統計情報や確率の認知に焦点があり、**ニューメラシー**（numeracy）に近い。numeracyは数えることを意味する普通名詞であるが、OECDの国際成人力調査（PIAAC）でもリテラシーと並んで測定され「成人の生活において、様々な状況の下での数学的な必要性に関わり、対処していくために、数学的な情報や概念にアクセスし、利用し、解釈し、伝達する能力」（国立教育政策研究所，2013，p. 52）とされている。ニューメラシーは現在様々な尺度やテストが開発されており、ごく基礎的な数的能力を測るもの（例えばLipkusのニューメラシー尺度）（Lipkus et al., 2001; 広田，2015）から認知モデルを意識したもの（認知的熟慮テスト）（Frederick, 2005）、主観を測るもの（主観的ニューメラシー尺度）（Fagerlin et al., 2007）など様々である。受け手の意思決定にはニューメラシーレベルで差があるという指摘が複数ある一方（例えばBlack et al., 1995; Schwartz et al., 1997; Peters et al., 2006, 2007 ; 広田，2013 ; 食品の例はHonda et al., 2015）、むしろ教育水準が影響しているという指摘もある（Hertwig et al., 2008. 詳しくは広田，2015）。また近年は**グラフリテラシー**に関する研究も出てきている（Galesic & Garcia-Retamero, 2011）。

◆　リスク論に基づいたリスクリテラシー

　一方、純粋に**リスク論**に即したリスクリテラシーもある。すでに述べたように、リスク論では**リスク比較**や**リスクの定量化**、**ゼロリスクの否定**、**リスク・便益**（ベネフィット）などの特徴的な考え方があり、これらの理解をリテラシーとするもの

である（⇒Ⅵ-6）。これらのうちどこまでを取り上げるかは立場によって異なり、特にリスク比較やリスク・便益は議論の分かれるところだが、リスクの定量化やゼロリスクの否定は異論が少ないため頻繁に取り入れられている。例えばわが国では内閣府食品安全委員会がリスク評価とリスクコミュニケーションに組織的に取り組んだが、作成された一般向けの DVD（内閣府食品安全委員会事務局，2002）ではリスクの定量化やゼロリスクの否定を紹介している。一方、よりリスク論に忠実な一般向けのものとして、研究者の指導下で作成された漫画によるパンフレット（上野製薬，2013）もある。リスク論の考え方はなお多くの議論が必要だが、これらは一般の人にもわかりやすく伝えようとした、意欲的試みといえよう。

◆ リスクリテラシーの枠組み

　科学領域での問題意識を背景とした科学リテラシーもある。科学リテラシーに関しては日本では科学技術社会論に属する科学哲学者の著書や（廣野，2013；伊勢田ら，2013；戸田山，2011）、鈴木ら（2014）の科学リテラシーの育成に関する詳しい取り組みの紹介がある。楠見（2013）は現実場面での問題解決を視野に、多様な要素を網羅的に捉え科学リテラシーも包含したリスクリテラシーを定義している（図6―13）。楠見の考え方は**批判的思考**を重要な要素として導入すると共に、統計や数学のリテラシーや科学リテラシー、**メディアリテラシー**も含め総合的にリスクリテラシーを位置付けている。

　なお、リスクリテラシーは健康・医療系で特に重複され取り組まれる傾向があるが、理由はこの領域では専門家である医師の意見が規範として尊重されるためであろう。前述の Gigerenzer が初期からリスクリテラシーに注目してきた理由も、取り組んできた課題が健康・医療だったのが一因と推測される。だが一方で、領域によってはリスクリテラシーの強調は「双方向での情報交換」という考え方を蔑ろにしてしまう可能性を強く懸念する声もある。どこまでをリテラシーとすべきなのかについては科学者側と市民側で大きく意見の異なるところでもあり、今後も社会全体での議論が必要だろう。

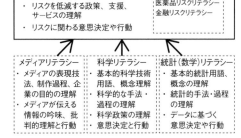

図6―13　リスクリテラシーを支えるメディア、科学、統計リテラシー

（楠見，2013）

❋BOX 19❋ デフォルト

　商品やサービスの選択では、初期値としてなんらかの選択肢が決まっていることがある。そのような選択におかれた意思決定者は、初期値の選択肢をそのまま受け取るか、他の選択肢に変更するかを決めることになる。この初期値として与えられる選択肢を**デフォルト**と呼ぶ。デフォルトの設定によって、同じ選択肢を選択するにしても、その意思の表示方法が変わることになる。例えば、レジ袋を渡すことがデフォルトの店では自ら申し出なくてもレジ袋を受け取ることになるが、レジ袋を渡さないことがデフォルトの店では自ら申し出て受け取る必要がある。脳死判定時に臓器提供者（ドナー）となることがデフォルトの制度のもとでは、事前に同意の意思表示をしていなくても、ドナーとして扱われるが、ドナーとならないことがデフォルトの制度のもとでは、ドナーとなるためには事前にその意思を明示的に表示する必要がある。

　規範理論に従えば、デフォルトに設定されるか否かによって、その選択肢から得られる効用は変化しない。よって、選択肢セットを構成する選択肢が同じであれば、その中の選択肢のいずれがデフォルトになっても、選好される選択肢は変わらないはずである。しかしながら、デフォルトとして設定された選択肢は、そうでない選択肢よりも、強力に選好されることが広範囲の領域で確認されている。例えば、ドナーとなるのに明示的同意を必要とする日本やアメリカでは、潜在的ドナーの割合が低いのに対して、明示的同意を必要としないフランスやベルギーでは、潜在的ドナーの割合が高い。この結果は、どちらのタイプの制度でも、大多数の人がデフォルトを変更せずにそのまま受け入れていることを映し出している（Johnson & Goldstein, 2003）。同様の効果は、保険の契約（Johnson et al., 1993）、グリーンエネルギーの利用（Ebeling & Lotz, 2015）、予防接種（Chapman et al., 2010）などにおいても確認されている。

　デフォルトが選好される原因には大きく3つの可能性が指摘されている（McKenzie et al., 2006）。1つ目は、意思決定者の損失回避傾向に求められる。デフォルトを選ばないことは現状の選択肢を手放す損失として知覚され、意思決定者がその損失を避けようとする傾向が関わっていると考えられる。2つ目は、デフォルトの選択には労力がかからないため、そのまま選ばれやすいと考えられる。3つ目として、デフォルトが、選択肢を提供する側が選択者に推薦する選択肢だと知覚されることが挙げられる。

第Ⅶ章　経済からのアプローチ

　本章では、経済学に関連する意思決定の研究を扱う。すでに見てきたように、本書で対象としている行動的意思決定の研究領域には、様々な心理学や経済学の研究が関わっている。社会心理学や認知心理学で培われてきた意思決定（decision making）理論を中核に、主にヨーロッパで展開されている人の経済活動を心理学から考える**経済心理学**（economic psychology）、ミクロ経済学の概念をヒトを含めた動物の行動研究に取り入れ、経済的文脈のもとで行動の制御要因の検討を行っている行動分析学で進められてきた**行動経済学**（behavioral economics）、実験的手法を積極的に経済学に導入した**実験経済学**（experimental economics）、人間の経済行動を意思決定理論やヒューリスティックスなどに基づいた心理学的観点から分析しようとする**行動経済学**（行動分析学での行動経済学と区別するためにここでは大文字のBEHAVIORAL ECONOMICS と呼ぶ）、投資や財務、経営行動を行動経済学的観点から捉えようとする行動ファイナンス（behavioral finance）、ゲーム理論に基づくモデルとその予測を人での実験的ゲーム事態で検討していく行動的ゲーム（behavioral game）理論、最新の脳神経科学の成果を意思決定研究に応用する神経経済学（neuroeconomics）といった新しい研究領域がある。

　このうちの社会心理学や認知心理学による意思決定研究については、すでにⅡ章やⅥ章で取り扱ってきた。また、実験経済学や行動的ゲーム理論については、入門書としての本書の役割を超えるので、ここでは取り扱わない。

　本章では、まず経済学の考え方や経済的行動の色濃い、（行動分析学からの）行動経済学（behavioral economics）を取り上げ、ミクロ経済学で検討されてきた需要供給分析や無差別曲線分析が行動研究にどのような新しい観点を提供できるのかを概観する。次に、非合理的意思決定を検討する行動経済学（BEHAVIORAL ECONOMICS）の中から、特に経済学と関係が深いテーマを紹介する。さらに行動経済学（BEHAVIORAL ECONOMICS）の発展領域としても捉えることのできる行動ファイナンスと神経経済学を取り上げ、簡単ではあるがその研究の一端に触れてみたい。

VII－1　行動経済学（1）需要供給分析

　本節および次節では、実験的行動分析にミクロ経済学の概念を取り入れた**行動経済学**（behavioral economics）を扱う。この行動経済学ではラットやハトのオペラント条件づけを用いた実験を経済的文脈で捉えている。例えば、強化子は商品や財として、価格はある時期には1強化子を得るのに必要な反応数として定義されてきた。経済的観点からオペラント実験を捉えることによって従来の実験手続きで得られなかった多くの知見が明らかにされている。

　行動経済学は、ミクロ経済学と同様に均衡化と最適化の原理を採用しており、需要供給分析と無差別曲線分析に基づく経済学的概念による行動現象の記述とそれに続く実験的研究が発展した。本節では最初に需要供給分析から得られた成果について紹介する。なお、本節および次節で扱われる用語や概念など前提となる知識（強化子や強化スケジュールなど）は、V-1やV-6で解説されているので、適宜参照してほしい。

◇ 需要の価格弾力性

　経済学の重要な概念の1つに**需要**（demand）の概念がある。需要とはある価格で購入される商品の量をいう。価格が高くなるにつれ消費量が減少する場合、消費者は需要の法則に従っているといわれる。各価格のもとでの消費量を結んで得られる曲線は**需要曲線**と呼ばれる。価格の変化に対してどの程度消費量が変化するかは、

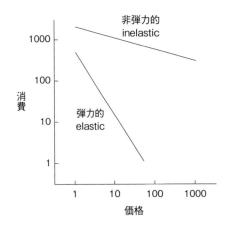

図7－1　非弾力的（inelastic）および弾力的（elastic）な需要曲線

価格が増加した場合の消費の変化が、両対数軸上で示されている。需要が弾力的な場合、消費の減少の程度は大きく、需要が非弾力的な場合、消費の減少の程度は小さい。

需要の価格弾力性（demand elasticity）と呼ばれる指標によって表される。価格が高くなると消費が著しく減少するような場合、その商品に対する需要は**弾力的**（elastic）であるという。逆に、価格が高くなっても消費がそれほど減少しない場合、その商品の需要は**非弾力的**（inelastic）であるという（図7−1）。

　行動経済学では、価格は1強化子当たりの反応数として定義され、典型的にはFRやVRスケジュールといった比率スケジュールの値を操作することを価格の操作とみなしてきた。一方、FIやVIスケジュールといった間隔スケジュールでは、1強化子当たりに要求される反応数は定義上1反応であるため、比率スケジュールと同じようにその値の操作を価格の操作とすることはできない。しかし間隔スケジュールの値を増加させることは、単位時間あたりの獲得強化子数を減少させることになり、結果として**所得**（income；ある期間内で獲得可能な商品の量）を減少させることになる。所得を減少させることは、間接的に価格を増加させることと同じであると考えられる。なぜなら同じ価格が今や所得の非常に大きな割合を占めるため、相対的に価格は上昇すると考えられるからである。したがって、VI値の増加とそれに伴う所得の減少は、価格の増加と等しいものとして取り扱われることがある（Green & Freed, 1998；Hursh & Bauman, 1987）。

　このような強化スケジュールによる価格の設定のもとでの単位時間当たりの獲得強化量は**消費**（consumption）に相当すると考えられる。Lea（1978）は、スケジュール値（1強化子当たりの反応数）を横軸に、単位時間当たりの獲得強化量を縦軸にプロットすると、多くの動物実験においてもヒトの経済生活で見られるような需

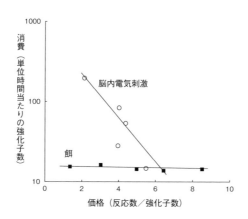

図7−2　脳内電気刺激と餌の需要曲線
価格（各VIスケジュール条件における1強化子当たりの反応数）が増加するにつれ、脳内電気刺激の消費は減少しているが、餌の消費は減少していない。（Hursh & Natelson, 1981より改変）

要曲線を描けることを示した。この需要曲線を用いることで、様々な強化子の弾力性が測定されてきた。

例えば、Hursh & Natelson（1981）はラットにおける脳内電気刺激と餌の弾力性を比較した。ラットは並立 VI VI スケジュールで訓練され、強化子として一方のVI スケジュールでは餌が、もう一方の VI スケジュールでは脳内電気刺激が提示された。VI スケジュールの値は両強化子とも同一であり、3 秒から60秒まで 5 条件にわたって段階的に変化された。図 7 — 2 は VI スケジュール条件における 1 強化子当たりの反応数を関数とした需要曲線を示している。脳内電気刺激は価格が増加した場合、急激に消費が落ち込み、需要は弾力的であったが、餌は価格が増加しても消費はそれほど減少せず、需要は非弾力的であった。

◈ 必需品と贅沢品

一般に非弾力的な商品は**必需品**（necessities）、弾力的な商品は**贅沢品**（luxuries）と呼んで区別される。先ほどの Hursh & Natelson（1981）では、餌が必需品、脳内電気刺激は贅沢品に相当する。他にも Elsmore et al.（1980）は、ヒヒを被験体に用いて餌と薬物であるヘロインの弾力性を検討している。ヒヒは選択場面で訓練され、餌とヘロインの価格は一定であったが、試行間の間隔を増加させることによって 1 日当たりの選択試行数を減少させ、所得を減少させた。図 7 — 3 は試行間間隔が増加した場合の、1 日当たりの餌とヘロインの選択数を示している。餌の消費は減少せず、ヘロインの消費は劇的に減少している。この結果は、餌が必需品、ヘロインが贅沢品であることを示している。

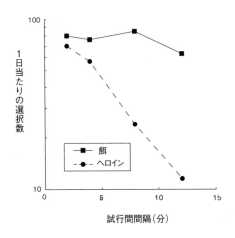

図 7 — 3　各試行間間隔における餌とヘロインの選択数

データは 2 個体のヒヒの平均値で示されている。試行間間隔が増加した場合、ヘロインの選択数は餌よりも減少している。
（Elsmore et al., 1980 より改変）

◆ 代替財と補完財

　需要供給分析から、質の異なる強化子間の関係を代替性の概念を用いて検討することができる。質の異なる2つの財がある場合、一方の財の価格を増加させることがもう一方の財の消費を増加させる場合、それら2つの財は（粗）**代替財**[注]（substitutes）である（例えば、コークとペプシ）という。また、一方の財の価格を増加させることが両方の財の減少を生み出す場合、それら2つの財は（粗）**補完財**（complements）である（例えば、ごはんとふりかけ）という。さらに、一方の財の価格を変化させても、もう一方の財の消費に影響を与えない場合、両財は独立している（例えば、傘とCD）という。

　Hursh（1978）はアカゲザルを被験体に用い代替財と補完財の関係を明らかにした。24時間セッションで常に餌（餌1）と水がVI 60秒で摂取可能であった。この餌1と水に加え、さらに餌（餌2）がVIスケジュールで並立的に利用可能であり、餌2を提示するVIスケジュールの値が条件を通じて変えられた。その結果、餌2の価格が増加するにつれ餌1の消費は増加したのに対し、水の消費はわずかに減少した（図7—4）。この結果は、餌1と餌2の関係が代替財であること、水と餌2の関係が補完財であることを示している。

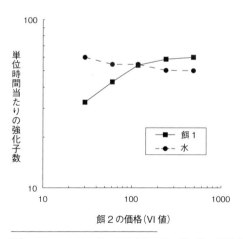

図7—4　各VI値における獲得強化子数

データは2個体のアカゲザルの平均値で示されている。餌2の価格が増加した場合、餌1に対する需要は増加しているが、水に対する需要はわずかに減少している。（Hursh, 1978より改変）

注）　ここでは、ある財の価格変化に対し別の財の需要がどのように変わるかによって代替財と補完財を定義している。しかし無差別曲線分析に基づくと、この価格変化は所得効果と代替効果の2つに分解できる。価格変化がもたらした相対的な所得変化による効果を取り除いた純粋な代替による効果をもって代替財と補完財を定義することの方が一般的であるため、ここでは（粗）を付け加えて区別した。

VII―2　行動経済学（2）無差別曲線分析

　行動経済学（behavioral economics）の代表的な分析手法には、前節で紹介した需要供給分析の他に無差別曲線分析がある。無差別曲線分析は、消費者が与えられた制約の中で複数の財から得られる効用を最大化するように財の組み合わせを選択しているという効用最大化の仮定に基づいている（坂上，1997）。本節ではこの無差別曲線分析がどのように動物実験に適用されているのかを紹介する。

◆　無差別曲線と予算制約線

　無差別曲線（indifference curve）**分析**では、典型的には2種類の異なった財の量の組み合わせを仮定する。財 a と b の量を横軸と縦軸に設定すると、これらの財の組み合わせを無数に考えることができる。任意の財の組み合わせを選んで、それと効用が等しくなる（無差別になる）2財の別の組み合わせからなる点を次々に結べば、1本のある無差別曲線を描くことができる（図7―5）。この無差別曲線は平面上に無数に描くことができる。右上の曲線ほど高い効用を示し、原点に近づくほど低い効用を示す。通常はより高い効用を示す組み合わせが選択されるが、実際には様々な環境上の制約が存在する。この制約は、予算 M を財 a の価格 P_a で割った購買可能量 A と、予算 M を財 b の価格 P_b で割った購買可能量 B の各切片を結んだ**予算制約線**（budget constraint line）で表される。この制約のもとで最大の効用を実現する点はこの予算制約線とそれに接する無差別曲線の接点 C になると**効用最大化理論**（utility maximization）は仮定する。

　この無差別曲線の形状は用いられる2財間の関係によって異なる。図7―6は代

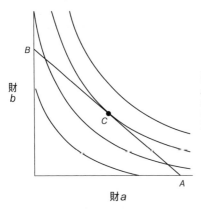

図7―5　無差別曲線と予算制約線
A は財 a の価格 P_a で予算 M を割った購買可能量を、B は財 b の価格 P_b で予算 M を割った購買可能量を表す。この2つの切片を結んだ予算制約線と、最も効用の高い無差別曲線との接点 C が効用を最大化する選択点となる。

替性の高い2財（左図）と補完性の高い2財（右図）を用いた場合の無差別曲線を示している。代替性の高い2財の場合、無差別曲線の形状はなだらかであるが、補完性の高い2財の場合、ほぼ直角に折れ曲がっている。そして一方の財の価格を変化させた場合の消費量の変化は、同程度の価格変化であっても、用いられる2財間の関係、すなわち代替性か補完性かによって異なる。図に示されるように財aの価格を変化させた場合の財aの消費量の変化は、代替性の高い2財において大きい。

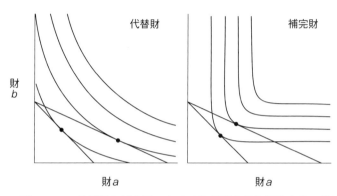

図7—6　代替財と補完財における無差別曲線と価格変化の効果
左図は代替性の高い2財における無差別曲線を、右図は補完性の高い2財における無差別曲線を表している。財aの価格を変化させた場合、同程度の価格変化であっても、代替性の高い2財の場合のほうが変化量は大きい。

◆ 無差別曲線分析の動物実験への適用

　このような無差別曲線分析による予測を動物実験で検討したのがRachlin et al.（1976）である。彼らは2種類の異なった強化子を用い、価格を変化させた場合の両強化子の代替性の程度が、無差別曲線からの予測と一致することを実験的に示した。異なった強化子の組み合わせとして、適度な代替性を持つと考えられる甘味飲料水のトムコリンズミックスとルートビアーが用いられた。ラットのレバー押しが並立FR1 FR1スケジュールで訓練され、一方のFR1スケジュールではトムコリンズミックスが、もう一方のFR1スケジュールではルートビアーが、それぞれ0.05 ml提示された。1日当たりの有効反応数を300に制限することによって、所得が決定された。図7—7の左図の実線はベースラインの予算制約線を、黒い円は両強化子の消費点を示している。図の破線は、トムコリンズミックスの価格を半額にし、ルートビアーの価格を2倍に変化させた場合の予算制約線を示している。新しい価格においても、ベースラインと同じ消費の組み合わせが達成されるように所得が調

整されており、破線はベースラインの消費点を通過している。価格が変えられた場合の消費点は黒い四角で示されている。ラットはベースラインと同じ消費の組み合わせを獲得することができるにもかかわらず、比較的高価にされたルートビアーの消費を減少させ、一方、比較的安価にされたトムコリンズミックスに対する消費を増加させた。この結果は、代替性の高い強化子を用いた場合、消費量の変化が大きいという無差別曲線の予測と一致している。

Rachlin et al.（1976）はさらに、もう一つの強化子の組み合わせとして補完性の高い餌と水を用いた。並立スケジュールの一方のスケジュールではFR10で餌が5ペレット、もう一方のスケジュールではFR10で水が0.1ml提示された。ベースラインでは所得が2500反応に設定された。図7―7の右図は、水の価格は一定のままで、餌の価格をペレット数を5から3に減少させることで1.67倍に増加させた場合の消費量の変化を示している。先ほどと同じくラットはベースラインと同じ消費の組み合わせを獲得できるが、水の消費量はあまり増加していない。この結果においても、補完性の高い強化子間では一方の価格を増加させても消費量があまり変化しないという無差別曲線の予測と一致したのである。

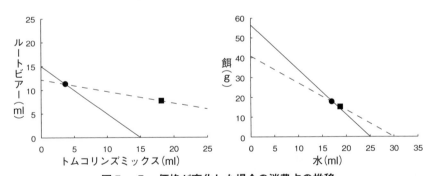

図7―7　価格が変化した場合の消費点の推移

ともに代表的な1個体のデータを用いた。実線はベースラインの予算制約線を、黒い円はベースラインにおける両強化子の消費点を表す。破線は価格変化のもとでの予算制約線を、黒い四角は価格が変化した場合の消費点を表す。左図では代替性の高い財の組み合わせ（トムコリンズミックスとルートビアー）において、トムコリンズミックスの価格を半額にし、ルートビアーの価格を2倍に変化させた。右図では補完性の高い財の組み合わせ（餌と水）において、餌のペレット数を5ペレットから3ペレットに減少させることによって価格を増加させた。代替性の高い財の組み合わせでは比較的安価にされたトムコリンズミックスに対する消費が増加しているが、補完性の高い財の組み合わせでは水の消費はあまり変化していない。（Rachlin et al., 1976より改変）

◆　**行動経済学と選択行動**

行動経済学の進展に伴い、その成果の幾つかが選択行動研究に取り入れられるよ

うになった。例えば前節で紹介した Hursh & Natelson（1981）の実験は、選択行動研究においても弾力性の概念を考慮する必要があることを示唆している。彼らの実験では、ほとんどの VI 値において脳内電気刺激の反応率は餌よりも高かったが、脳内電気刺激の消費は餌よりも弾力的であった。この結果は、ある価格における相対反応率は、それだけでは選択行動全般を代表する指標とはならないこと、つまり価格が増加した場合の相対反応率は一定ではなく、強化子の弾力性の違いによって変化することを示している。

　また、これまでの選択行動研究は、各選択肢で代替性の高い同じ種類の強化子が用いられていた。しかし、餌と水といった質的に異なった補完性の高い強化子が用いられた場合、一方の強化率が増加しても反応は増加せず、逆に強化率の低い選択肢に多くの反応を行うといった**逆マッチング**（anti-matching）の現象が見られることが知られている（Hursh, 1978）。この関係は V - 6 の式(2)において、感度を表すパラメータ a が負の値になることを意味している。一方、これまで見てきた需要供給分析や無差別曲線分析は、弾力性や代替性の概念を導入することによって、従来の選択行動研究では扱うことが困難であった質の異なる強化子を用いた選択場面の検討を可能としている。

Ⅶ─3　心の会計とサンクコスト効果

　非合理的な意思決定を扱う行動経済学（BEHAVIORAL ECONOMICS）には、Ⅱ章で紹介されたプロスペクト理論やヒューリスティックス研究以外にも、興味深い現象や理論がいくつか報告されている。本節ではその中から、心の会計とサンクコスト効果を紹介する。

◈ 心の会計

　Thaler（1980, 1999）は、意思決定者の金銭取引は心理的にどのように認識されるのかを**心の会計**（mental accounting）理論で説明している。心の会計理論によれば、人はお金の出所や使途にしたがって、その扱い方を変えるとされる。心の会計の例としては、次のKahneman & Tversky（1984）の実験がわかりやすい。

　〈ケース1〉　あなたは演劇を見ることにしました。そのためにチケットを10ドルで購入しました。劇場に入った時、チケットをなくしたことに気がつきました。あなたは10ドルでもう一枚チケットを購入しますか？
　〈ケース2〉　あなたはチケット代が10ドルの演劇を見ることにしました。劇場に入った時、10ドル紙幣をなくしたことに気がつきました。あなたは演劇のチケットのために、さらに10ドルを払いますか？

　ケース1では54％の回答者が「購入しない」を選択したが、ケース2では88％もの回答者が「購入する」を選択した。しかし両ケースともこの演劇に関連してすでに10ドルを出資しており、演劇を楽しみたければ、さらに10ドルの出費が必要という点では変わらない。

　なぜ人はこのように矛盾した回答をしてしまうのだろうか。心の会計理論では、人はいくつもの心の会計簿（勘定口座）を持っており、個々の金銭取引が同額であっても、それがどの心の会計簿に記帳されるかによって扱いが異なると説明する。これを前述のケースについてあてはめてみる。ケース1において、失った10ドルは「演劇の会計簿」に記帳される。したがってさらに10ドルを払うと演劇のために合計20ドルかかることになり、高いと感じられて「購入しない」という回答になる。一方、ケース2で失った10ドルは「一般現金の会計簿」に記帳される。失った現金

の10ドルとチケットを購入する10ドルは、異なった会計簿に記帳されることから、チケットを購入しても演劇のためには10ドルしかかかっていないことになるので、結果として「購入する」という回答になる。

　上記の心の会計の例は損失を扱っているが、利得の場合にも同様の現象が見られる。例えば、ギャンブルで得た1万円も、給料の1万円も経済学的には同じ価値を持つはずであるが、ギャンブルで得たお金は簡単に使ってしまう。またギャンブルだけでなくプレゼントや臨時ボーナス、税金の還付で得たお金も同様の消費傾向が見られるという（Belsky & Gilovich, 1999）。さらに Epley et al.（2006）は、同じ額の金銭を返却する場合でも、それを「ボーナス」と表現した場合は、「払い戻し」と表現した場合よりも、多く消費されることを明らかにしている。

　伝統的な経済学では、資産・所得の代替性が仮定されている。つまり、どのような名目の金銭でも、金額が同じであれば等しい価値を持ち、消費行動に変化はないと予測する（「お金に色はない」のである）。しかし現実の多くの場面において、人は本質的に同じ金額の損失や利得でも、心の会計が働いて別扱いしてしまう。心の会計理論はこのような、一見矛盾した人の経済活動をうまく説明することができる。

◆ 行動ライフサイクル仮説

　心の会計理論は、所得と消費の関係に関する分析にも適用されている。消費行動に関する著名な経済学の理論として、消費は生涯で得られる総所得によって決まるとする**ライフサイクル**（life cycle）**仮説**（Modigliani & Brumberg, 1954）がある。この仮説では、消費は生涯所得によって決定されるため、好不況による短期的な所得変動の影響を受けないとされる。これに対して、Shefrin & Thaler（1988, 2004）は、心の会計理論をもとに**行動ライフサイクル**（behavioral life cycle）**仮説**を提案し、短期的な所得変動によって消費が変動することを明らかにしている（日本人大学生による追試は、塚原，2013を参照）。彼らの実験は次の通りである。

　　自分が常勤の会社員であると仮定して、以下の出来事が今週生じた場合の消費の変化について回答してください。
　1．これから1年間にわたって毎月200ドル（総額2400ドル）の臨時ボーナスを支給される場合の、今後1年間の毎月の消費の増加額は？
　2―1．2400ドルの臨時ボーナスを今月に一括で支給される場合の、今月の消費の増加額は？
　2―2．2400ドルの臨時ボーナスを今月に一括で支給される場合の、来月以降11

216

> か月間の消費の増加額は？
>
> 3．5年後に2400ドルの遺産を利子分を含めて相続する場合の、今後1年間の毎
>   月の消費の増加額は？

　1〜3の臨時ボーナスとも、生涯所得に対してはわずかな増加であり、ライフサイクル仮説によれば、回答は同じで、わずかな消費の増加を予想する。一方、行動ライフサイクル仮説では、1〜3のシナリオで支給される臨時ボーナスは異なった心の会計簿に組み込まれると想定する。1の臨時ボーナスは「経常所得」の会計簿に、2の臨時ボーナスは「資産」の会計簿に（ただし2―1の支給月に関しては「経常所得」の会計簿にも組み込まれる）、3は「将来所得」の会計簿に組み込まれる。それぞれの会計簿では、金銭の取り扱い方が異なり、将来よりも現在に関して衝動的であるという双曲割引の特徴から（⇒Ⅴ-3）、衝動的な消費傾向は、経常所得が一番高く、次に資産、さらに将来所得の順に低くなっていくと予想される。回答の結果は、行動ライフサイクル仮説の予測に合致し、衝動的な消費が予想される1と2―1で消費の増加額は高くなり、1の回答の中央値は100ドル、2―1は400ドルであった。さらに2―2では35ドル、3では0ドルと順に低くなっている。

　本結果は短期的な所得変動が消費に影響を与えることを示しており、ライフサイクル仮説では説明ができない。行動ライフサイクル仮説は心の会計の概念を導入することによってこれを巧みに説明している。Sheftin & Thaler（1988, 2004）の結果から導かれる景気に対する財政政策への提言として、2より1のシナリオで年間の消費増加額が多いことから（1は計1200ドル、2は計785ドル）、臨時ボーナスで消費を促進したい場合には、一括支給よりも分散支給のほうがよいことになる。

◆ サンクコスト効果

　心の会計と同様、**サンクコスト**（sunk cost）効果と呼ばれる現象も、従来の経済学では説明できない非合理的な意思決定の一例である。サンクコスト効果を意思決定研究で初めて報告したのは、Arkes & Blumer（1985）である。彼らの実験では、次のような問いが実験参加者に対して行われた。

> 〈ケース1〉　レーダーに探知されない飛行機を作るために、1000万ドルの資金の90％をすでに投資しており、完成させるためにはあと10％の投資が必要です。しかしながら、他の会社があなたの会社の飛行機よりも、より速くて経済的なレーダーに探知されない飛行機を売り出しました。あなたは自社の飛行機を完成さ

せるために、残り10%分の資金を投資しますか？
〈ケース2〉 レーダーに探知されない飛行機を作るために100万ドルを投資する提案を部下から受けています。しかしながら、他の会社があなたの会社の飛行機よりも、より速くて経済的なレーダーに探知されない飛行機を売り出しました。あなたは自社の飛行機を完成させるために、100万ドルを投資しますか？

　ケース1では85%の回答者が投資することを選択したのに対し、ケース2で投資することを選択した回答者はわずか17%であった。レーダーに探知されない飛行機を完成させるためには、100万ドルを投資する必要があるものの、この投資が無駄になることは両ケースとも同じである。したがって、ケース1でより多くの参加者が投資の継続を選んだのは、先行投資した900万ドルが影響していると考えられる。
　経済学ではこの900万ドルのように回収不能な過去の費用のことを**サンクコスト**（埋没原価）と呼ぶ。決定主体がもし合理的経済人なら、将来の利益とコストのみを相互比較して最適な意思決定を行うので、過去の費用であるサンクコストは無関係であるはずである。すなわち、投資に見合う利益が得られそうにないなら、両ケースとも投資をしない選択になる。しかしケース1の回答が示すように、実際には人はサンクコストを考慮して意思決定を行う傾向にあり、このことは**サンクコスト効果**と呼ばれている。
　サンクコスト効果が生じる理由は、心の会計理論から説明可能である（Thaler, 1980, 1999）。ケース1においては、投資をした時点で飛行機完成に関する口座が開かれる。もしこのまま投資しなければマイナス残高のままで口座を閉じることになり、これは損失と認識されてしまう。しかしもし飛行機を完成させれば、たとえ利益は生み出す可能性は低くとも、差し引きゼロで口座を閉じることができる。このため、多くの人は再投資を選択するのである。
　その後の研究は、サンクコスト効果が様々な場面で確認されることを示している。例えば、アメリカのプロバスケットボールリーグにおける選手の競技時間や在籍シーズン数に関してもサンクコスト効果が見られる（Staw & Hoang, 1995）。また、ハトもサンクコスト効果を示すことが報告されており（Fujimaki & Sakagami, 2016; Navarro & Fantino, 2005）、Fujimaki & Sakagami（2016）は、高コスト選択肢での報酬の獲得経験が、サンクコスト効果を生み出す可能性を指摘している。しかし、サンクコスト効果の一般性については否定的な結果も報告されており、たとえば、金銭ではなく時間を先行投資した場合は確認されていない（Soman, 2001）。サンクコスト効果の一般性に関しては今後のさらなる研究の進展が期待される。

VII—4　保有効果と現状維持バイアス

　価値関数の形状から導かれる損失回避性（⇒II-10）は、上昇選好（⇒BOX 6）や気質効果（⇒VII-5）など意思決定の様々な現象の成立に影響を及ぼしている。Kahneman（2011）も、損失回避性が果たした心理学や行動経済学（BEHAVIORAL ECONOMICS）への貢献の大きさを指摘している。本節では、上記以外にこの損失回避性が深く関わっている保有効果と現状維持バイアスについて扱う（レビューとして Kahneman et al., 1991を参照）。

◆　保有効果

　保有効果（endowment effect）とは、ひとたび自分が保有したものに価値を感じ手放したくないと感じる効果を指す。Thaler（1980）により名づけられたが、Kahneman et al.（1990）の研究が有名であるので、ここで紹介する。

　この実験では、あるグループの学生には、大学のロゴ入りマグカップがプレゼントとして提供されたが、他のグループの学生には、マグカップは提供されずに単に見てもらうだけであった。その後、マグカップを保有したグループを売り手、保有していないグループを買い手とした売買取引を実施し、売り手にはマグカップをいくらなら売ってもよいかを尋ね、買い手にはマグカップをいくらなら購入してもよいかを尋ねた。対象となっているマグカップは両グループとも同一で価値は同じであるため、売値も買値も大きくは乖離しないことが予想される。しかしながら、提案された売値と買値には、従来の経済学では説明できない程度の大きな乖離が見られた。マグカップを保有したグループの売値は中央値で7.12ドルであり、保有していないグループの買値は2.87ドルであり、2倍以上の差が見られた。

　このような大きな差が生じるメカニズムに損失回避性が深く関わっている。マグカップを保有したグループは、マグカップを売却することの対価として金銭を受け取るが、マグカップの売却は損失として、金銭の受け取りは利得として働く。マグカップ売却に対する損失回避性が働き、それを埋め合わせるために高い売値を要求することとなる。マグカップを購入するグループも同様に、マグカップ購入を利得、金銭の支払いを損失として、金銭の支払いに対する損失回避性が働き、それを埋め合わせるため低い買値がつけられることになる。

　保有効果は、保有するものを手放すときに請求して受け取る金額（WTA：

willingness to accept）と、保有していないものを入手するときに支払ってもよい金額（WTP：willingness to pay）の間に見られる乖離（通常はWTA＞WTP）として定義される。保有効果の成立条件をめぐっては、膨大な研究が積み重ねられてきている。例えば、保有目的ではなくトークンといった交換目的の財では保有効果は生じないこと（Novemsky & Kahneman, 2005）、公共財や健康・安全など通常の市場で取引されていないものが対象の場合は、強い保有効果（WTPの約10倍のWTA）が見られること（Horowitz & McConnell, 2002）が明らかにされている。

◆ 現状維持バイアス

　保有効果と同様、損失回避性が深く関わる行動傾向として、**現状維持バイアス**（status quo bias）がある。これは人が現在の状態からの変化を回避し、現状に固執する傾向があることを指す。現状を参照点とした場合、現状からの変化は、良くなることもあれば悪くなることもある。悪くなることは損失として捉えられ、損失回避性が働いた結果、現状を維持する傾向が強められると解釈できる。

　現状維持バイアスを最初に報告したSamuelson & Zeckhauser（1988）は、遺産の相続、大学教員の転職、購入した車の色など、複数のシナリオでこのバイアスを検討しているが、ここでは遺産の相続問題を紹介する。大叔父からの遺産を相続したという想定のもと、参加者は、5つのグループに分けられた。グループ1は、遺産の投資先の選択肢が4つ用意され、中程度のリスクの株式、高いリスクの株式、短期国債、地方債のどれかから選ぶように求められた。グループ2～5は、遺産がすでにその4つの形態のそれぞれで相続されていると告げられた（例えばグループ2は中リスク株式を遺産として相続）。そしてグループ2～5は、相続した遺産を現状の形態のまま保有するか、それ以外の形態のどれかと交換したいかを尋ねられた。結果として、グループ2～5では、相続した遺産をそのままの形態で維持することを選択する傾向が強かった。例えば、高リスク株式は、グループ1では18％選択されたが、高リスク株式が現状であったグループ3では28％の人がそのまま高リスク株式を選択し続けた。Samuelson & Zeckhauser（1988）は、現状維持バイアスの要因として、損失回避性以外にも係留と調整（⇒Ⅱ-7）やサンクコスト効果（⇒Ⅶ-3）など複数の意思決定現象が関わっている可能性を指摘している。

　この現状維持バイアスを利用したものとして、デフォルト（初期状態）の設定についての研究がある（⇒BOX 19）。より望ましい状態をデフォルトとして、現状維持バイアスでその状態を持続させる施策が、年金制度（Madrian & Shea, 2001）や臓器提供（Johnson & Goldstein, 2003）など様々な領域で活用されている。

VII－5　行動ファイナンス

　金融市場はどのような要因によって変動するのだろうか。金融商品の価格や株価の変動を説明し予測する理論がファイナンスの分野において数多く提唱されてきた。例えば、現代ポートフォリオ理論のCAPM（資本資産評価モデル）や、オプション評価理論のブラック＝ショールズ・モデルなどノーベル経済学賞を受賞した名高い理論をすぐに思いつくことができる。

　これら伝統的なファイナンス理論は、市場の合理性を仮定する**効率的市場仮説**（efficient market hypothesis）を基盤に持つ。効率的市場仮説は、市場に参加する投資家は合理的な意思決定を下し、市場は合理的かつ効率的に機能すると予測する。しかし投資家も人間であり、必ずしも合理的な意思決定を下すとは限らない。そのため市場も合理的に機能するとは限らず、様々なアノマリーが報告されてきた。このような非合理的な金融市場の諸事象をプロスペクト理論など行動経済学（BEHAVIORAL ECONOMICS）の成果をもとに積極的に解析する領域として、注目を浴びているのが**行動ファイナンス**（behavioral finance）であり、行動経済学から派生した研究分野と捉えることができる。

　行動ファイナンスに関しては、すでに専門書が何冊か翻訳されている（Montier, 2002＝真壁・栗田・川西訳, 2005；Shefrin, 2000＝鈴木訳, 2005）。また邦語でも分かりやすい書籍が出版されている（例えば、角田, 2009, 2011；加藤, 2003；真壁, 2003, 2009）。詳しい説明はそれらに譲るとして、本節ではプロスペクト理論など本書で扱われてきた様々な知見がファイナンス場面でどのように活用されているのかを紹介する。

◆ 自信過剰

　本書のⅢ－7では、人が**自信過剰**な傾向にあることが紹介されたが、それは投資においても当てはまる。過去の取引の成功は特に投資家の自信過剰を生み出しやすい。自信過剰となった投資家は、自らの能力を過信し、よりリスクの高い取引を実行し、また取引回数を増加させる。この取引回数の増加は収益に悪影響を及ぼす。Barber & Odean（2000）は、"Trading is hazardous to your wealth" という洒落たタイトルの論文において、1991～1996年の約66000の取引記録から、頻繁に取引をする投資家ほど、収益が少ない傾向にあることを見出した。取引回数の増加は、必然的にリスクの高い取引の回数を増加させ、さらに取引手数料といったコストの増

加も引き起こし、これらが結果としての収益の減少を生み出すのである。

　心理学では自信過剰傾向は男女で異なることが明らかにされており、男性は女性に比べ金銭の取り扱いに関して自信過剰傾向にある（Prince, 1993）。この結果から女性に比べ男性の投資家のほうが取引の回数は多くなることが予想される。Barber & Odean（2001）は、1991 ～ 1997年の35000件の男女の株式投資データを分析し、男性は女性よりも45％以上も取引をし、また純利益も女性に比べ減少していることを見出した。

◆ 損切りはゆっくり、利食いは早めに？：気質効果

　相場の格言で「損切りは早めに、利食いはゆっくり」と呼ばれるものがある。損切りとは、買った株が値下がりしている状態で売却して損失を確定すること、利食いとは、買った株が値上がりしている状態で売却して利益を出すことをさす。つまりこの格言は、値下がりしている株は早く売り、値上がりしている株は長く持つことを推奨しており、この格言に従う行動は合理的であると考えることができよう。しかしながら実際の投資家の行動は逆で、値下がりしている株を長く持ち、値上がりしている株を早く売りすぎる傾向があるという（Odean, 1998）。

　このような投資家の行動はプロスペクト理論（⇒Ⅱ-10）から説明可能である。利食いの状況は利得場面に相当し、凹関数という価値関数の形状から、さらなる株価の上昇は小さな価値増加しかもたらさない。このため値上がりしている株は早く売られてしまう。一方、損切りの状況は損失場面に相当し、凸関数という価値関数の形状から、さらに株価が下落しても価値減少は少ない。また株を売却すれば、損失が確定してしまうので損失回避性が働き、一方、保有しておけば将来株価が上昇する可能性もある。これらのことから投資家は値下がりしている株を簡単に手放そうとしない。Shefrin & Statman（1985）は、投資家が利食いを早く行い、また損失回避性によって損切りができない傾向（気質）を持つことから、これを**気質効果**（disposition effect）と呼んでいる。

　適切なタイミングで損切りすることは確かに難しい。しかし適切に損切りができれば、「損切り万両」とも言われる。冷静な損切りができること、それが一流の相場師になる必要条件かもしれない。

◆ 株式プレミアムのパズルと近視眼的損失回避性

　株式に対する投資は国債などの債権に比べリスクが大きいため、高いリターン（収益率）を投資家は期待する。投資家が期待するこの上乗せ分の収益（つまり株式

と債権の収益率の差）は株式プレミアムと呼ばれる。Siegel（1992）の調査によれば、過去200年にわたるアメリカの株式プレミアムは約6％であり、この値は株式投資の実際のリスクから逆算して求められる理論値よりもはるかに大きい。このように株式プレミアムが理論的には考えられないほどの高い値を示すことは**株式プレミアムのパズル**（equity premium puzzle）と呼ばれ、長い間議論の的になってきた。

　Benartzi & Thaler（1995）は、**近視眼的損失回避性**（myopic loss aversion）という観点から、株式プレミアムのパズルを説明している。株価の変動を予測することは難しく、株式投資には常にリスクが存在するが、このリスクに対する損失回避性が、株式に対する高いプレミアムを生み出す。つまりそもそも損失回避傾向にある投資家が株式に投資するためには、高いプレミアムが株式に設定されている必要があるのである。しかし20年といった長いスパンで見た場合の株式投資のリターンは結果的には債権のそれと変わらないため、投資家はそれより短い視野でリスク変動を考慮していると考えられる。Benartzi & Thaler（1995）は、投資家が1年程度の短い視野で近視眼的にリスク変動を考慮した結果であると考えれば、数％といった高い株式プレミアムを説明可能であるとする。

　Benartzi & Thaler（1995）はシミュレーションにより近視眼的損失回避性を検討したが、その後、Gneezy & Potters（1997）は実験的に検討を加えている。彼らのの実験では、参加者にくじへの投資を行ってもらい、試行毎に投資の意思決定と結果のフィードバックを行うグループと、数試行まとめて行うグループでは、試行毎に行うグループで投資金額が少なくなることを明らかにしている。これは試行毎に近視眼的に投資の評価を行うことで、投資金額を失う損失回避傾向が強まり、結果として賭けへの参加をためらうようになったと解釈できる。

◆ 人の行く裏に道あり花の山：逆張り投資の有効性

　株の買い方として、株価が上がっている人気の株を買い、下がっている人気のない株は売るのが相場の流れに従った一般的な方法であると思われる。このような売買は**順張り投資**と呼ばれる。これとは反対に、株価が下がっている人気のない株をあえて買い、人気が出てくれば売るという**逆張り投資**と呼ばれる方法もある。「人の行く裏に道あり花の山」という相場の格言は、逆張り投資の効用を説いたものと解釈できる。

　なぜ市場のトレンドとは逆の投資方法が効果を持つのであろうか。De Bondt & Thaler（1985）は、この現象の背景に、投資家が銘柄に対して持つ代表性ヒューリスティック（⇒II-4）が関係することを指摘している。投資家は、ある企業の最

近の業績や株価の推移がその企業の将来の業績や株価を代表しているものと考えて投資を行っている。この代表性ヒューリスティックは投資家の過剰反応を生み出す。業績が好調で株価の高い銘柄は将来もそれが続くと判断され、結果的に多く買われ、株価が上昇する。逆にしばらく株価の低かった銘柄は売られ続け株価は下落していく。しかし、これらの価格は過剰反応によって生み出された実際の評価とは乖離した価格であり、いずれ平均への回帰（⇒ BOX 3）現象が生じることになる。逆張り投資がリターンを生み出すのはこうしたメカニズムが背景にあると考えられる。

　De Bondt & Thaler（1985）は、実際の株式市場のデータをもとにこれを確認している。彼らは、ある時点から過去 3 年間の実績が高かった株式（勝者株）と低かった株式（敗者株）を選び出し、その後の 5 年間の実績を比較したところ、勝者株は市場実績を下回るが、敗者株は市場実績を上回る傾向があることを確認している。

◆ 利用可能性ヒューリスティックによる自社株投資の罠

　2001年末に生じた米通信大手エンロン破綻のニュースは、衝撃をもって市場に受け止められた。エンロンの社員達は自社株を大量に保有しており、破綻による株価下落によって、老後のための資産が大きく減少したとのことである。職場を失うだけでなく、財産も減少したのであるから、社員にとっては二重のショックであったにちがいない。

　資産運営においてはリスクを軽減するために、資産を様々な形態で保有するポートフォリオ運用が推奨される。「卵を 1 つの籠に入れるな」と言われる所以である。株式であれば、自社株だけでなく、複数の銘柄に分散投資するべきであるし、株式だけに限らず債券や預貯金、不動産にも分散投資した方が安全である。しかしエンロンの社員は、自社株に偏った株式ポートフォリオを形成していたという。

　社員達のこの行動には、利用可能性ヒューリスティック（⇒Ⅱ-6）が影響していたかもしれない。銘柄を選定する場合、新聞やメディア、口コミなど多くの情報を参考にするが、自分が勤める会社の情報は最も利用可能性が高い。利用可能性の高い自社情報が過大に評価された結果、本人が望むと望まないとにかかわらず、株式ポートフォリオに自然と自社株の占める割合が多くなったのかもしれない。

　行動ファイナンスについて学ぶことは、投資家にとって、彼らが陥りやすい非合理的な投資行動をどのように防ぐかという実践的な視点を提供してくれる。また、意思決定を研究する心理学者にとっては、行動的意思決定研究を異なった観点から捉えなおす機会を与えてくれるだろう。

❀BOX 20❀ 貨幣錯覚

　貨幣錯覚（money illusion）とは、人々が金銭の評価に関して、実質値ではなく名目値によって判断を行う傾向を指す。例えば、賃金が5％増加しても、物価も5％上昇していれば、購入可能な財やサービスは変わらず、実質的な購買力に変化はない。しかし労働者が物価上昇による名目賃金の上昇を、実質賃金の上昇と錯覚するならば、その労働者は貨幣錯覚に囚われていることになる。

　貨幣錯覚は、経済学において古くから注目されてきた現象であるが、行動経済学においては枠組み効果（⇒Ⅱ-9）の観点から貨幣錯覚の成立要因に関する興味深い研究が繰り広げられている。例えば、Shafir et al.（1997）は、購入と売却の枠組みから貨幣錯覚の存在を明らかにしている。

　アメリカで、半年の間にかつてないインフレが起こり、25％も物価や所得が上昇したと想像してほしい。

購入枠組：あなたは半年前に革製の肘掛け椅子を購入しようしていた。その椅子の価格はこの半年間で400ドルから500ドルに増加した。半年前と比べて、今ではあなたはその椅子の購入についてどのように考えるか。

　1．より購入したい（7％）、2．変わらない（55%）、3．より購入したくない（38%）

売却枠組：あなたは半年前に年代物の机を売却しようしていた。その机の価格はこの半年間で400ドルから500ドルに増加した。半年前と比べて、今ではあなたはその机の売却についてどのように考えるか。

　1．より売却したい（43%）、2．変わらない（42%）、3．より売却したくない（15%）

　両枠組とも「変わらない」が半数近くを占めているが、購入枠組では「より購入したくない」も多く、また売却枠組では「より売却したい」も多い。これは名目値の上昇が購入の動機を弱め、売却の動機を強めたことを示している。名目価格は椅子も机も25%増加しているが、25%のインフレによって実質的な変化はないにもかかわらず、購入や売却の判断に名目値が影響してしまう。

　また貨幣錯覚は、公正さ（fairness）の判断にも影響を与える。Kahneman et al.（1991）では、賃金の減額と昇給の枠組みを設定した。

減額枠組：ある会社は少しの利益を上げているが、不況地域にある。その地域では深刻な失業はあるがインフレはない。その会社は、今年、賃金を7％減額することにした。この決定を、1．受け入れられるか（37%）、2．公正を欠いているか（63%）。

昇給枠組：ある会社は少しの利益を上げているが、不況地域にある。その地域では深刻な失業があり、インフレ率は12％である。その会社は、今年、賃金を5％のみ昇給することにした。この決定を、1．受け入れられるか（78%）、2．公正を欠いているか（22%）。

　減額枠組の7％減額と、昇給枠組のインフレ率12％のもとでの5％の昇給は、実質的な賃金では同じである。しかし2つの枠組みで人々の判断は異なっている。減額枠組における名目賃金の引き下げは、人々にとって損失と受け止められ、損失回避性により受け入れられず、公正さを欠いていると感じられる。昇給枠組における名目賃金の引き上げは、実質的には減額であるにもかかわらず、利得と捉えられ、受け入れられることになる。

　貨幣錯覚という現象も、人が実質値によって合理的に判断せずに、名目値に囚われるという点で、人間の非合理的な判断や意思決定の一側面を示している。

Ⅶ— 6　神経経済学

　神経経済学（neuroeconmics）は、21世紀に入って非常に盛んになってきた研究分野であり、神経科学の手法を用いて人間の経済行動や意思決定の機序を明らかにしようとする学問である。行動経済学、実験経済学、認知心理学、社会心理学の知見を基にして研究が行われており、「脳」と「意思決定」の両者に関わる論文の数は1990年から急速に増大し、現時点でも年に数千件の論文が刊行されている（Glimcher & Fehr, 2014）。

◆ 行動経済学から神経経済学へ

　近代経済学はアダム・スミスの「見えざる手」の理論がその出発点とされている。その根底には人は必ず合理的な行動を取るという人間像（ホモ・エコノミクス）があった。しかしながら、現実の経済行動は経済合理性にそぐわない例が数多く見られる。Kahnemann & Tversky（1979）は心理的要因を加味した実証的な意思決定研究を基にして、期待効用の代わりに主観的価値（value）と認知バイアスを導入したプロスペクト理論を提唱し（⇒Ⅱ-10）、行動経済学を確立した（⇒Ⅶ-1、Ⅶ-2）。

　神経科学の分野では1990年代より人の脳活動を非侵襲的に画像化する技術（functional imaging）が急速に普及し、行動科学としての認知心理学は認知神経科学へと変貌を遂げた。その一方で特定の認知活動と脳部位活動の局在的モデルが数多く提唱されただけであり、脳全体の働きを説明できる統一理論が模索されていた。2000年代になると「社会脳」（social brain）という言葉に象徴される社会的存在としての人間がクローズアップされ、道徳的ジレンマや社会ゲームなどを用いた社会的行動の神経基盤の研究が盛んになった（Greene et al., 2001 ; Sanfey et al., 2003）。Glimcher（2003）は意思決定と脳の関係をより統合的に理解するためには極めて整った理論体系を持つ経済理論の基本的手法を神経科学に導入すべきであるとした。行動経済学の分野においても意思決定理論に用いられた様々な構成概念を神経科学的手法で「可視化」して、その実在を確かめようとする動きが始まった（Camerer et al., 2005）。このようにして経済行動を社会脳科学から解明しようとする神経経済学という新しい学際的分野が生み出された。また、消費者の思考や意思決定過程を解明して、マーケティングに応用しようとする研究分野（**neuromarketing**）も盛んになり、倫理やプライバシーの問題も検討する必要が生じてきた（neuroethics）。

◆ 神経経済学の研究手法

　神経経済学の研究テーマは主としてリスク及び不確実性下の意思決定、異時間点の選択（intertemporal choice）、社会的意思決定、期待効用などであり、行動経済学とほぼ同じである（Loewenstein et al., 2008）。方法としては、動物実験も含めて、脳損傷患者の行動実験、電気や薬物などによる脳への刺激、脳活動や自律神経系の測定、コンピュータシミュレーションによる行動モデルのなどの手法が単独あるいは組み合わせて用いられている。神経経済学において最も一般的な研究方法は、行動経済学や認知・社会心理学により行動課題を設定し、同時にfMRI（機能的磁気共鳴画像法）やPET（陽電子放出断層撮影）により脳活動を記録し、行動の解析結果と脳活動との相関関係を求め、意思決定に関わる脳部位の機能を推測するやり方である。例えば、Knutson et al.（2007）は現実のショッピングにおける意思決定を調べた。高級チョコレートなどの商品の写真と価格を示した後、買うかどうかを判断させる課題を複数回行い、fMRIにより脳活動を測定した。商品が気に入って購入する場合は側坐核などの報酬系の活動が上昇し、値段が高すぎると否定的感情に関わりが深い島皮質の活動が上昇した。Takahashi et al.（2010）は参加者に当選確率と当選金額を組み合わせた複数の宝くじを購入してもらい、参加者の主観的確率見積もりを推定した。PETを用いて報酬関連部位である線条体のドーパミン受容体分布を調べたところ、D1受容体の密度が低い参加者ほど低確率を高く、高確率を低く見積もった（低確率の過大評価はリスクを求める傾向と結びつく）。

　意思決定に際して特定の脳部位が実際にその役割を負っているのかという因果関係を求めるためには、脳損傷患者を対象とした研究が重要である。アイオワ・ギャンブリング課題における腹内側前頭前野損傷患者の行動は、意思決定における情動的な身体信号の重要性を示しており、ソマティックマーカー仮説（⇒BOX 21）の根拠とされている（Bechara & Damasio, 2005）。また脳に直接電気刺激を行う方法も因果関係を調べる上には有効である。特定の大脳皮質領域を刺激可能なTMS（経頭蓋磁気刺激）を用いて右背外側前頭前野（DLPFC）を抑制すると、最後通牒ゲームにおいて相方に対する拒否率の低下が示された（Knoch et al., 2006）。一方、間接的な方法としては薬物やホルモンの投与が用いられる。脳内神経伝達物質でもあるオキシトシンを健康成人男性へ鼻腔投与すると、経済ゲームで相手の裏切りリスクを過小評価し、他人を信用する傾向を増大させることが示された（Kosfeld et al., 2005）。健常人にストレスホルモンであるコルチゾールを慢性的に投与すると、投資ゲームにおいてリスクを嫌悪するようになった（Kandasamy et al., 2014）。

❊BOX 21❊ ソマティックマーカー仮説

　ソマティックマーカー（somatic marker：身体信号）仮説では、私たちが外界の出来事を経験したときや、出来事について思い浮かべたときに情動反応として生じる身体状態の変化が選択場面において積極的な役割を果たすとされている（Damasio, 1994）。例えば、恐ろしい出来事や喜ばしい出来事を経験すると、心拍数や血圧の変化などの自律神経系の反応や、表情や姿勢などの骨格筋系の反応が起こる。そして、そのときの身体状態が脳に伝えられると，それらは出来事の価値を反映するマーカーとなる。また，選択肢のイメージを思い浮かべただけでも「あたかも」身体的変化が起きたかのような情動反応の表象が脳内に生じるとされ、それが特定の選択肢の重要性を示すマーカーとなると想定する。すなわち、選択肢と結びついた情動反応の表象が、その特定の選択肢を選ばせたり避けさせたりするバイアスを生むとしている。また、このモデルでは、選択肢とソマティックマーカーを結びつける学習は主に前頭葉腹内側領域で起こること、マーカーは意識的にも無意識的にも作用しうること、マーカーは理性的な判断が始まる前に作用して注意や作業記憶を活性化すること、などが想定されている。

　この仮説の着想は、フィネアス・ゲージに代表されるような前頭葉損傷患者の記録や現実生活での観察から得られている。それらの患者は、抽象的で論理的な判断には問題がないにもかかわらず、私生活や社会生活上の選択において困難が見られ、また情動反応も乏しい。このような観察に基づいて、Damasio（1994）は、完全に理性的な判断だけでは適切な選択を行う上で不十分であり、無数の選択肢をふるいにかけて特定の選択肢に注意を向けさせるようなソマティックマーカーが選択を助けると考えている。また、これに関連して、モデルと利用可能性ヒューリスティック（⇒II-6）との関係についても論じている。この仮説で提唱されている適切な意思決定における無自覚の情動的身体反応の役割については，アイオワギャンブリング課題と呼ばれる実験的観察場面で皮膚電気反応（SCR）や脳機能イメージングを用いて検証されているが，仮説で用いている概念に曖昧な部分もあり、現時点では仮説すべてが検証されているわけではない。

引用文献一覧

Abramson, L. Y., Seligman, M. E. P., & Teasdale, J. D. (1978). Learned helplessness in humans: Critique and reformulation. *Journal of Abnormal Psychology, 87*, 49-74.

秋山学・竹村和久 (1994). 不快感情と関与が意思決定過程に及ぼす影響. 実験社会心理学研究, *34*, 58-68.

Allais, M. (1953). Rational man's behavior in the presence of risk: Critique of the postulates and axioms of the American school. *Econometrica, 21*, 503-546.

Allison, S. T., & Messick, D. M. (1985). The group attribution error. *Journal of Experimental Social Psychology, 21*, 563-579.

Alloy, L. B., & Abramson, L. Y. (1979). Judgment of contingency in depressed and nondepressed students: Sadder but wiser? *Journal of Experimental Psychology: General, 108*, 441-485.

Alloy, L. B., & Abramson, L. Y. (1988). Depressive realism: Four theoretical perspectives. In L. B. Alloy (Ed.), *Cognitive Processes in Depression* (pp. 223-265). New York: Guilford Press.

Alloy, L. B., & Tabachnik, N. (1984). Assessment of covariation by humans and animals: The joint influence of prior expectations and current situational information. *Psychological Review, 91*, 112-149.

Alter, A. L. (2013). The benefits of cognitive disfluency. *Current Directions in Psychological Science, 22*, 437-442.

Alter, A. L., & Oppenheimer, D. M. (2006). Predicting short-term stock fluctuations by using processing fluency. *Proceedings of the National Academy of Sciences, 103*, 9369-9372.

Alter, A. L., Oppenheimer, D. M., Epley, N., & Eyre, R. N. (2007). Overcoming intuition: Metacognitive difficulty activates analytic reasoning. *Journal of Experimental Psychology: General, 136*, 569-576.

Apanovitch, A. M., McCarthy, D., & Salovey, P.(2003). Using message framing to motivate HIV testing among low-income, ethnic minority women. *Health Psychology, 22*, 60-67.

Ariely, D., Loewenstein, G., & Prelec, D. (2003). "Coherent arbitrariness": Stable demand curves without stable preferences. *The Quarterly Journal of Economics, 118*, 73-106.

Arkes, H. R., & Blumer, C. (1985). The psychology of sunk cost. *Organizational Behavior & Human Decision Processes, 35*, 124-140.

Asch, S. E. (1951). Effects of group pressure upon the modification and distortion of judgment. In H. Guetzkow (Ed.), *Groups, Leadership and Men*. Pittsburgh, PA: Carnegie Press.

Barber, B. M., & Odean, T. (2000). Trading is hazardous to your wealth: The common stock investment performance of individual investors. *Journal of Finance, 55*, 773–806.

Barber, B. M., & Odean, T. (2001). Boys will be boys: Gender, overconfidence, and common stock investment. *Quarterly Journal of Economics, 116*, 261–292.

Bar-Hillel, M. (1980). The base-rate fallacy in probability judgments. *Acta Psychologica, 44*, 211–233.

Bar-Hillel, M., & Wagenaar, W. A. (1993). The perception of randomness. In G. Keren, & C. Lewis (Eds.), *A Handbook for Data Analysis in the Behavioral Sciences: Methodological Issues* (pp. 369–393). Hillsdale, NJ: Erlbaum Associates.

Baron, J. (1994). *Thinking and Decision* (2nd ed.). New York: Cambridge University Press.

Baron, R. S., Kerr, N. L., & Miller, N. (1992). *Group Process, Group Decision, Group Action*. Philadelphia, PA: Open University Press.

Baum, W. M. (1974). On two types of deviation from the matching law: Bias and undermatching. *Journal of the Experimental Analysis of Behavior, 22*, 231–242.

Baum, W. M. (1979). Matching, undermatching, and overmatching in studies of choice. *Journal of the Experimental Analysis of Behavior, 32*, 269–281.

Baum, W. M. (1982). Choice, changeover, and travel. *Journal of the Experimental Analysis of Behavior, 38*, 35–49.

Baum, W. M., & Davison, M. (2004). Choice in a variable environment: Visit patterns in the dynamics of choice. *Journal of the Experimental Analysis of Behavior, 81*, 85–127.

Bazerman, M. H., & Moore, D. A. (2008). *Judgment in Managerial Decision Making, 7th ed*. New York: Wiley & Sons.

Bechara, A., & Damasio, A. R. (2005). The somatic marker hypothesis: A neural theory of economic decision. *Games and Economic Behavior, 52*, 336–372.

ベック A . T. (1990). 認知療法―精神療法の新しい発展―. 大野裕 (訳). 岩崎学術出版社. (Beck, A. T. (1976). *Cognitive Therapy and the Emotional Disorders*. New York: International University Press.)

Beck, A. T. (1991). Cognitive therapy: A 30-year retrospective. *American Psychologist, 46*, 368–375.

Becker, S. W., & Brownson, F. O. (1964). What price ambiguity? Or the role of ambiguity in decision making. *Journal of Political Economy, 72*, 62–73.

Bell, D. E. (1982). Disappointment in decision making under uncertainty. *Operations Research, 33*, 1–27.

Bell, D. E., Raiffa, H., & Tversky, A. (1988). Descriptive, normative, and prescriptive interactions in decision making. In D. E. Bell, H. Raiffa, & A. Tversky (Eds.), *Decision Making: Descriptive, Normative, and Prescriptive Interactions* (pp. 9–30). New York: Cambridge University Press.

Belsky, G., & Gilovich, T. (1999). *Why Smart People Make Big Money Mistakes and How to Correct Them: Lessons from the New Science of Behavioral Economics*. New York: Simon & Schuster. (ベルスキー, G., & ギロヴィッチ, T. (2003). 人はなぜお

金で失敗するのか. 鬼澤忍（訳）. 日本経済新聞社.）

Benartzi, S. & Thaler, R. (1995). Myopic loss aversion and the equity premium puzzle. *Quartely Journal of Economics, 110*, 73-92.

Berndsen, M., Spears, R., Pligt, J., & McGarty, C. (1999). Determinants of intergroup differentiation in the illusory correlation task. *British Journal of Psychology, 90*, 201-220.

バーンスタイン，ピーター.（1998）. リスク―神々への反逆―（上）（下）. 青山護（訳）. 日本経済新聞社.（Bernstein, P. L. (1998). *Against the Gods: Remarkable Story of Risk*. New York: John Wiley.）

Black, W. C., Nease Jr., R. F., & Tosteson, A. N. (1995). Perceptions of breast cancer risk and screening effectiveness in women younger than 50 years of age. *Journal of the National Cancer Institute, 87*, 720-731.

Bornstein, R. F. (1989). Exposure and affect: Overview and meta-analysis of research, 1968-1987. *Psychological Bulletin, 106*, 265-289.

Bornstein, R. F., & D'Agostino, P. R. (1992). Stimulus recognition and the mere exposure effect. *Journal of Personality and Social Psychology, 63*, 545-552.

Bornstein, R. F., & D'Agostino, P. R. (1994). The attribution and discounting of perceptual fluency: Preliminary tests of a perceptual fluency/attributional model of the mere exposure effect. *Social Cognition, 12*, 103-128.

Boster, F., & Hale, J. (1989). Responsive scale ambiguity as a moderator of the choice shift. *Communication Research, 16*, 532-551.

Bouts, P., & Avermaet, E. V. (1992). Drawing familiar or unfamiliar cards: Stimulus familiarity, chance orientation, and the illusion of control. *Personality and Social Psychology Bulletin, 18*, 331-335.

Brainerd, C. J., & Reyna, V. F. (2004). Fuzzy-trace theory and memory development. *Developmental Review, 24*, 396-439.

Briggs, R. (2019). Normative Theories of Rational Choice: Expected Utility. In E. N. Zalta (Ed.), *The Stanford Encyclopedia of Philosophy* (Fall 2019 edition). http://plato. stanford.edu/archives/fall2014/entries/rationality-normative-utility/.

Brodbeck, F. C., Kerschreiter, R., Mojzisch, A., & Schulz-Hardt, S. (2007). Group decision making under conditions of distributed knowledge: The information asymmetries model. *Academy of Management Review, 32*, 459-479.

Brosnan, S. F., & de Waal, F. B. M. (2003). Monkeys reject unequal pay. *Nature, 425*, 297-299.

Brosnan, S. F., & de Waal, F. B. M. (2012). Fairness in animals: Where to from here? *Social Justice Research, 25*, 336-351.

Brosnan, S. F., Talbot, C., Ahlgren, M., Lambeth, S. P., & Schapiro, S. J. (2010). Mechanisms underlying responses to inequitable outcomes in chimpanzees, *Pan troglodytes*. *Animal Behaviour, 79*, 1229-1237.

Brownstein, A. J., & Pliskoff, S. S. (1968). Some effects of relative reinforcement rate and changeover delay in response-independent concurrent schedules of reinforcement.

Journal of the Experimental Analysis of Behavior, 11, 683–688.

Buckert, M., Schwieren, C., Kudielka, B. M., & Fiebach, C. J. (2014). Acute stress affects risk taking but not ambiguity aversion. *Frontiers in neuroscience, 8*, 82.

Budescu, D. V., Broomell, S., & Por, H. H. (2009). Improving communication of uncertainty in the reports of the Intergovernmental Panel on Climate Change. *Psychological Science, 20*, 299–308.

Burger, J. M., & Cooper, H. M. (1979). The desirability of control. *Motivation and Emotion, 3*, 381–393.

Burnstein, E. & Vinokur, A. (1973). Testing two classes of theories about group induced shifts in individual choice. *Journal of Experimental Social Psychology, 9*, 123–137.

Busemeyer, J. R., & Diederich, A. (2002). Survey of decision field theory. *Mathematical Social Sciences, 43*, 345–370.

Busemeyer, J. R., & Townsend, J. T. (1993). Decision field theory: A dynamic-cognitive approach to decision making in an uncertain environment. *Psychological Review, 100*, 432–459.

Bush, R. R., & Mosteller, F. (1951). A mathematical model for simple learning. *Psychological Review, 58*, 313–323.

Camerer, C. F., & Kunreuther, H. (1989). Decision processes for low probability events: Policy implications. *Journal of Policy Analysis and Management, 8*, 565–592.

Camerer, C., Loewenstein, G., & Prelec, D. (2005). Neuroeconomics: How neuroscience can inform economics. *Journal of Economic Literature, 43*, 9–64.

Caraco, T., Martindale, S. & Whittam, T. S. (1980). An empirical demonstration of risk-sensitive foraging preferences. *Animal Behaviour, 28*, 820–830.

Carnap, R. (1950). *Logical Foundations of Probability* (2nd ed.). Chicago, IL: University of Chicago.

Casscells, W., Schoenberger, A., & Garyboys, T. (1978). Interpretation by physicians of clinical laboratory results. *New England Journal of Medicine, 299*, 999–1000.

Catania, A. C. (1975). Freedom and knowledge: An experimental analysis of preference in pigeons. *Journal of the Experimental Analysis of Behavior, 24*, 89–106.

Chaiken, S., & Eagly, A. H. (1989). Heuristic and systematic information processing within and beyond the persuasion context. In J. S. Uleman, & J. A. Bargh (Eds.), *Unintended Thought: Limits of Awareness, Intention, and Control* (pp. 212–252). New York: Guilford Press.

Chapman, G. B. (2004). The psychology of medical decision making. In D. J. Koehler and N. Harvey (Eds.), *Blackwell Handbook of Judgment & Decision Making* (pp. 585–603). New York: Blackwell.

Chapman, G. B., Li, M., Colby, H., & Yoon, H. (2010). Opting in vs opting out of influenza vaccination, *JAMA, 304*, 43–44.

Chapman, L. J. (1967). Illusory correlation in observational report. *Journal of Verbal Learning and Verbal Behavior, 6*, 151–155.

Chapman, L. J., & Chapman, L. P. (1967). Genesis of popular but erroneous psychodiagnostic observations. *Journal of Abnormal Psychology, 73*, 193-204.

Charnov, E. L. (1976a). Optimal foraging: Attach strategy of a mantid. *The American Naturalist, 110*, 141-151.

Charnov, E. L. (1976b). Optimal foraging: The marginal value theorem. *Theoretical Population Biology, 9*, 129-136.

Christensen-Szalanski, J. J., & Bushyhead, J. B. (1981). Physicians' use of probabilistic information in a real clinical setting. *Journal of Experimental Psychology: Human Perception and Performance, 7*, 928-935.

Chu, Y. P., & Chu, R. L. (1990). The subsidence of preference reversals in simplified and marketlike experimental settings: A note. *American Economic Review, 80*, 902-911.

Combs, B., & Slovic, P. (1979), Newspaper coverage of causes of death. *Journalism Quarterly, 56*, 837-843, 849.

Conger, R., & Killeen, P. (1974). Use of concurrent operants in small group research. *Pacific Sociological Review, 17*, 399-416.

Connolly, T., Arkes, H. R., & Hammond, K. R. (Eds.) (2000). *Judgment and Decision Making: An Interdisciplinary Reader* (2nd ed.). Cambridge University Press.

Coombs, C. H., Dawes, R. M., & Tversky, A. (1970). *Mathematical Psychology: An Elementary Introduction*. Englewood Cliffs, NJ: Prentice-Hall.

Cosmides, L., & Tooby, J. (1990). Is the mind a frequentist? In 31st Annual Meeting of the Psychonomics Society, New Orleans, LA.

Curley, S. P., Eraker, S. A., & Yates, J. F. (1984). An investigation of patient's reactions to therapeutic uncertainty. *Medical Decision Making, 4*, 501-511.

Curley, S. P., & Yates, J. F. (1985). The center and range of the probability interval as factors affecting ambiguity preference. *Organizational Behavior and Human Decision Processes, 36*, 273-287.

Curley, S. P., & Yates, J. F. (1989). An empirical evaluation of descriptive models of ambiguity reactions in choice situations. *Journal of Mathematical Psychology, 33*, 397-427.

Damasio, A. (1994). *Descartes' Error: Emotion, Reason, and the Human Brain*. London: Vintage Books.

Davis, J. H. (1969). *Group Performance*. Reading, MA: Addison-Wesley.

Davis, J. H. (1996). Group decision making and quantitative judgments: A consensus model. In E. H. Witte, & J. H. Davis (Eds.), *Understanding Group Behavior, Vol. 1: Consensual Action by Small Groups* (pp. 35-59). Hillsdale, NJ: Erlbaum.

Davis, J. H., Kerr, N. L., Atkins, R. S., Holt, R., & Meek D. (1975). The decision processes of 6- and 12-person mock juries assigned unanimous and two-thirds majority rules. *Journal of Personality and Social Psychology, 32*, 1-14.

Davison, M., & Baum, W. M. (2000). Choice in a variable environment: Every reinforcer counts. *Journal of the Experimental Analysis of Behavior, 74*, 1-24.

Davison, M., & Baum, W. M. (2003). Every reinforcer counts: Reinforcer magnitude and local preference. *Journal of the Experimental Analysis of Behavior, 80*, 95-129.

deBondt, W., & Thaler, R. (1985). Does the stock market overreact? *Journal of Finance, 40*, 793–805.

De Dreu, C. K., Nijstad, B. A., & van Knippenberg, D. (2008). Motivated information processing in group judgment and decision making. *Personality and Social Psychology Review, 12*, 22–49.

De Finetti, B. (1989). Probabilism. *Erkenntnis, 31*, 169–223.

Delfabbro, P. H., & Winefield, A. H. (1999). Poker-machine gambling: An analysis of within session characteristics. *British Journal of Psychology, 90*, 425–439.

Diab, D. L., Gillespie, M. A., & Highhouse, S. E. (2008). Are maximizers really unhappy? The measurement of maximizing tendency. *Judgment and Decision Making Journal, 3*, 364.

Diener, E., Wirtz, D., & Oishi, S. (2001). End effects of rated life quality: The James Dean effect. *Psychological Science, 12*, 124–128.

Dijkstra, K. A., van der Pligt, J., & van Kleef, G. A. (2012). Deliberation versus intuition: Decomposing the role of expertise in judgment and decision making. *Journal of Behavioral Decision Making, 26*, 285–294.

Dixon, M. R., & Schreiber, J. E. (2004). Near-miss effects on response latencies and win estimations of slot machine players. *Psychological Record, 54*, 335–348.

Dunn, E. W., Wilson, T. D., & Gilbert, D. T. (2003). Location, location, location: The misprediction of satisfaction in housing lotteries. *Personality and Social Psychology Bulletin, 29*, 1421–1432.

Eagly, A. H., & Chaiken, S. (1993). *The Psychology of Attitudes*. Fort Worth, TX: Harcourt Brace Jovanovich.

Earle, T. C., & Cvetkovich, G. (1995). *Social Trust: Toward a Cosmopolitan Society*. Greenwood Publishing Group.

Eastwick, O. W., & Finkel, E. J. (2008). Sex differences in mate preferences revisited: Do people know what they initially desire in a romantic partner? *Journal of Personality and Social Psychology, 94*, 245–264.

Ebeling, F., & Lotz, S. (2015). Domestic uptake of green energy promoted by opt-out tariffs, *Nature Climate Change, 5*, 868–871.

Edwards, W. (1961). Probability learning in 1000 trials. *Journal of Experimental Psychology, 62*, 385–394.

Edwards, W. (1968). Conservatism in human information processing. In B. Kleinmuntz (Ed.), *Formal Representation of Human Judgment* (pp. 17–51). New York: Wiley.

Edwards, W., & von Winterfeldt, D. (1986). *Decision Analysis and Behavioral Research*. Cambridge University Press.

Ehrlich, D., Guttman, I., Schonback, P., & Mills, J. (1957). Postdecision exposure to relevant information. *Journal of Abnormal and Social Psychology, 54*, 98–102.

Einhorn, H. J., & Hogarth, R. M. (1985). Ambiguity and uncertainty in probabilistic inference. *Psychological Review, 92*, 433–461.

Einhorn, H. J., & Hogarth, R. M. (1986). Decision making under ambiguity. *Journal of*

Business, 59, 225–249.

Ellsberg, D. (1961). Risk, ambiguity, and the Savage axioms. *Quarterly Journal of Economics, 75*, 643–669.

Elsmore, T. F., Fletcher, G. V., Conrad, D. G., & Sodetz, F. J. (1980). Reduction of heroin intake in baboons by an economic constraint. *Pharmacology Biochemistry & Behavior, 13*, 729–731.

Epley, N. & Gilovich, T.(2001). Putting adjustment back in the anchoring and adjustment heuristic: Differential processing of self-generated and experimenter-provided anchors. *Psychological Science, 12*, 391–396.

Epley, N., & Gilovich, T. (2006). The anchoring-and-adjustment heuristic; Why the adjustments are insufficient. *Psychological Science, 17*, 311–318.

Epley, N., Mak, D., & Idson, L. C. (2006). Bonus of rebate?: The impact of income framing on spending and saving. *Journal of Behavioral Decision Making, 19*, 213–227.

Esser, J. K. (1998). Alive and well after 25 years: A review of groupthink research. *Organizational Behavior and Human Decision Processes, 73*, 116–141.

Esser, J. K., & Lindoerfer, J. S. (1989). Groupthink and the space shuttle Challenger accident: Toward a quantitative case analysis. *Journal of Behavioral Decision Making, 2*, 167–177.

Estle, S. J., Green, L., Myerson, J., & Holt, D. D. (2007). Discounting of monetary and directly consumable rewards. *Psychological Science, 18*, 58–63.

Evans, J. S. B., & Frankish, K. E. (2009). *In Two Minds: Dual Processes and Beyond*. Oxford: Oxford University Press.

Fagerlin, A., Zikmund-Fisher, B. J., Ubel, P. A., Jankovic, A., Derry, H. A., & Smith, D. M. (2007). Measuring numeracy without a math test: Development of the Subjective Numeracy Scale. *Medical Decision Making, 27*, 672–680.

Fantino, E., & Abarca, N. (1985). Choice, optimal foraging, and the delay-reduction hypothesis. *Behavioral and Brain Sciences, 8*, 315–330.

Faraday, M. (1861). *Faraday's Chemical History of a Candle*. Chicago Review Press. (ファラデー, M. (2010). ロウソクの科学. 竹内敬人 (訳). 岩波書店.)

フェラー, W. (1960). 確率論とその応用 I (上). 河田龍夫 (監訳). 紀伊國屋書店. (Feller, W. (1957). *An Introduction to Probability Theory and Its Applications* (3rd ed., Vol.1). New York: Wiley.)

Ferster, C. B., & Skinner, B. F. (1957). *Schedules of Reinforcement*. New York: Appleton-Century-Crofts.

Festinger, L. (1957). *A Theory of Cognitive Dissonance*. Evanston, IL: Row, Peterson.

Fiedler, K. (1988). The dependence of the conjunction fallacy on subtle linguistic factors. *Psychological Research, 50*, 123–129.

Fiedler, K. (1991). The tricky nature of skewed frequency tables: An information loss account of distinctiveness-based illusory correlations. *Journal of Personality and Social Psychology, 60*, 24–36.

Fiedler, S., & Glöckner, A. (2012). The dynamics of decision making in risky choice: An eye-tracking analysis. *Frontiers in Psychology, 3*, 181-195.

Finucane, M. L., Alhakami, A., Slovic, P., & Johnson, S. M. (2000a). The affect heuristic in judgments of risks and benefits. *Journal of Behavioral Decision Making, 13*, 1-17.

Finucane, M. L., Slovic, P., Mertz, C. K., Flynn, J., & Satterfield, T. A. (2000b). Gender, race, and perceived risk: The 'white male' effect. *Health, Risk & Society, 2*, 159-172.

Fischhoff, B., Slovic, P., & Lichtenstein, S. (1978). Fault trees: Sensitivity of estimated failure probabilities to problem representation. *Journal of Experimental Psychology: Human Perception and Performance, 4*, 330-344.

Flowers, M. L. (1977). A laboratory test of some implications of Janis' groupthink hypothesis. *Journal of Personality and Social Psychology, 35*, 888-896.

Flynn, J., Slovic, P., & Mertz, C. K. (1994). Gender, race, and perception of environmental health risks. *Risk Analysis, 14*, 1101-1108.

Fox, C. R., & Tversky, A. (1995). Ambiguity aversion and comparative ignorance. *Quarterly Journal of Economics, 110*, 585-603.

Frederick, S. (2005). Cognitive reflection and decision making. *The Journal of Economic Perspectives, 19*, 25-42

Frederick, S., Loewenstein, G., & O'Donoghue, T. (2003). Time discounting and time preference: A critical review. In G. Loewenstein, D. Read, & R. F. Baumeister (Eds.), *Time and Decision* (pp.13-86). New York: Russel Sage Foundation.

Fredrickson, B.L. (2000). Extracting meaning from past affective experiences: The importance of peaks, ends, and specific emotions. *Cognition & Emotion, 14*, 577-606.

Frenkel, O. J., & Doob, A. N. (1976). Post-decision dissonance at the polling booth. *Canadian Journal of Behavioural Sciences, 8*, 347-350.

藤垣裕子・廣野喜幸（編）（2008）. 科学コミュニケーション論. 東京大学出版会.

藤井聡・竹村和久（2001）. リスク態度と注意—状況依存焦点モデルによるフレーミング効果の計量分析—. 行動計量学, *28*, 9-17.

Fujimaki, S., & Sakagami, T. (2016). Experience that much work produces many reinforcers makes the sunk cost fallacy in pigeons: A preliminary test. *Frontiers in psychology, 7*, 363.

深田博己（編）（1999）. コミュニケーション心理学—心理学的コミュニケーション論への招待—. 北大路書房.

Galesic, M., & Garcia-Retamero, R. (2011). Graph literacy: A cross-cultural comparison. *Medical Decision Making, 31*, 444-457.

Galton, F. (1907). Vox populi (the wisdom of crowds). *Nature, 75*, 450-451.

蒲生裕司（2017）. よくわかるギャンブル障害. 星和書店.

Garcia-Retamero, R., Galesic, M., & Gigerenzer, G. (2010). Do icon arrays help reduce denominator neglect? *Medical Decision Making, 30*, 672-684.

Gärdenfors, P , & Sahlin, N. E. (1982). Unreliable probabilities, risk taking, and decision making. *Synthese, 53*, 361-386.

Gigerenzer, G. (1991). How to make cognitive illusions disappear: Beyond "heuristics and biases". *European Review of Social Psychology, 2*, 83-115.

Gigerenzer, G. (1996a). On narrow norms and vague heuristics: A reply to Kahneman and Tversky. *Psychological Review, 103*, 592-596

Gigerenzer, G. (1996b). The psychology of good judgment: Frequency formats and simple algorithms. *Medical Decision Making, 16*, 273-280.

Gigerenzer, G. (2001). Content-blind norms, no norms, or good norms? A reply to Vranas. *Cognition, 81*, 93-103.

Gigerenzer, G. (2002). *Calculated Risks: How to Know When Numbers Deceive You*. New York: Simon & Schuster.（ギーゲレンツァー, G.（2010）. リスク・リテラシーが身につく統計的思考法―初歩からベイズ推定まで―. 吉田 利子（訳）. 早川書房.）

Gigerenzer, G. (2006). Out of the frying pan into the fire: Behavioral reactions to terrorist attacks. *Risk Analysis, 26*, 347-351.

Gigerenzer, G., & Goldstein, D. G. (1999). Betting on one good reason: The take the best heuristic. In G. Gigerenzer, P. M. Todd, & ABC Research group (Eds.), *Simple Heuristics That Make Us Smart* (pp. 75-95). Oxford University Press.

Gigerenzer, G., & Todd, P. M. (1999). Fast and frugal heuristics: The adaptive toolbox. In G. Gigerenzer, P. M. Todd, & ABC Research group (Eds.), *Simple Heuristics That Make Us Smart* (pp. 3-34). New York: Oxford University Press.

Gilbert, D. T., Pinel, E. C., Wilson, T. D., Blumberg, S. J., & Wheatley, T. P. (1998). Immune neglect: A source of durability bias in affective forecasting. *Journal of Personality and Social Psychology, 75*, 617-638.

ギルボア, I. (2014). 不確実性下の意思決定理論. 川越敏司（訳）. 勁草書房.（Gilboa, I. (2009). *Theory of Decision under Uncertainty*. Cambridge University Press.）

ギルボア, I.・シュマイドラー, D. (2005). 決め方の科学―事例ベース意思決定理論―. 浅野貴央・尾山大輔・松井彰彦（訳）. 勁草書房.（Gilboa, I., & Schmeidler, D. (2001). *A Theory of Case-based Decisions*. New York: Cambridge University Press.）

ギリース, D. (2004). 確率の哲学理論. 中山智恵子（訳）. 日本経済評論社.（Gillies, D. (2000). *Philosophical Theories of Probability*. Routledge.）

Gilovich, T., & Medvec, V. H. (1994). The temporal pattern to the experience of regret. *Journal of Personality and Social Psychology, 67*, 357-365.

Gilovich, T., & Medvec, V. H. (1995). The experience of regret: What, when, and why. *Psychological Review, 102*, 379-395.

Gilovich, T., Savitsky, K., & Medvec, V. H. (1998). The illusion of transparency: Biased assessments of others' ability to read one's emotional states. *Journal of Personality and Social Psychology, 75*, 332-346.

Gilovich, T., Vallone, R., & Tversky, A. (1985). The hot hand in basketball: On the misperception of random sequences. *Journal of Personality and Social Psychology, 17*, 295-314.

Glimcher, P. W. (2003). *Decisions, Uncertainty, and the Brain: The Science of Neuroeconomics*. The MIT Press.（グリムシャー, P. W. (2008). 神経経済学入門―不確実な状

況で脳は同意し決定するのか―. 宮下英三（訳）. 生産性出版.）

Glimcher, P. W., & Fehr, E. (2014). *Neuroeconomics: Decision Making and the Brain* (2nd ed.). Academic Press.

Gneezy, U., & Potters, J. (1997). An experiment on risk taking and evaluation periods. *Quarterly Journal of Economics, 11*, 631-645.

Gowda, R. & Fox, J. C. (Eds.) (2002). *Judgments, Decisions, and Public Policy*. Cambridge University Press.

Graham, T. W., & Kramer, B. M. (1986). The polls: ABM and star wars: Attitudes toward nuclear defense, 1945-1985. *The Public Opinion Quarterly, 50*, 125-134.

Greene, J. D., Sommerville, R. B., Nystrom, L. E., Darley, J. M., & Cohen, J. D. (2001). An fMRI investigation of emotional engagement in moral judgment. *Science, 293*, 2105-2108.

Green, L., & Freed, D. E. (1998). Behavioral economics. In W. O'Donohue (Ed.), *Learning and Behavior Therapy* (pp. 274-300). Boston, MA: Allyn & Bacon.

Green, L., Fisher, E. B., Jr., Perlow, S., & Sherman, L. (1981). Preference reversal and self control: Choice as a function of reward amount and delay. *Behaviour Analysis Letters, 1*, 43-51.

Green, L., Fry, A. F., & Myerson, J. (1994). Discounting of delayed rewards: A life-span comparison. *Psychological Science, 5*, 33-36.

Green, L., & Myerson, J. (2004). A discounting framework for choice with delayed and probabilistic rewards. *Psychological Bulletin, 130*, 769-792.

Green, L., & Myerson, J. (2010). Experimental and correlational analyses of delay and probability discounting. In G. J. Madden, & W. K. Bickel (Eds.), *Impulsivity: The Behavioral and Neurological Science of Discounting* (pp. 67-92). Washington, DC: American Psychological Association.

Green, L., Myerson, J., & Ostaszewski, P. (1999). Amount of reward has opposite effects on the discounting of delayed and probabilistic outcomes. *Journal of Experimental Psychology: Learning, Memory, and Cognition, 25*, 418-427.

Green, L., & Rachlin, H. (1996). Commitment using punishment. *Journal of the Experimental Analysis of Behavior, 65*, 593-601.

Grosch, J., & Neuringer, A. (1981). Self-control in pigeons under the Mischel paradigm. *Journal of the Experimental Analysis of Behavior, 35*, 3-21.

Gul, F. (1991). A theory of disappointment aversion. *Econometrica: Journal of the Econometric Society, 59*, 667-686.

Gulliksen, H. (1934). A rational equation of the learning curve based on Thorndike's law of effect. *The Journal of General Psychology, 11*, 395-434.

Güth, W., Schmittberger, R., & Schwarze, B. (1982). An experimental analysis of ultimatum bargaining. *Journal of Economic Behavior and Organization, 3*, 367-388.

Haaga, D. A. F., & Beck, A. T. (1994). Perspectives on depressive realism: Implications for cognitive theory of depression. *Behavioral Research and Therapy, 33*, 41-48.

Hacking, I. (2001). *An Introduction to Probability and Inductive Logic*. Cambridge

University Press.

Hájek, A. (2019). "Interpretations of probability". In E. N. Zalta (Ed.), *The Stanford Encyclopedia of Philosophy* (Fall 2019 edition). https://plato.stanford.edu/archives/fall2019/entries/probability-interpret/

Hake, H. W., & Hyman, R. (1953). Perception of the statistical structure of series of binary symbols. *Journal of Experimental Psychology, 45*, 64-74.

Hamilton, D. L., & Gifford, R. K. (1976). Illusory correlation in interpersonal perception: A cognitive basis of stereotypic judgments. *Journal of Experimental Social Psychology, 12*, 392-407.

Hanson, J., & Green, L. (1989a). Foraging decisions: Patch choice and exploitation by pigeons. *Animal Behaviour, 37*, 968-986.

Hanson, J., & Green, L. (1989b). Foraging decisions: Prey choice by pigeons. *Animal Behaviour, 37*, 429-443.

Harrison, A. A. (1977). Mere exposure. In L. Berkowitz (Ed.), *Advances in Experimental Social Psychology*. (Vol. 10, pp. 39-83). New York: Academic Press.

長谷川計二（1991）．社会的ジレンマ．小林淳一・木村邦博（編），考える社会学（pp. 30-43）．ミネルヴァ書房.

長谷川芳典（1994）．拡散的思考と創造性―乱数生成行動の学習要因の実験的分析―．日本創造学会（編），異分野・異文化の交流と創造性―創造性研究10―（pp. 142-159）．共立出版.

長谷川芳典（2008）．乱数生成行動と行動変動性―50年を超える研究の流れと今後の展望―．行動分析学研究, *22*, 164-173.

Hastie, R. (1983). Review essay: Experimental evidence on group accuracy. In B. Grofman, & G. Owen (Eds.), *Information Pooling and Group Decision Making: Proceedings of the Second University of California, Irvine, Conference on Political Economy* (pp. 129-157). Greenwich, CT: JAI Press.

Hastjarjo, T. D. (1993). *Kalibrasi di Kalangan Mahasiswa* (Calibration Among Students). *Laporan Penelitian* (Research Report). Fakultas Psikologi, Universitas Gadjah Mada, Indonesia: Yogyakarta.

Heath, C., & Tversky, A. (1991). Preference and belief: Ambiguity and competence in choice under uncertainty. *Journal of Risk and Uncertainty, 4*, 5-28.

Heider, F. (1958). *The Psychology of Interpersonal Relations*. New York: Wiley.

Henslin, J. M. (1967). Craps and magic. *American Journal of Sociology, 73*, 316-330.

Herrnstein, R. J. (1961). Relative and absolute strength of response as a function of frequency of reinforcement. *Journal of the Experimental Analysis of Behavior, 4*, 267-272.

Herrnstein, R. J. (1964). Aperiodicity as a factor in choice. *Journal of the Experimental Analysis of Behavior, 7*, 179-182.

Herrnstein, R. J., & Heyman, G. M. (1979). Is matching compatible with reinforcement maximization on concurrent variable interval, variable ratio? *Journal of the Experimental Analysis of Behavior, 31*, 209-223.

Herrnstein, R. J., & Vaughan, W., Jr. (1980). Melioration and behavioral allocation. In J. E. R. Staddon (Ed.), *Limits to Action: The Allocation of Individual Behavior* (pp. 143-176). New York: Academic Press.

Hertwig, R. (2016). Decisions from experience. In G. Keren, & G. Wu (Eds.), *The Wiley Blackwell Handbook of Judgment and Decision Making* (pp. 239-267). Wiley & Blackwell.

Hertwig, R., Hoffrage, U., & ABC Research Group. (2012). *Simple Heuristics in a Social World*. New York: Oxford University Press.

Hertwig, R., Zangerl, M. A., Biedert, E., & Margraf, J. (2008). The public's probabilistic numeracy: How tasks, education and exposure to games of chance shape it. *Journal of Behavioral Decision Making, 21*, 457-470.

Hill, G. W. (1982). Group versus individual performance: Are N + 1 heads better than one? *Psychological Bulletin, 91*, 517-539.

Hintz, V. B., Tindale, R. S., & Vollrath, D. A. (1997). The emerging conceptualization of groups as information processers. *Psychological Bulletin, 121*, 43-64.

平岡恭一（1997）．選択行動の巨視的理論と微視的理論．行動分析学研究，*11*, 109-129.

廣野喜幸（2013）．サイエンティフィック・リテラシー——科学技術リスクを考える—．丸善出版．

広田すみれ（1999）．個人内データによる継時的／共時的選択肢呈示効果の実験的分析．第63回日本心理学会大会発表集，833.

広田すみれ（2011）リスクコミュニケーションにおける確率を用いた不確実性伝達の心理学的課題．心理学評論，*54* (2), 153-167.

広田すみれ（2013）．地震の確率予測を人はどう判断しているか？—ニューメラシーによる違い—．日本心理学会第77回大会発表論文集，258.

広田すみれ（2014）．事故・災害生起確率の集団・時間表現によるリスク認知の違い．社会心理学研究，*30*, 121-131.

広田すみれ（2015）．日本の一般市民のニューメラシーや教育水準が意思決定バイアスに与える影響．認知科学，*22*, 409-425.

Hirota, S. & Oki, S. (2016). Measurement of the thresholds of fear using methods of limits and effectiveness of colors in contrast of numbers in communicating probabilistic earthquake forecasting. *Proceedings of 31th International Conference of Psychology*, 169.

Hirota, S., & Sakagami, T. (2005). Commentary: What are simple heuristics for studying simple heuristics? *Behavioural Processes, 69*, 129-130.

広田すみれ・大木聖子（2016）．地震長期予測地図提示による対処行動の変容への属性要因の影響——一般化線形モデルによる分析—．日本行動計量学会第44回大会発表論文集，186-187.

広田すみれ・増田真也・坂上貴之（2001）．多次元尺度構成法による曖昧さの異なる選択場面間の選択構造．日本心理学会第64回大会発表論文集，581.

広田すみれ・増田真也・坂上貴之（2004）．競合分割パターンが選好に与える影響．日本心理学会第68回大会発表論文集，985.

広田すみれ・増田真也・坂上貴之（2005）．極めて小さい競合者の存在が競合分割パターンの評価に与える影響．日本心理学会第69回大会発表論文集，1077．

広田すみれ・坂上貴之（1997）．個体内データの分析による実験場面と質問紙法での選択行動の違いの検討．第61回日本心理学会大会発表論文集，975．

Hoffman, E., McCabe, K., Shachat, K., & Smith, V. L. (1994). Preferences, property rights and anonymity in bargaining games. *Games and Economic Behavior, 7*, 346-380.

Homans, G. C. (1961). *Social Behavior: Its Elementary Forms*. New York: Harcourt Brace Jovanovich. （ホーマンズ，G. C.（1978）．社会行動―その基本形態―．橋本茂（訳）．誠信書房．）

Honda, H., Ogawa, M., Murakoshi, T., Masuda, T., Utsumi, K., Nei, D., & Wada, Y. (2015). Variation in risk judgment on radiation contamination of food: Thinking trait and profession. *Food Quality and Preference, 46*, 119-125.

Horowitz, J. K., & McConnell, K. E. (2002). A review of WTA/WTP studies. *Journal of Environmental Economics and Management, 44*, 426-447.

House, R. J. (1972). Role conflict and ambiguity as critical variables in a model of organizational behavior. *Organizational Behavior and Human Performance, 7*, 467-505.

Hsee, C. K. (1998). Less is better: When low-value options are valued more highly than high-value options. *Journal of Behavioral Decision Making, 11*, 107-121.

Hursh, S. R. (1978). The economics of daily consumption controlling food- and water-reinforced responding. *Journal of the Experimental Analysis of Behavior, 29*, 475-491.

Hursh, S. R., & Bauman, R. A. (1987). The behavioral analysis of demand. In L. Green & J. H. Kagel (Eds.), *Advances in Behavioral Economics* (Vol. 1, pp. 117-165). Norwood, NJ: Ablex.

Hursh, S. R., & Natelson, B. H. (1981). Electrical brain stimulation and food reinforcement dissociated by demand elasticity. *Physiology & Behavior, 26*, 509-515.

Ingham, A. G., Levinger, G., Graves, J., & Peckham, V. (1974). The Ringelmann effect: Studies of group size and group performance. *Journal of Experimental Social Psychology, 10*, 371-384.

井上すみれ（1996）．リスク知覚におけるマス・メディア及び個人属性要因の影響研究．慶應義塾大学大学院社会学研究科博士論文．

伊勢田哲治・戸田山和久・調麻佐志・村上祐子（2013）．科学技術をよく考える―クリティカルシンキング練習帳―．名古屋大学出版会．

Isen, A. M. (2000). Positive affect and decision making. In M. Lewis & J. Haviland-Jones (Eds.), *Handbook of Emotions* (2nd ed.)(pp. 417-435). New York: Guilford Press.

Isen, A. M., & Geva, N. (1987). The influence of positive affect on acceptable level of risk: The person with a large canoe has a large worry. *Organizational Behavior and Human Decision Processes, 39*, 145-154.

Isen, A. M., & Patrick, R. (1983). The influence positive feelings on risk taking: When the chips are down. *Organizational Behavior and Human Performance, 31*, 194-202.

Isenberg, D. J. (1986). Group polarization: A critical review and meta analysis. *Journal of Personality and Social Psychology, 50*, 1141-1151.

ISO13000 2009 *Risk Management Dictionary.* (n.d.). http://www.praxiom.com/iso-31000-terms.htm（2016年6月17日検索）.

板垣文彦（1987）．人間の生成するランダム系列の評価に関する研究―新しいランダム性判定の基準の作成―．日本大学心理学研究, *8*, 1-9.

伊藤邦武（1997）．人間的な合理性の哲学―パスカルから現代まで―．勁草書房.

岩田規久男（1998）．投機．井上智允他（編），平凡社世界デジタル大百科事典（第2版）[CD-ROM].日立デジタル平凡社.

アイエンガー, シーナ．（2010）．選択の科学．櫻井祐子（訳）．文藝春秋．（Iyenger, S. (2010). *The Art of Choosing*. New York: Twelve.）

Iyengar, S. S., & Lepper, M. L. (2000). When choice is demotivating: Can one desire too much of good thing? *Journal of Personality and Social Psychology, 79*, 995-1006.

Jackson, S. E., & Schuler, R. S. (1985). A meta-analysis and conceptual critique of research on role ambiguity and role conflict in work settings. *Organizational Behavior and Human Decision Processes, 36*, 16-78.

Jacoby, L. L., & Kelley, C. M. (1987). Unconscious influences of memory for a prior event. *Personality and Social Psychology Bulletin, 13*, 314-336.

Jacowitz, K. E., & Kahneman, D. (1995). Measures of anchoring in estimation tasks. *Personality and Social Psychology Bulletin, 21*, 1161-1166.

Janis, I. L. (1982). *Groupthink: Psychological Studies of Policy Decisions and Fiascoes* (2nd ed.). Boston, MA: Houghton Mifflin.

Janis, I. L., & Feshbach, S. (1953). Effects of fear-arousing communications. *The Journal of Abnormal and Social Psychology, 48*, 78-92.

Janis, I. L., & Mann, L. (1977). *Decision Making*. New York: Free Press.

Joag, S. G., Mowen, J. C., & Gentry, J. W. (1990). Risk perception in a simulated industrial purchasing task: The effects of single versus multi-play decision. *Journal of Behavioral Decision Making, 3*, 91-108.

Johnson, E. J., & Goldstein, D. G. (2003). Do defaults save lives? *Science, 302*, 1338-1339.

Johnson, E. J., Hershey, J., Meszaros, J., & Kunreuther, H. (1993). Framing, probability distortions, and insurance decisions. *Journal of Risk and Uncertainty, 7*, 35-53.

Jones, B. A., & Rachlin, H. (2009). Delay, probability, and social discounting in a public goods game. *Journal of the Experimental Analysis of Behavior, 91*, 61-73.

Jones, E. E., & Nisbett, R. E. (1972). The actor and the observer: Divergent perceptions of the causes of behavior. In E. E. Jones, D. E. Kanouse, H. H. Kelly, R. E. Nisbett, S. Valins, & B. Weiner (Eds.), *Attribution: Perceiving the Causes of Behavior* (pp. 79-94). Morristown, NJ: General Learning Press.

Kacelnik, A., & Mouden, C. E. (2013). Triumphs and trials of the risk paradigm. *Animal Behaviour, 86*, 1117-1129.

Kahneman, D. (2011). *Thinking, Fast and Slow*. Macmillan.（カーネマン, D. (2013).

ファスト＆スロー――あなたの意思はどのように決まるか？―. 村井章子（訳）. 早川書房.）

Kahneman, D., & Frederick, S. (2002). Representativeness revisited: Attribute substitution in intuitive judgment. In T. Gilovich, D. Griffin, & D. Kahneman (Eds.), *Heuristics and Biases: The Psychology of Intuitive Judgment* (pp. 49-81). New York: Cambridge University Press.

Kahneman, D., Fredrickson, B. L., Schreiber, C. A., & Redelmeier, D. A. (1993). When more pain is preferred to less: Adding a better end. *Psychological Science, 4*, 401-405.

Kahneman, D., & Klein, G. (2009). Conditions for intuitive expertise: A failure to disagree. *American Psychologist, 64*, 515-526.

Kahneman, D., Knetsch, J. L., & Thaler, R. H. (1990). Experimental tests of the endowment effect and the Coase theorem. *The Journal of Political Economy, 98*, 1325-1348.

Kahneman, D., Knetsch, J. L., & Thaler, R. H. (1991). Anomalies: The endowment effect, loss aversion, and status quo bias. *The Journal of Economic Perspectives, 5*, 193-206.

Kahneman, D., & Miller, D. T. (1986). Norm theory: Comparing reality to its alternatives. *Psychological Review, 93*, 136-153.

Kahneman, D., & Snell, J. (1992). Predicting a changing taste: Do people know what they will like? *Journal of Behavioral Decision Making, 5*, 187-200.

Kahneman, D., & Tversky, A. (1972). Subjective probability: A judgment of representativeness. *Cognitive Psychology, 3*, 430-454.

Kahneman, D., & Tversky, A. (1973). On the psychology of prediction. *Psychological Review, 80*, 237-251.

Kahneman, D., & Tversky, A. (1979). Prospect theory: An analysis of decision under risk. *Econometrica: Journal of the Economic Society, 47*, 263-291.

Kahneman, D., & Tversky, A. (1982a). The psychology of preferences. *Scientific American, 246*, 160-173.

Kahneman, D., & Tversky, A. (1982b). The simulation heuristic. In D. Kahneman, P. Slovic, & A. Tversky (Eds.), *Judgment under Uncertainty: Heuristics and Biases* (pp. 201-208). Cambridge: Cambridge University Press.

Kahneman, D., & Tversky, A. (1984). Choices, values, and frames. *American Psychologist, 39*, 341-350.

Kahneman, D., & Tversky, A. (1996). On the reality of cognitive illusions. *Psychological Review, 103*, 582-591.

角田康夫（2009）. 行動ファイナンス入門―なぜ、「最適な戦略」が間違うのか？―. PHP研究所.

角田康夫（2011）. 行動ファイナンス 新版. 金融財政事情研究会.

Kameda, T. (1991). Procedural influence in small-group decision making: Deliberation style and assigned decision rule. *Journal of Personality and Social Psychology, 61*, 245-256.

亀田達也（1997）. 合議の知をもとめて. 共立出版.

Kameda, T., Tindale, R. S., & Davis, J. H. (2003). Cognitions, preferences, and social sharedness: Past, present, and future directions in group decision making. In S. L. Schneider, & J. Shanteau (Eds.), *Emerging Perspectives on Judgment and Decision Research* (pp. 458-485). New York: Cambridge University Press.

Kandasamy, N., Hardy, B., Page, L., Schaffner, M., Graggaber, J., Powlson, A. S., ... & Coates, J. (2014). Cortisol shifts financial risk preferences. *Proceedings of the National Academy of Sciences of the United States of America, 111*, 3608-3613.

Kaplan, M. F., & Miller, C. E. (1987). Group decision making and normative versus information influence: Effects of type of issue and assigned decision rule. *Journal of Personality and Social Psychology, 53*, 306-313.

加藤英明 (2003). 行動ファイナンス—理論と実証—. 朝倉書店.

Keeney, R. L., & Raiffa, H. (1976). *Decision with multiple objectives*. New York: Wiley.

Keinan, G. (1987). Decision making under stress: Scanning of alternatives under controllable and uncontrollable threats. *Journal of Personality and Social Psychology, 52*, 639-644.

Kelley, H. H. (1967). Attribution theory in social psychology. In D. Levine (Ed.), *Nebraska Symposium on Motivation, vol. 15* (pp. 192-240). Lincoln: University of Nebraska Press.

Kelley, H. H. (1972). Attribution in social interaction. In E. E. Jones, D. E. Kanouse, H. H. Kelly, R. E. Nisbett, S. Valins, & B. Weiner (Eds.), *Attribution: Perceiving the Causes of Behavior* (pp. 1-26). Morristown, NJ: General Learning Press.

Kelley, H. H. (1973). The processes of causal attribution. *American Psychologist, 28*, 107-128.

Kendall, S. B. (1987). An animal analogue of gambling. *Psychological Record, 37*, 247-256.

Kendall, S. B. (1989). Risk-taking bahavior of pigeons in a closed economy. *Psychological Record, 39*, 211-220.

Keren, G. (1991). Additional tests of utility theory under unique and repeated conditions. *Journal of Behavioral Decision Making, 4*, 297-304.

Keren, G., & Wagenaar, W. A. (1987). Violation of utility theory in unique and repeated gambles. *Journal of Experimental Psychology: Learning, Memory, and Cognition, 13*, 387-391.

Keren, G., & Wu, G. (Eds.) (2016). *The Wiley Blackwell Handbook of Judgment and Decision Making*, 2 Volume Set. John Wiley & Sons.

Kerr, N. L. (1983). Motivation losses in task-performing groups: A social dilemma analysis. *Journal of Personality and Social Psychology, 45*, 819-828.

Kerr, N. L., & Brunn, S. (1983). The dispensability of member effort and group motivation losses: Free rider effects. *Personality and Social Psychology Bulletin, 44*, 78-94.

Keynes, J. M. (1921). *A Treatise on Probability*. London: Macmillan. (ケインズ, J. M. (2010). ケインズ全集第8集 確率論. 佐藤隆三 (訳). 東洋経済新報社.)

Kiesler, S., Siegel, J., & McGuire, T. W. (1984). Social psychological aspects of computer-mediated communication. *American Psychologist, 39*, 1123-1134.

King, F. E., Figge, J., & Harman, P. (1986). The elderly coping at home: A study of continuity of nursing care. *Journal of Advanced Nursing, 11*, 41-46.

木下冨男（2006）不確実性・不安そしてリスク.『リスク学事典』編集委員会（編）リスク学事典（増補改訂版）(p.13). 阪急コミュニケーションズ.

木下冨雄・吉川肇子（1990）. リスク・コミュニケーションの効果（3）. 日本社会心理学会第31回大会発表論文集, 162-163.

Kirby, K. N. (1997). Bidding on the Future: Evidence against normative discounting of delayed rewards. *Journal of Experimental Psychology: General, 126*, 54-70.

Klein, G. A. (1997). *Sources of Power: How People Make Decisions*. Cambridge, MA: The MIT Press.（クライン, G.（1998）. 決断の法則. 佐藤洋一（監訳）. トッパン.）

Klein, G. (2003). *The Power of the Intuition*. New York: Currency Books.

Klein, G. A., Orasanu, J., Calderwood, R., & Zsambok, C. E. (1993). *Decision Making in Action: Models and Methods*. Norwood, NJ: Ablex Publishing Corporation.

Klein, R.A., Ratliff, K. A., Vianello, M., Adams, R. B., Bahník, Š., Bernstein, M. J., ... & Nosek, B. A.(2014). Investigating variation in replicability: A "many labs" replication project. *Social Psychology, 45*, 142-152.

Kleinhesselink, R., & Rosa, E. A. (1991). Cognitive representation of risk perceptions: A comparison of Japan and the United States. *Journal of Cross-cultural Psychology, 22*, 11-28.

Knoch, D., Pascual-Leone, A., Meyer, K., Treyer, V., & Fehr, E. (2006). Diminishing reciprocal fairness by disrupting the right prefrontal cortex. *Science, 314*, 829-832.

Knox, R. E., & Inkster, J. A. (1968). Postdecision dissonance at post time. *Journal of Personality and Social Psychology, 8*, 319-323.

Knutson, B., Rick, S., Wimme, G. E., Prelec, D., & Loewenstein, G. (2007). Neural predictors of purchases. *Neuron, 53*, 147-156.

小橋康章（1994）. 坂上論文へのコメント. 心理学評論, *37*, 320-321.

小林傳司（2004）誰が科学技術について考えるのか―コンセンサス会議という実験―. 名古屋大学出版会.

小林良彰（1988）現代政治学叢書9　公共選択. 東京大学出版会.

Koehler, D. J. & Harvey, N. (Eds.) (2004). *Blackwell Handbook of Judgment & Decision Making*. New York: Blackwell.

Kogan, N., & Wallach, M. A. (1964). *Risk Taking: A Study in Cognition and Personality*. New York: Holt, Rinehart and Winston.

小島寛之（2015）. 完全独習　ベイズ統計学入門. ダイヤモンド社.

国立教育政策研究所（2013）. 成人スキルの国際比較―OECD国際成人力調査（PIAAC）報告書―. 明石書店.

Kosfeld, M., Heinrichs, M., Zak, P. J., Fischbacher, U., & Fehr, E. (2005). Oxytocin increases trust in humans. *Nature, 435*, 673-676.

Kühberger, A.(1998). The influence of framing on risky decisions: A meta-analysis. *Organizational Behavior and Human Decision Processes, 75*, 23-55.

Kühberger, A., Schulte-Mecklenbeck, M., & Perner, J. (1999). The effects of framing, reflection, probability, and payoff on risk preference in choice tasks. *Organizational Behavior and Human Decision Processes, 78*, 204-231.

熊谷尚夫・篠原三代平他（編）（1980）．経済学大辞典（第2版）．東洋経済新報社．

Kung, Y. W., & Chen, S. H. (2012). Perception of earthquake risk in Taiwan: Effects of gender and past earthquake experience. *Risk Analysis, 32*, 1535-1546.

Kunreuther, H., Novemsky, N., & Kahneman, D. (2001). Making low probabilities useful. *Journal of Risk and Uncertainty, 23*, 103-120.

Kunst-Wilson, W. R., & Zajonc, R. B. (1980). Affective discrimination of stimuli that cannot be recognized. *Science, 207*, 557-558.

楠見孝（2013）科学リテラシーとリスクリテラシー．日本リスク研究学会誌，*23*，29-36.

Ladouceur, R., & Mayrand, M. (1987). The level of involvement and the timing of betting in gambling. *The Journal of Psychology, 121*, 169-176.

Laham, S. M., Koval, P., & Alter, A. L. (2012). The name-pronunciation effect: Why people like Mr. Smith more than Mr. Colquhoun. *Journal of Experimental Social Psychology, 48*, 752-756.

ラヒリ，ジュンパ．（2004）．その名にちなんで．小川高義（訳）．新潮社．（Lahiri, J. (2003). *The Namesake*. Houghton Mifflin.）

Landon, J., Davison, M., & Elliffe, D. (2002). Concurrent schedules: Short- and long-term effects of reinforcers. *Journal of the Experimental Analysis of Behavior, 77*, 257-271.

Langer, E. J. (1975). The illusion of control. *Journal of Personality and Social Psychology, 32*, 311-328.

Langer, E. J., & Roth, J. (1975). Heads I win, tails it's chance: The illusion of control as a function of the sequence of outcomes in a purely chance task. *Journal of Personality and Social Psychology, 32*, 951-955.

Lasky, J. J., Hover, G. L., Smith, P. A., Bostian, D. W., Duffendack, S. C., & Nord, C. L. (1959). Post-hospital adjustment as predicted by psychiatric patients and by their staff. *Journal of Consulting Psychology, 23*, 213-218.

Latané, B., Williams, K., & Harkins, S. (1979). Many hands make light the work: The causes and consequenses of social loafing. *Journal of Personality and Social Psychology, 37*, 822-832.

Lea, S. E. G. (1978). The psychology and economics of demand. *Psychological Bulletin, 85*, 441-466.

Lea, S. E. G. (1979). Foraging and reinforcement schedules in the pigeon: Optimal and non-optimal aspects of choice. *Animal Behaviour, 27*, 875-886.

Lerner, J. S., Li, Y., Valdesolo, P., & Kassam, K. S. (2015). Emotion and decision making. *Annual Review of Psychology, 66*, 799-823.

Libby, L. K., Eibach, R. P., & Gilovich, T. (2005). Here's looking at me: The effect of memory perspective on assessments of personal change. *Journal of Personality and Social Psychology, 88*, 50-62.

Lichtenstein, S., & Fischhoff, B. (1977). Do those who know more also know more about how much they know? *Organizational Behavior and Human Performance, 20*, 159-

183.

Lichtenstein, S., Fischhoff, B., & Phillips, L. D. (1982). Calibration of probabilities: The state of the art to 1980. In D. Kahneman, P. Slovic & A. Tversky (Eds.), *Judgment under Uncertainty: Heuristics and Biases* (pp. 306-334). Cambridge: Cambridge University Press.

Lichtenstein, S., & Slovic, P. (1971). Reversal of preferences between bids and choices in gambling decisions. *Journal of Experimental Psychology, 89*, 46-55.

Lichtenstein, S., & Slovic, P. (1973). Response-induced reversals of preference in gambling: An extended replication in Las Vegas. *Journal of Experimental Psychology, 101*, 16-20.

Lichtenstein, S., & Slovic, P. (2006). The construction of preference: An Overview. In S. Lichtenstein, & P. Slovic (Eds.), *The Construction of Preference* (pp. 1-40). New York: Cambridge University Press.

Lichtenstein, S., Slovic, P., Fischhoff, B., Layman, M., & Combs, B. (1978). Judged frequency of lethal events. *Journal of Experimental Psychology: Human Learning and Memory, 4*, 551-578.

Lindman, H. R. (1971). Inconsistent preferences among gambles. *Journal of Experimental Psychology, 89*, 390-397.

Lipkus, I. M., & Hollands, J. G. (1999). The visual communication of risk. *Journal of the National Cancer Institute Monographs, 1999*, 149-163.

Lipkus, I. M., Samsa, G., & Rimer, B. K. (2001). General performance on a numeracy scale among highly educated samples. *Medical Decision Making, 21*, 37-44.

List, J. A. (2002). Preference reversals of a different kind: The "More is less" Phenomenon. *The American Economic Review, 92*, 1636-1643.

Liu, H.-H., & Colman, A. (2009). Ambiguity aversion in the long run: Repeated decisions under risk and uncertainty. *Journal of Economic Psychology, 30*, 277-284.

Loewenstein, G., & Elster, J. (1992). *Choice over time*. New York: Russel Sage Foundation.

Loewenstein, G., O'Donoghue, T., & Rabin, M. (2003). Projection bias in predicting future utility. *Quarterly Journal of Economics, 118*, 1209-1248.

Loewenstein, G., & Prelec, D. (1991). Negative time preference. *The American Economic Review, 81*, 347-352.

Loewenstein, G., Read, D., & Baumeister, R. F. (2003). *Time and Decision*. New York: Russel Sage Foundation.

Loewenstein, G., Rick, S., & Cohen, J. D. (2008). Neuroeconomics. *Annual Review of Psychology, 59*, 647-672.

Loewenstein, G., & Sicherman, N. (1991). Do workers prefer increasing wage profiles? *Journal of Labor Economics, 9*, 67-84.

Logue, A. W. (1995). *Self-control: Waiting until Tomorrow for What You Want Today*. Englewood Cliffs, NJ: Prentice Hall.

Lopes, L. L. (1987). Between hope and fear: The psychology of risk. *Advances in Experimental Social Psychology, 20*, 255-295.

Lopes, L. L. (1996). When time is of the essence: Averaging, aspiration, and the short run. *Organizational Behavior and Human Decision Processes, 65*, 179-189.

Luce, R. D. (1959). On the possible psychophysical laws. *Psychological Review, 66*, 81-95.

Lu, L., Yuan, Y. C., & McLeod, P. L. (2012). Twenty-five years of hidden profiles in group decision making: A meta-analysis. *Personality and Social Psychology Review, 16*, 54-75.

Lundgren, R. E., & McMakin, A H. (2009). *Risk Communication: A Handbook for Communicating Environmental, Safety, and Health Risks* (4th ed.). Columbus, OH: Battelle Press.

Lyon, D., & Slovic, P. (1976). Dominance of accuracy information and neglect base rates in probability estimation. *Acta Psychologica, 40*, 287-298.

Lyons, C. A., & Ghezzi, P. M. (1995). Wagering on a large scale: Relationships between public gambling and game manipulations in two state lotteries. *Journal of Applied Behavior Analysis, 28*, 127-137.

Maciejovsky, B., & Budescu, D. V. (2007). Collective induction without cooperation? Learning and knowledge transfer in cooperative groups and competitive auctions. *Journal of Personality and Social Psychology, 92*, 854-870.

MacLin, O. H., Dixon, M. R., & Hayes, L. J. (1999). A computerized slot machine simulation to investigate the variables involved in gambling behavior. *Behavior Research Methods, Instruments & Computers, 31*, 731-734.

MacLin, O. H., & Dixon, M. R. (2004). A computerization simulation for investigating gambling behavior during roulette play. *Behavior Research Methods, Instruments, & Computers, 36*, 96-100.

Madrian, B. C., & Shea, D. F. (2001). The power of suggestion: Inertia in 401(k) participation and savings behavior. *Quarterly Journal of Economics, 116*, 1149-1187.

Maier, N. R. F., & Solem, A. R. (1952). The contribution of a discussion leader to the quality of group thinking: The effective use of minority opinions. *Human Relations, 5*, 277-288.

真壁昭夫（2003）．最強のファイナンス理論―心理学が解くマーケットの謎―．講談社．

真壁昭夫（2009）．実戦！ 行動ファイナンス入門．アスキー・メディアワークス．

Mandler, G., Nakamura, Y., & Van Zandt, B. J. (1987). Nonspecific effects of exposure on stimuli that cannot be recognized. *Journal of Experimental Psychology: Learning, Memory, and Cognition, 13*, 646-648.

Manktelow, K. I. (2012). *Thinking and Reasoning: An Introduction to the Psychology of Reason, Judgment and Decision Making* (Vol. 360). Psychology Press. （K. マンクテロウ（2015）．思考と推論―理性・判断・意思決定の心理学―．服部雅史・山祐嗣（監訳）．北大路書房．）

March, J. G. (1988). Bounded rationality, ambiguity and the engineering of choice. In D. E. Bell, H. Raiffa, & A. Tversky, (Eds.), *Decision Making: Descriptive, Normative, and Prescriptive Interactions* (pp. 33-57). Cambridge: Cambridge University Press.

Mather, M., & Lighthall, N. R. (2012). Risk and reward are processed differently in decisions made under stress. *Current Directions in Psychological Science, 21*, 36-41.

増田真也・坂上貴之・広田すみれ（2002a）．選択の機会が曖昧性忌避に与える影響—異なる種類の曖昧性での検討—．心理学研究, *73*, 34-41.

増田真也・坂上貴之・広田すみれ（2002b）．制御幻想とは何か？—実験操作と測定方法の検討—．心理学評論, *45*, 125-140.

Matthews, L. R., & Temple, W. (1979). Concurrent schedule assessment of food preference in cows. *Journal of the Experimental Analysis of Behavior, 32*, 245-254.

Mazur, J. E. (1984). Tests of an equivalence rule for fixed and variable reinforcer delays. *Journal of Experimental Psychology: Animal Behavior Processes, 10*, 426-436.

Mazur, J. E. (1986). Fixed and variable ratios and delays: Further tests of an equivalence rule. *Journal of Experimental Psychology: Animal Behavior Processes, 12*, 116-124.

Mazur, J. E. (1987). An adjusting procedure for studying delayed reinforcement. In M. L. Commons, J. E. Mazur, J. A. Nevin, & H. Rachlin (Eds.), *Quantitative Analysis of Behavior: Vol. 5. The Effect of Delay and of Intervening Events on Reinforcement Value* (pp. 55-73). Hillsdale, NJ: Erlbaum.

Mazur, J. E. (1991). Choice. In I. H. Iversen & K. A. Lattal (Eds.), *Experimental Analysis of Behavior* (Part I, pp. 219-250). Amsterdam: Elsevier.

Mazur, J. E., & Logue, A. W. (1978). Choice in a "self-control" paradigm: Effects of a fading procedure. *Journal of the Experimental Analysis of Behavior, 30*, 11-17.

McGarty, C., Yzerbyt, V. Y., & Spears, R. (Eds.). (2002). *Stereotypes as Explanations: The Formation of Meaningful Beliefs about Social Groups.* Cambridge University Press.（マクガーティ, C. ほか（2007）．ステレオタイプとは何か—「固定観念」から「世界を理解する"説明力"」へ—．国広陽子（監修）, 有馬明恵・山下玲子（監訳）．明石書店．）

McKenzie, C. R. M., Liersch, M. J., & Finkelstein, S. R. (2006). Recommendations implicit in policy defaults. *Psychological Science, 17*, 414-420.

McNeil, B. J., Weichselbaum, R., & Pauker, S. G. (1978). Fallacy of the five-year survival in lung cancer. *New England Journal of Medicine, 299*, 1397-1401.

Medvec, V. H., Madey, S. F., & Gilovich, T. (1995). When less is more: Counterfactual thinking and satisfaction among Olympic medalists. *Journal of Personality and Social Psychology, 69*, 603-610.

Mellers, B. A., Schwartz, A., Ho, K., & Ritov, I. (1997). Decision affect theory: Emotional reactions to the outcomes of risky options. *Psychological Science, 8*, 423-429.

Michaels, J. W., Blommel, J. M., Brocato, R. M., Linkous, R. A., & Rowe, J. S. (1982). Social facilitation and inhibition in a natural setting. *Replications in Social Psychology, 2*, 21-24.

蓑谷千凰彦（1985）．回帰分析のはなし．東京図書．

Mischel, W., Shoda, Y., & Rodriguez, M. L. (1989). Delay of gratification in children. *Science, 244*, 933-938.

宮本聡介・太田信夫（編）（2008）．単純接触効果研究の最前線．北大路書房．

Modigliani, F., & Brumberg, R. (1954). Utility analysis and the consumption function: An interpretation of cross-section data. In K. Kurihara (Ed.), *Post Keynesian Economics* (pp. 388-436). New Brunswick: Rutgers University Press.

Montier, J. (2002). *Behavioural Finance: Insights into Irrational Minds and Markets*. Hoboken, NJ: John Wiley & Sons. (モンティア, J. (2005). 行動ファイナンスの実践—投資家心理が動かす金融市場を読む—. 真壁昭夫・栗田昌孝・川西諭 (訳). ダイヤモンド社.)

Moreland, R. L., & Zajonc, R. B. (1977). Is stimulus recognition a necessary condition for the occurrence of exposure effects? *Journal of Personality and Social Psychology, 35*, 191-199.

Morewedge, C. K., Gilbert, D. T., & Wilson ,T. D. (2005). The least likely of times: How remembering the past biases forecasts of the future. *Psychological Science, 16*, 626-630.

Moscovici, S., Lage, E., & Naffrechoux, M. (1969). The group as a polarizer of attitudes. *Journal of Personality and Social Psychology, 12*, 125-135.

Moscovici, S., & Zavalloni, M. (1969). The group as a polarizer of attitudes. *Journal of Personality and Social Psychology, 12*, 125-135.

Murphy, A. H., & Winkler, R. L. (1977). Reliability of subjective probability forecasts of precipitation and temperature. *Journal of the Royal Statistical Society: Applied Statistics, 26*, 41-47.

Mussweiler, T., & Strack, F. (2000). The use of category and exemplar knowledge in the solution of anchoring tasks. *Journal of Personality and Social Psychology, 78*, 1038-1052.

Myers, D. G., & Bishop, G. D. (1970). Discussion effects on racial attitudes. *Science, 169*, 778-779.

Myers, D. G., & Lamm, H. (1976). The group polarization phenomenon. *Psychological Bulletin, 83*, 602-627.

Myerson, J., & Green, L. (1995). Discounting of delayed rewards: Models of individual choice. *Journal of the Experimental Analysis of Behavior, 64*, 263-276.

Myerson, J., Green, L., & Warusawitharana, M. (2001). Area under the curve as a measure of discounting. *Journal of the Experimental Analysis of Behavior, 76*, 235-243.

内閣府食品安全委員会事務局 (2002). リスクコミュニケーションツール 何を食べたら良いか? 考えるためのヒント——一緒に考えよう！食の安全—. [DVD] 毎日映画社 (制作).

中川米造 (1996). 医学の不確実性. 日本評論社.

中谷内一也 (1998). ゼロリスク達成の価値におよぼすリスク削減プロセスとフレーミングの効果. 社会心理学研究, *14*, 69-77.

中谷内一也 (2006). リスクのモノサシ—安全・安心生活はありうるか—. 日本放送協会出版.

Nakayachi, K., & Cvetkovich, G. (2010). Public trust in government concerning tobacco control in Japan. *Risk Analysis, 30*, 143-152.

National Research Council（1997）．リスクコミュニケーション―前進への提言―．林裕造・関沢純（監訳）．化学工業日報社．（National Research Council.（1989）. *Improving Risk Communication*. Washington, DC: National Academy Press.）

Navarro, A. D., & Fantino, E. (2005). The sunk cost effect in pigeons and humans. *Journal of the Experimental Analysis of Behavior, 83*, 1-13.

Neuringer, A. (1986). Can people behave "randomly?": The role of feedback. *Journal of Experimental Psychology: General, 115*, 62-75.

Nevin, J. A. (1969). Interval reinforcement of choice behavior in discrete trials. *Journal of the Experimental Analysis of Behavior, 12*, 875-885.

Nisbett, R. E., Borgida, E., Crandall, R., & Reed, H. (1982). Popular induction: Information is not necessarily informative. In D. Kahneman, P. Slovic, & A. Tversky (Eds.), *Judgment under Uncertainty: Heuristics and Biases* (pp. 101-116). Cambridge: Cambridge University Press.

Nisbett, R. E., & Ross, L. (1980). *Human Inference: Strategies and Shortcomings of Social Judgment*. Englewood Cliffs, NJ: Prentice-Hall.

Nisbett, R. E., & Wilson, T. D. (1977). Telling more than we can know: Verbal reports on mental processes. *Psychological Review, 8*, 231-259.

Nordgren, L. F., & Dijksterhuis, A. (2009). The devil in the deliberation: Thinking too much reduces preference consistency. *Journal of Consumer Research, 36*, 39-46.

Northcraft, G. B., & Neale, M. A.(1987). Experts, amateurs, and real estate: An anchoring-and-adjustment perspective on property pricing decisions. *Organizational Behavior and Human Decision Processes, 39*, 84-97.

Novemsky, N., & Kahneman, D. (2005). The boundaries of loss aversion. *Journal of Marketing Research, 42*, 119-128.

Novemsky, N., & Ratner, R. N. (2003). The time course and impact of consumers' erroneous beliefs about hedonic contrast effects. *Journal of Consumer Research, 29*, 507-516.

Odean, T. (1998). Are investors reluctant to realize their losses? *Journal of Finance, 53*, 1775-1798.

Odum, A. L., & Baumann, A. A. L. (2010). Delay discounting: State and trait variable. In G. J. Madden, & W. K. Bickel (Eds.), *Impulsivity: The Behavioral and Neurological Science of Discounting* (pp. 39-65). Washington, DC: American Psychological Association.

大垣昌夫・田中沙織（2014）．行動経済学―伝統的経済学との統合による新しい経済学を目指して―．有斐閣．

大坪庸介（2015）．仲直りの進化社会心理学―価値ある関係仮説とコストのかかる謝罪―．社会心理学研究, *30*, 191-212.

Oishi, S., Tsutsui, Y., Eggleston, C., & Galinha, I. C. (2014). Are maximizers unhappier than satisficers? A comparison between Japan and the USA. *Journal of Research in Personality, 49*, 14-20.

岡本浩一（1992）．リスク心理学入門．サイエンス社．

岡敏弘（1999）．環境政策論．岩波書店．

奥田秀宇（2008）．意思決定心理学への招待．サイエンス社．

Olson, M. (1965). *The Logic of Collective Action: Public Goods and the Theory of Groups*. Cambridge, MA: Harvard University Press.

Olsson, H. (2014). Measuring overconfidence: Methodological problems and statistical artifacts. *Journal of Business Research, 67*, 1766-1770.

大森貴秀・原田隆史・坂上貴之（2017）．ゲームの面白さとは何だろうか．慶應義塾大学三田哲学会．

Ono, K. (1987). Superstitious behavior in humans. *Journal of the Experimental Analysis of Behavior, 47*, 261-271.

小野浩一（2016）．行動の基礎―豊かな人間理解のために―．改訂版．培風館．

Orasanu, J., & Connolly, T. (1993). The reinvention of decision making. In G. A. Kein, J. Orasanu, R. Calderwood, & C. E. Zsambok (Eds.), *Decision Making in Action: Models and Methods* (pp. 3-20). Norwood, NJ: Ablex.

Orvis, B. R., Cunningham, J. D., & Kelley, H. H. (1975). A closer examination of causal inference: The roles of consensus, distinctiveness, and consistency information. *Journal of Personality and Social Psychology, 51*, 1044-1057.

太田信夫（1999）．プライミング．中島義明他（編）．有斐閣心理学辞典（p. 754）．有斐閣．

Payne, J. W., Bettman, J. R., & Johnson, E. J. (1988). Adaptive strategy selection in decision making. *Journal of Experimental Psychology: Learning, Memory, and Cognition, 14*, 534-552.

Payne, J. W., Bettman, J. R., & Johnson, E. J. (1993). *The Adaptive Decision Maker*. Cambridge: Cambridge University Press.

Peters, E., Hibbard, J., Slovic, P., & Dieckmann, N. (2007). Numeracy skill and the communication, comprehension, and use of risk-benefit information. *Health Affairs, 26*, 741-748.

Peters, E., Västfjäll, D., Slovic,P., Mertz, C. K., Mazzocco, K., & Dickert, S. (2006). Numeracy and decision making. *Psychological Science, 17*, 407-413.

Petry, N. M., & Madden, G. J. (2010). Discounting and pathological gambling. In G. J. Madden, & W. K. Bickel (Eds.), *Impulsivity: The Behavioral and Neurological Science of Discounting* (pp. 273-294). Washington DC: American Psychological Association.

Petty, R. E., & Cacioppo, J. T. (1986). The elaboration likelihood model of persuasion. *Advances in Experimental Social Psychology, 19*, 123-205.

Poortinga, W., & Pidgeon, N. F. (2005). Trust in risk regulation: Cause or consequence of the acceptability of GM food? *Risk Analysis, 25*, 199-209.

Popper, K. (1957). The propensity interpretation of the calculus of probability, and the quantum theory. In S. Komer (Ed.), *Observation and Interpretation, Proceedings of the Ninth Symposium of the Colston Research Society* (pp. 65-70, 88-89). Bristol: University of Bristol.

Poundstone, W. (2010). *Priceless: The Myth of Fair Value (and How to Take Advantage of It)*. New York: Hill and Wang.（パウンドストーン，W.（2010）．プライスレス―必

ず得する行動経済学の法則―. 松浦俊輔・小野木明恵（訳）. 青土社.）

Prince, M. (1993). Women, men and money styles. *Journal of Economic Psychology, 14*, 175-182.

Rachlin, H. (1990). Why do people gamble and keep gambling despite heavy losses? *Psychological Science, 1*, 294-297.

Rachlin, H. (2000). *The Science of Self-control*. Cambridge, MA: Harvard University Press.

Rachlin, H., & Green, L. (1972). Commitment, choice, and self-control. *Journal of the Experimental Analysis of Behavior, 17*, 15-22.

Rachlin, H., Green, L., Kagel, J. H., & Battalio, R. C. (1976). Economic demand theory and psychological studies of choice. In G. H. Bower (Ed.), *The Psychology of Learning and Motivation* (Vol. 10, pp. 129-154). New York: Academic Press.

Rachlin, H., & Jones, B. A. (2008). Social discounting and delay discounting. *Journal of Behavioral Decision Making, 21*, 29-43.

Rachlin, H., & Jones, B. A. (2010). The extended self. In G. J. Madden, & W. K. Bickel (Eds.), *Impulsivity: The Behavioral and Neurological Science of Discounting* (pp. 411-431). Washington, DC: American Psychological Association.

Rachlin, H., Logue, W., Gibbon, J., & Frankel, M. (1986). Cognition and behavior in studies of choice. *Psychological Review, 93*, 33-45.

Rachlin, H., Raineri, A., & Cross, D. (1991). Subjective probability and delay. *Journal of the Experimental Analysis of Behavior, 55*, 233-244.

Rachlin, H., & Siegel, E. (1994). Temporal patterning in probabilistic choice. *Organizational Behavior and Human Decision Processes, 59*, 161-176.

Ramsey, F. P. (1931). *The Foundations of Mathematics and Other Logical Essays*. London: Routledge and Kegan Paul.

Rasmussen, E. B., Lawyer, S. R., & Reilly, W. (2010). Percent body fat is related to delay and probability discounting for food in human. *Behavioural Processes, 83*, 23-30.

Read, D., & van Leeuwen, B. (1998). Predicting hunger: The effects of appetite and delay on choice. *Organizational Behavior and Human Decision Processes, 76*, 189-205.

Reber, R., Winkielman, P., & Schwarz, N. (1998). Effects of perceptual fluency on affective judgments. *Psychological Science, 9*, 45-48.

Redelmeier, D. A., & Kahneman, D. (1996). Patients' memories of painful medical treatments: Real-time and retrospective evaluations of two minimally invasive procedures. *Pain, 66*, 3-8.

Reichenbach, H. (1949). *The Theory of Probability*. Oakland, CA: University of California Press.

Reyna, V. F. (2004). How people make decisions that involve risk: A dual-processes approach. *Current Directions in Psychological Science, 13*, 60-66.

Reyna, V. F., & Brainerd, C. J. (1991). Fuzzy-trace theory and framing effects in choice: Gist extraction, truncation, and conversion. *Journal of Behavioral Decision Making, 4*, 249-262.

Reyna, V. F., & Brainerd, C. J. (1995). Fuzzy-trace theory: An interim synthesis. *Learning and Individual Differences, 7,* 1-75.

Reyna, V. F., & Ellis, S. C. (1994). Fuzzy-trace theory and framing effects in children's risky decision making. *Psychological Science, 5,* 275-279.

Reynolds, B., Richards, J. B., Horn, K., & Karraker, K. (2004). Delay discounting and probability discounting as related to cigarette smoking status in adults. *Behavioural Processes, 65,* 35-42.

Ringelmann, M. (1913). Research on animate sources of power: The work of man. *Annales de l'Institut National Agronomique,* 2e serietome XII, 1-40.

Roese, N. J., & Olson, J. M. (1995). *What Might Have Been: The Social Psychology of Counterfactual Thinking.* Mahwah, NJ: Lawrence Erlbaum.

Ronis, D. L., & Yates, J. F. (1987). Components of probability judgment accuracy: Individual consistency and effects of subject matter and assessment method. *Organizational Behavior and Human Decision Processes, 40,* 193-218.

Ross, L. (1977). The intuitive psychologist and his shortcomings: Distortions in the attribution process. In L. Berkowitz (Ed.), *Advances in Experimental Social Psychology Vol. 10,* (pp. 73-200). New York: Academic Press.

Ross, M., & Sicoly, F. (1979). Egocentric bias in availability and attribution. *Journal of Personality and Social Psychology, 37,* 322-336.

Rotliman, A. J. , & Schwarz, N. (1998). Constructing perceptions of vulnerability: Personal relevance and the use of experiential information in health judgments. *Personality and Social Psychology Bulletin, 24,* 1053-1064.

Russo, J. E., & Schoemaker, P. J. H. (1989). *Decision Traps: The Ten Barriers to Brilliant Decision-making and How to Overcome Them.* New York: Fireside.

Ryan, W. (1976). *Blaming the victim.* New York: Vintage.

Rybash, J. M., & Roodin, P. A. (1989). The framing heuristic influences judgments about younger and older adults' decision to refuse medical treatment. *Applied Cognitive Psychology, 3,* 171-180.

佐伯胖（1980）．「きめ方」の論理―社会的決定理論への招待―．東京大学出版会.

Saito, M. (1999). 'Blue and seven phenomena' among Japanese students. *Perceptual and Motor Skills, 89,* 532-536.

坂上貴之（1994a）．不確実性をめぐる動物行動研究．心理学評論, *37,* 294-319.

坂上貴之（1994b）．著者からの回答．心理学評論, *37,* 321-323.

坂上貴之（1996）．採餌・食事・摂食―実験的行動分析の視点から―．中島義明・今田純雄（編），人間行動学講座2　たべる―食行動の心理学―（pp. 146-165）．朝倉書店.

坂上貴之（1997）．行動経済学と選択理論．行動分析学研究, *11,* 88-108.

Sakagami, T., & Hastjarjo, T. D. (2001). Different choice behaviors under uncertainty between Japanese and Indonesian students.　不確実状況下での選択行動に関する異文化比較研究 平成10年度～12年度科学研究費補助金（基盤研究B）研究成果報告書（pp. 103-132）．（研究代表者：高橋雅治、研究課題番号10044001）.

坂上貴之・片岡百合（2004）．3種類の確実等価値導出法による確率割引関数の比較．第23回日本基礎心理学会大会（朱鷺メッセ, 新潟大学）発表.

Samuelson, P. A. (1937). A note on measurement of utility. *The Review of Economic Studies, 4*, 155-161

Samuelson, W., & Zeckhauser, R. (1988). Status quo bias in decision making. *Journal of Risk & Uncertainty, 1*, 7-59.

サンズ, D. J.・ドール, B. (2006). ゴール設定と意思決定. 三田地真実（訳）学苑社. (Sands, D. J. & Doll, B. (2000). *Teaching Goal Setting and Decision Making to Students with Developmental Disabilities*. Washington, DC: American Association on Mental Retardation.)

Sanfey, A. G., Rilling, J. K., Aronson, J. A., Nystrom, L. E., & Cohen, J. D. (2003). The Neural Basis of Economic Decision-Making in the Ultimatum Game. *Science, 300*, 1755-1758.

Savage, L. J. (1954). *The Foundations of Statistics*. New York: Wiley.

Schacter, S. (1951). Deviation, rejection and communication. *Journal of Abnormal and Social Psychology, 46*, 190-207.

Schreiber, J., & Dixon, M. R. (2001). Temporal characteristics of slot machine play in recreational gamblers. *Psychological Reports, 89*, 67-72.

Schwartz, B. (2004). *The Paradox of Choice: Why More is Less*. New York: HarperCollins Publishers.（シュワルツ, B.（2004）. なぜ選ぶたびに後悔するのか──「選択の自由」の落とし穴─. 瑞穂のりこ（訳）. ランダムハウス講談社.）

Schwartz, B., Ward, A., Monterosso, J., Lyubomirsky, S., White, K., & Lehman, D. R. (2002). Maximizing versus satisficing: Happiness is a matter of choice. *Journal of Personality and Social Psychology, 83*, 1178-1197.

Schwartz, L. M., Woloshin, S., Black, W., & Welch, H. G. (1997). The role of numeracy in understanding the benefit of screening mammography. *Annals of internal medicine, 127*, 966-972.

Schwarz, N., Bless, H., Strack, F., Klumpp, G., Rittenauer-Schatka, H., & Simons, A. (1991). Ease of retrieval as information: Another look at the availability heuristic. *Journal of Personality and Social Psychology, 61*, 195-202.

Schwarz, N., Strack, F., Hilton, D., & Naderer, G. (1991). Base rates, representativeness, and the logic of conversation: The contextual relevance of "irrelevant" information. *Social Cognition, 9*, 67-84.

Schwing, R. C., & Albers, Jr., W.A. (Eds.). (1980). *Societal Risk Assessment: How Safe is Safe Enough?* New York: Prenum Press.

Seamon, J. G., Marsh, R. L., & Brody, N. (1984). Critical importance of exposure duration for affective discrimination of stimuli that are not recognized. *Journal of Experimental Psychology: Learning, Memory, and Cognition, 10*, 465-469.

Seamon, J. G., McKenna, P. A., & Binder, N. (1998). The mere exposure effect is differentially sensitive to different judgment tasks. *Consciousness and Cognition, 7*, 85-102.

Sears, D. O., Peplau, L. A., Friedman, J. L., & Taylor, S. E. (1988). *Social Psychology* (6th ed.). Englewood Cliffs, NJ: Prentice Hall.

Shafir, E., Diamond, P., & Tversky, A. (1997). Money illusion. *Quarterly Journal of Economics, 112*, 341-374.

Shanteau, J. (1978). When does a response error become a judgmental bias? Commentary on "Judged frequency of lethal events." *Journal of Experimental Psychology: Human Learning and Memory, 4*, 579-581.

Shaw, M. E. (1932). A comparison of individuals and small groups in the rational solution of complex problems. *American Journal of Psychology, 44*, 491-504.

Shefrin, H. (2000). *Beyond Greed and Fear: Understanding Behavioral Finance and the Psychology of Investing*. Oxford University Press. (シェフリン, H. (2005). 行動ファイナンスと投資の心理学—ケースで考える欲望と恐怖の市場行動への影響—. 鈴木一功 (訳). 東洋経済新報社.)

Shefrin, H. M., & Thaler, R. H. (1988). The behavioral life-cycle hypothesis. *Economic Inquiry, 26*, 609-643.

Shefrin, H. M., & Thaler, R. H. (2004). Mental accounting, saving, and self-control. In C. F. Camerer, G. Loewenstein, & M. Rabin (Eds.), *Advances in Behavioral Economics* (pp. 395-428). New York: Russell Sage Foundation.

Shefrin, H., & Statman, M. (1985). The disposition to sell winners too early and ride losers too long: Theory and evidence. *The Journal of Finance, 40*, 777-790.

繁桝算男 (1988). あいまいさの認知における合理性. 行動計量学, *16*, 39-48.

繁桝算男 (1995). 意思決定の認知統計学. 朝倉書店.

Shimp, C. P. (1966). Probabilistically reinforced choice behavior in pigeons. *Journal of the Experimental Analysis of Behavior, 9*, 443-455.

Shimp, C. P. (1969). Optimal behavior in free-operant experiments. *Psychological Review, 76*, 97-112.

白石崇・遠藤公久・吉田富士雄 (2002). コンピュータネットワーク上における意思決定—集団成極化効果を用いて—. 心理学研究, *73*, 352-357.

Siegel, E., & Rachlin, H. (1995). Soft commitment: Self-control achieved by response persistence. *Journal of the Experimental Analysis of Behavior, 64*, 117-128.

Siegel, J. (1992). The equity premium: Stock and bond returns since 1802. *Financial Analyst Journal, 48*, 28-38.

Siegrist, M. (2000). The influence of trust and perceptions of risks and benefits on the acceptance of gene technology. *Risk Analysis, 20*, 195-203.

Siegrist, M., Earle, T. C., & Gutscher, H. (2003). Test of a trust and confidence model in the applied context of electromagnetic field (EMF) risks. *Risk Analysis, 23*, 705-716.

Simon, H. A. (1957). *Administrative Behavior: A Study of Decision Making Process in Administrative Organization* (2nd ed.). London: Macmillan. (サイモン, H. A. (1965). 経営行動. 松田武彦・高柳暁・二村敏子 (訳). ダイヤモンド社.)

Simon, W. E. (1971). Number and color responses of some college students: Preliminary evidence for a "blue seven phenomenon." *Perceptual and Motor Skills, 33*, 373-374.

Simon, W. E., & Primavera, L. H. (1972). Investigation of the "blue seven phenomenon" in elementary and junior high school children. *Psychological Reports, 31*, 128-130.

Simonson, I. (1990). The effect of purchase quantity and timing on variety-seeking behavior, *Journal of Marketing Research, 27*, 150-162.

Skinner, B. F. (1948). " Superstition " in the pigeon. *Journal of Experimental Psychology*. 38, 168-172.

Skinner, B. F. (1953). *Science and Human Behavior*. New York: Macmillan. (スキナー, B. F.（2003）. 科学と人間行動. 河合伊六他（訳）. 二瓶社.)

Skinner, B. F. (1969). *Contingencies of Reinforcement: A Theoretical Analysis*. New York: Appleton-Century-Crofts.

Sloman, S. A. (1996). The empirical case for two systems of reasoning. *Psychological Bulletin, 119*, 3-22.

Slovic, P. (1975). Choice between equally valued alternatives. *Journal of Experimental Psychology: Human Perception and Performance, 1*, 280-287.

Slovic, P. (1987). Perception of risk. *Science, 236*, 280-285.

Slovic, P., Finucane, M., Peters, E., & MacGregor, D. G. (2002). The affect heuristic. In T. Gilovich, D. Griffin, & D. Kahneman (Eds.), *Heuristics and Biases: The Psychology of Intuitive Judgment* (pp. 397-420). Cambridge University Press.

Slovic, P., Fischhoff, B., & Lichtenstein, S. (1980). Facts and fears: Understanding perceived risk. In R. C. Schwing & W. A. Albers, Jr. (Eds.), *Societal Risk Assessment: How Safe is Safe Enough?* (pp. 181-216). New York: Prenum Press.

Slovic, P., Fischhoff, B. & Lichtenstein, S. (1982). Facts versus fears: Understanding perceived risk. In D. Kahneman, P. Slovic, & A. Tversky (Eds.), *Judgment under Uncertainty: Heuristics and Biases*. Cambridge: Cambridge University Press.

Slovic, P., Lichtenstein, S., & Fischhoff, B. (1988). Decision making. In R. C. Atkinson, R. J. Herrnstein, G. Lindzey, & R. D. Luce (Eds.), *Stevens' Handbook of Experimental Psychology, Vol. 2* (2nd ed., pp. 673-738). New York: Wiley.

Small, D. A., Loewenstein, G., & Slovic, P. (2007). Sympathy and callousness: The impact of deliberative thought on donations to identifiable and statistical victims, *Organizational Behavior and Human Decision Processes, 102*, 143-153.

Smedslund, J. (1963). The concept of correlation in adults. *Scandinavian Journal of Psychology*. 4, 165-173.

Smithson, M. (1999). Conflict aversion: Preference for ambiguity vs. conflict in sources and evidence. *Organizational Behavior and Human Decision Processes, 79*, 179-198.

Smith, V. L. (2001). From old issues to new directions in experimental psychology and economics. *Behavioral and Brain Sciences, 24*, 428-429.

Soman, D. (2001). The mental accounting of sunk time costs: why time is not like money. *Journal of Behavioral Decision Making, 14*, 169-185.

Sproull, L., & Kiesler, S. (1986). Reducing social context cues: Electronic mail in organizational communication. *Management Science, 32*, 1492-1512.

Staddon, J. E. R., & Simmelhag, V. L. (1971). The "superstition" experiment: A reexamination of its implications for the principles of adaptive behavior. *Psychological*

Review, 78, 3-43.

Stanovich, K. E. (1999). *Who is Rational?: Studies of Individual Differences in Reasoning.* New York: Psychology Press.

Stanovich, K. E., & West, R. F. (2000). Individual differences in reasoning: Implications for the rationality debate. *Behavioral and Brain Sciences, 23*, 645-665.

Starr, C. (1969). Social benefit versus technological risk: What is our society willing to pay for safety? *Science, 165*, 1232-1238.

Stasser, G. (1992). Information salience and the discovery of hidden profiles by decision-making groups: A "thought experiment". *Organizational Behavior and Human Decision Processes, 52*, 156-181.

Stasser, G., Taylor, L. A., & Hanna, C. (1989). Information sampling in structured and unstructured discussions of three- and six-person groups. *Journal of Personality and Social Psychology, 57*, 67-78.

Stasser, G., & Titus, W. (1985). Pooling of unshared information in group decision making: Biased information sampling during disussion. *Journal of Personality and Social Psychology, 48*, 1467-1478.

Stasser, G., & Titus, W. (1987). Effects of information load and percentage of shared information on the dissemination of unshared information during group discussion. *Journal of Personality and Social Psychology, 53*, 81-93.

Staw, B. M. (1976). Knee-deep in the big muddy: A study of escalating commitment to a chosen course of action. *Organizational Behavior and Human Performance, 16*, 27-44.

Staw, B. M., & Hoang, H. (1995). Sunk costs in the NBA: Why draft order affects playing time and survival in professional basketball. *Administrative Science Quarterly, 40*, 474-494.

Steiner, I. D. (1966). Models for inferring relationships between group size and potential group productivity. *Behavioral Science, 11*, 273-283.

Steiner, I. D. (1972). *Group Process and Productivity.* New York: Academic Press.

Stephens, D. W. (1981). The logic of risk-sensitive foraging preferences. *Animal Behaviour, 29*, 628-629.

Stepper, S., & Strack, F. (1993). Proprioceptive determinants of emotional and nonemotional feelings. *Journal of Personality and Social Psychology, 64*, 211-220.

スティグリッツ, J. E. (1996). 公共経済学（上）. 藪下史郎（訳）. 東洋経済新報社. (Stiglitz, J. E. (1988). *Economics of the Public Sector* (2nd ed.). New York: W.W. Norton & Company.)

Stoner, J. A. F. (1961). Risky and cautious shifts in group decisions: The influence of widely held values. *Journal of Experimental Social Psychology, 4*, 442-459.

Strack, F., & Mussweiler, T. (1997). Explaining the enigmatic anchoring effect: Mechanisms of selective accessibility. *Journal of Personality and Social Psychology, 73*, 437-446.

Sulis, W. (1997). Fundamental concepts of collective intelligence. *Nonlinear Dynamics,*

Psychology, and Life Sciences, 1, 35-53.

Sunstein, C. R. (2002). The law of group polarization. *Journal of Political Philosophy, 10*, 175-195.

Surowiecki, J. (2005). *The Wisdom of Crowds: Why the Many are Smarter than the Few and How Collective Wisdom Shapes Business, Economics, Societies, and Nations*. New York: Anchor books. （スロウィッキー, J.（2009）.「みんなの意見」は案外正しい. 小高尚子（訳）. 角川書店.）

鈴木真理子・楠見孝・都築章子・鳩野逸生・松下佳代（編著）（2014）. 科学リテラシーをはぐくむサイエンス・コミュニケーション―学校と社会をつなぐ教育のデザイン―. 北大路書房.

Takahashi, H., Matsui, H., Camerer, C. F., Takano, H., Kodaka, F., Ideno, T., ... & Suhara, T. (2010). Dopamine D1 receptors and nonlinear probability weighting in risky choice. *Journal of Neuroscience, 30*, 16567-16572.

竹村和久（1994）. フレーミング効果の理論的説明―リスク下での意思決定の状況依存的焦点モデル―. 心理学評論, *37*, 270-293.

竹村和久（2009）. 行動意思決定論―経済行動の心理学―. 日本評論社.

竹村和久（2011）. 多属性意思決定の心理モデルと「よい意思決定」. オペレーションズ・リサーチ：経営の科学, *56*, 583-590.

竹村和久・原口僚平・玉利祐樹（2015）. 多属性意思決定過程における決定方略の認知的努力と正確さ―計算機シミュレーションによる行動意思決定論的検討―. 認知科学, *22*, 368-388.

Taylor, D. M., & Doria, J. R. (1981). Self-serving and group-serving bias in attribution. *Journal of Applied Social Psychology, 113*, 201-211.

Teigen, K. H. (2016). Framing of numerical quantities. In G. Keren, & G. Wu (Eds.), *The Wiley Blackwell Handbook of Judgment and Decision Making*, 2 Volume Set (Vol. 1, pp. 568-589). John Wiley & Sons.

Thaler, R. H. (1980). Toward a positive theory of consumer choice. *Journal of Economic Behavior and Organization, 1*, 39-60.

Thaler, R. H. (1999). Mental Accounting Matters. *Journal of Behavioral Decision Making, 12*, 183-206.

Thurstone, L. L. (1927). A law of comparative judgment. *Psychological Review, 34*, 273-286.

Tindale, R. S., & Kluwe, K. (2016). Decision making in groups and organizations. In G. Keren, & G. Wu (Eds.), *The Wiley Blackwell Handbook of Judgment and Decision Making, Vol. 2* (pp. 849-874). John Wiley & Sons.

戸田山和久（2011）.「科学的思考」のレッスン―学校で教えてくれないサイエンス―. NHK出版.

Todd, P. M., & Gigerenzer, G. (2000). Précis of simple heuristics that make us smart. *Behavioral and Brain Sciences, 23*, 727-741.

Todorov, J. C., Castro, J. M. O., Hanna, E. S., Bittencourt de Sa, M. C. N., & Barreto, M. Q. (1983). Choice, experience, and the generalized matching law. *Journal of the*

Experimental Analysis of Behavior, 40, 99-111.

Triplett, N. (1898). The dynamogenic factors in pacemaking and competition. *Journal of Psychology, 9*, 507-33.

Trumbo, C. W., & McComas, K A. (2003). The function of credibility in information processing for risk perception. *Risk Analysis, 23*, 343-353.

塚原康博（2013）．消費における行動ライフ・サイクル仮説の検証．生活経済学研究, *38*, 27-38.

都築誉史・千葉元気・菊池学（2014）．眼球運動の時系列解析による多属性意思決定における魅力効果と妥協効果に関する検討．認知心理学研究, *11*, 81-96.

Tversky, A. (1972). Elimination by aspects: A theory of choice. *Psychological Review, 79*, 281-299.

Tversky, A.（1992）．葛藤状況下における意思決定．日本心理学会第56回大会招待講演, 京都.

Tversky, A., & Fox, C. R. (1995). Weighing risk and uncertainty. *Psychological Review, 102*, 269-283.

Tversky, A., & Kahneman, D. (1973). Availability: A heuristic for judging frequency and probability. *Cognitive Psychology, 5*, 207-232.

Tversky, A., & Kahneman, D. (1974). Judgment under uncertainty: Heuristics and biases. *Science, 185*, 1124-1131.

Tversky, A., & Kahneman, D. (1981). The framing of decisions and the psychology of choice. *Science, 211*, 453-458.

Tversky, A., & Kahneman, D. (1982). Judgments of and by representativeness. In D. Kahneman, P. Slovic, & A. Tversky (Eds.), *Judgment under Uncertainty: Heuristics and Biases* (pp. 84-98). Cambridge: Cambridge University Press.

Tversky, A., & Kahneman, D. (1992). Advances in prospect theory: Cumulative representation of uncertainty. *Journal of Risk and Uncertainty, 5*, 297-323.

Tversky, A., & Kahneman, D. (1996). On the reality of cognitive illusions. *Psychological Review, 103*, 582-591.

Tversky, A., Sattath, S., & Slovic, P. (1988). Contingent weighting in judgment and choice. *Psychological Review, 95*, 371-384.

内田百閒（1979）．阿房列車（pp. 36-37）．旺文社.

植田和弘（1996）．環境経済学．岩波書店.

上野製薬パンフレット「リスクと上手につきあおう」http://www.ueno-fc.co.jp/foodsafety/pamphlet/pdf/pdf3_1021.pdf（2015年8月28日検索.）

Uhlmann, E. L., & Cohen, G. L. (2005). Redefining merit to justify discrimination. *Psychological Science, 16*, 474-480.

宇佐美誠（2000）．社会科学の理論とモデル4　決定．東京大学出版会.

Venn, J. (1866). *The Logic of Chance*. London: Macmillan.

Vickrey, W. (1961). Counterspeculation, auctions, and competitive sealed tenders. *Journal of Finance, 16*, 8-37.

Viscusi, W. K., & Chesson, H. (1999). Hopes and fears: The conflicting effects of risk ambiguity. *Theory and Decision, 47*, 153-178.

Visschers, V. H., Meertens, R. M., Passchier, W. W., & De Vries, N. N. (2009). Probability information in risk communication: A review of the research literature. *Risk Analysis, 29*, 267-287.

von Mises, R. (1928). Geldwertstabilisierung and Konjunkturpolitik. Jena, Germany: Springer. (2nd revised English translated by H. Geiringer (1961). *Probability, Statistics and Truth*. New York: Dover.)

von Neumann, J., & Morgenstern, O. (1944). *Theory of Games and Economic Behavior*. Princeton, NJ: Princeton University Press.（フォンノイマン, J.・モルゲンシュテルン, O.（1973）．ゲームの理論と経済行動．銀林浩・橋本和美・宮本敏雄（監訳）．東京図書.）

ヴァイス, S. A.（1999）．人はなぜ迷信を信じるのか―思いこみの心理学―．藤井留美（訳）．朝日新聞社．（Vyse, S. A. (1997). *Believing in Magic: The Psychology of Superstition*. Oxford: Oxford University Press.）

Wagenaar, W. A. (1970). Appreciation of conditional probabilities in binary sequences. *Acta Psychologica, 34*, 348-356.

Wagenaar, W. A. (1988). *Paradoxes of Gambling Behaviour*. London: Lawrence Erlbaum Associates.

Wainer, H., & Zwerling, H. L.(2006). Evidence that smaller schools do not improve student achievement. *Phi Delta Kappan, 88*, 300-303.

Wakker, P., & Tversky, A. (1993). An axiomatization of cumulative prospect theory. *Journal of Risk and Uncertainty, 7*, 147-175.

Walker, M. (1992). *The Psychology of Gambling*. Exeter: Butterworth-Heinemann.

Watson, D. L., & Tharp, R. G. (2014). *Self-directed behavior: Self-modification for personal adjustment (10th ed.)*. Belmont, CA: Wadsworth, Cengage Learning.

Weatherly, J. N., & Phelps, B. J. (2006). The pitfalls of studying gambling behavior in a laboratory situation. In P. M. Ghezzi, C. A. Lyons, M. R. Dixon, & G. R. Wilson (Eds.), *Gambling: Behavior Theory, Research, and Application* (pp. 105-125). NV: Context Press.

Wedell, D. H. (2015). Multialternative choice models. In G. Keren, & G. Wu (Eds.), *The Wiley Blackwell Handbook of Judgment and Decision Making. Vol.2* (Kindle ver.) (pp. 117-140). Wiley-Blackwell.

Wedell, D. H., & Böckenholt, U. (1990). Moderation of preference reversals in the long run. *Journal of Experimental Psychology: Human Perception and Performance, 16*, 429-438.

Weiner, B., Heckhausen, H., Meyer, W. U., & Cook, R. E. (1972). Causal ascriptions and achievement behavior: A conceptual analysis of effort and reanalysis of locus of control. *Journal of Personality and Social Psychology, 21*, 239-248.

Weinhardt, J. M., Morse, B. J., Chimeli, J., & Fisher, J. (2012). An item response theory and factor analytic examination of two prominent maximizing tendency scales. *Judgment and Decision Making, 7*, 644-658.

Weinstein, N. D., Sandman, P. M., & Hallman, W. K. (1994). Testing a visual display to explain small probabilities. *Risk Analysis, 14*, 895-896.

Wiegman, O., Taal, E., van den Bogaard, J., & Gutteling, J. M. (1992). Protection motivation theory as predictors of behavioural intentions in three domains of risk management. In J. A. M. Winnubst, & S. Maes (Eds.), *Lifestyles, Stress and Health: New Developments in Health Psychology* (pp. 55-70). Leiden: DSWO Press.

Williams, B. A. (1988). Reinforcement, choice, and response strength. In R. C. Atkinson, R. J. Herrnstein, G. Lindzey, & R. D. Luce (Eds.), *Stevens' Handbook of Experimental Psychology, Vol. 2. Learning and Cognition* (2nd ed., pp. 167-244). New York: Wiley.

Williams, K. D. (1981). The effects of group cohesiveness on social loafing. *Paper presented at the annual meeting of the Midwestern Psychological Association,* Detroit.

Wilson, T. D., & Gilbert, D. (2003). Affective forecasting. *Advances in Experimental Social Psychology, 35*, 345-411.

Wilson, T. D., Gilbert, D., & Wheatley, T. (1998). Protecting our minds: The role of lay beliefs. In V. Yzerbyt, G. Lories, & B. Dardenne (Eds.), *Metacognition: Cognitive and Social Dimensions* (pp.171-201). Thousand Oaks, CA: Sage Publications.

Wilson, T. D., & Kraft, D. (1993). Why do I love thee? Effects of repeated introspections about a dating relationship on attitudes toward the relationship. *Personality and Social Psychology Bulletin, 19*, 409-418.

Wilson, T. D., & Nisbett, R. E. (1978). The accuracy of verbal reports about the effects of stimuli on evaluations and behavior. *Social Psychology, 41*, 118-131.

Wilson, T. D., & Schooler, J. W. (1991). Thinking too much: Introspection can reduce the quality of preferences and decisions. *Journal of Personality and Social Psychology, 60*, 181-192.

Wilson, T. D., Wheatley, T., Meyers, J., Gilbert, D. T., & Axsom, D. (2000). Focalism: A source of durability bias in affective forecasting. *Journal of Personality and Social Psychology, 78*, 821-836.

Windschitl, P. D., & Wells, G. (1998). The alternative-outcomes effect. *Journal of Personality and Social Psychology, 75*, 1411-1423.

Windschitl, P. D., & Young, M. E. (2001). The influence of alternative outcomes on gut-level perceptions of certainty. *Organizational Behavior and Human Decision Processes, 85*, 109-134.

Wingspread conference (1998). Wingspread Statement on the precautionary principle January 1998. In J. Tickner, C. Raffensperger, & J. P. Myers (Eds.), *The Precautionary Principle in Action: A Handbook.* p. 1. http://www.sehn.org/rtfdocs/handbook-rtf.rtf（2001年10月検索）

Winkielman, P., & Cacioppo, J. T. (2001). Mind at ease puts a smile on the face: Psychophysiological evidence that processing facilitation elicits positive affect. *Journal of Personality and Social Psychology, 81*, 989-1000.

Wolfe, C. R. (1995). Information seeking on Bayesian conditional probability problems: A fuzzy-trace theory account. *Journal of Behavioral Decision Making, 8*, 85-108.

Wolfers, J., & Zitzewitz, E. (2004). Prediction markets. *The Journal of Economic Perspectives, 18*, 107-126.

Wood, J. M., Nezworski, M. T., Lilienfeld, S. O., & Garb, H. N. (2003). *What's Wrong with the Rorschach.* Hoboken, NJ: Wiley. (ウッド, J. M. ほか（2006）. ロールシャッハテストはまちがっている―科学からの異議―. 宮崎謙一（訳）. 北大路書房.)

Woolverton, W. L., & Alling, K. (1999). Choice under concurrent VI schedules: Comparison of behavior maintained by cocaine or food. *Psychopharmacology, 141*, 47-56.

Wynne, C. D. L. (2004). Fair refusal by capuchin monkeys. *Nature, 428*, 140.

Yamada, A., Fukuda, H., Samejima, K., Kiyokawa, S., Ueda, K., Noba, S., & Wanikawa, A. (2014). The effect of an analytical appreciation of Colas on consumer beverage choice. *Food Quality and Preference, 34*, 1-4.

山岸俊男（1990）. 社会的ジレンマのしくみ. サイエンス社.

Zajonc, R. B. (1965). Social facilitation. *Science, 149*, 269-274.

Zajonc, R. B. (1968). Attitudinal effects of mere exposure. *Journal of Personality and Social Psychology, 9*, 1-27.

Zajonc, R. B. (1980). Feeling and thinking: Preferences need no inferences. *American Psychologist, 35*, 151-175.

Zajonc, R. B., Heingartner, A., & Herman, E. M. (1969). Social enhancement and impairment of performance in the cockroach. *Journal of Personality and Social Psychology, 13*, 83-92.

Zakay, D. (1985). Post-decisional confidence and conflict experienced in a choice process. *Acta Psychologica, 58*, 75-80.

Zeigarnik, B. (1935). On finished and unfinished tasks. In K. Lewin (Ed.), *A Dynamic Theory of Personality* (pp. 300-314). New York: McGraw-Hill.

〈執筆者紹介〉 → は執筆箇所（BOX は目次参照）

広田すみれ（ひろた すみれ）→ 第Ⅰ章，第Ⅱ章，第Ⅵ章（増田担当部分を除く）

1984年慶應義塾大学文学部卒。1993年慶應義塾大学大学院社会学研究科後期博士課程単位取得退学。博士（社会学）。現在、東京都市大学大学院環境情報学研究科教授。専攻は、社会心理学、意思決定論。主要業績に、「事故・災害生起確率の集団・時間表現によるリスク認知の違い」（社会心理学研究, 2015, *30*）、『読む統計学 使う統計学』［第 2 版］慶應義塾大学出版会（2013）、共訳『確率の出現』慶應義塾大学出版会（2013）、共著『リスクの社会心理学』有斐閣（2012）、共著『地震リスク評価とリスクコミュニケーション』日本建築学会（2011）、共著『朝倉心理学講座　意思決定と経済の心理学』朝倉書店（2009）など。

増田真也（ますだ しんや）→ 第Ⅲ章，Ⅰ—7，Ⅳ—1 ～ 2

1990年慶應義塾大学文学部卒。1995年慶應義塾大学大学院社会学研究科後期博士課程単位取得退学。博士（心理学）。現在、慶應義塾大学看護医療学部教授。専攻は、社会心理学、健康心理学。主要業績に、共著「Respondents with low motivation tend to choose middle category: Survey questions on happiness in Japan」（*Behaiviormetrica*, 2017, *44*）、共著「回答指示の非遵守と反応バイアスの関連」（心理学研究, 2016, *87*）、共著「調査の回答における中間選択—原因、影響とその対策—」（心理学評論, 2014, *57*）など。

坂上貴之（さかがみ たかゆき）→ Ⅱ—3，Ⅴ—2

1976年慶應義塾大学文学部卒。1984年慶應義塾大学大学院社会学研究科心理学専攻後期博士課程単位取得退学。文学博士。慶應義塾大学名誉教授。2023年3月逝去。専攻は、実験心理学（学習心理学・行動分析学）。主要業績に、共著『ゲームの面白さとは何だろうか』慶應義塾大学三田哲学会（2017）、共著『セルフ・コントロールの心理学—自己制御の基礎と教育・医療・矯正への応用—』北大路書房（2017）、共著『パフォーマンスがわかる12の理論』金剛出版（2017）、共著『食行動の科学—「食べる」を読み解く—』朝倉書店（2017）、共著『誠信心理学事典（新版）』誠信書房（2014）、共編『行動生物学辞典』東京化学同人（2013）など。

森　久美子（もり くみこ）→ Ⅳ—3

1989年大阪大学人間科学部卒。1996年名古屋大学大学院教育学研究科博士後期課程単位取得退学。博士（教育心理学）。現在、関西学院大学社会学部教授。専攻は社会心理学。主要業績に、共著『認知心理学ハンドブック』有斐閣（2013）、共著『朝倉心理学講座　意思決定と経済の心理学』朝倉書店（2009）、『社会的交換における協力生起過程』風間書房（2006）など。

山田　歩（やまだ あゆみ）→ Ⅳ—4 ～ 5，Ⅳ—7

2000年早稲田大学教育学部卒業。2002年大阪大学大学院人間科学研究科博士前期課程修了。2004年学習院大学大学院人文科学研究科心理学専攻博士後期課程退学。博士（心理学）。現在、滋賀県立大学人間文化学部准教授。専攻は、社会心理学、行動経済学。主要業績に、「Appreciating art verbally: Verbalization can make a work of art be both undeservedly loved and unjustly maligned」（*Journal of Experimental Social Psychology*, 2009, *45*）など。平成23年度日本心理学会優秀論文賞、第 7 回行動経済学会奨励賞、第31回全日本DM大賞金賞グランプリなど受賞。

井垣竹晴（いがき たけはる）→ Ⅳ—6，第Ⅶ章（坂本担当部分を除く）

1996年慶應義塾大学文学部卒。2002年慶應義塾大学大学院社会学研究科後期博士課程単位取得退学。博士（心理学）。現在、流通経済大学流通情報学部教授。専攻は、実験心理学。
主要業績に、「シングルケースデザインの現状と展望」（行動分析学研究，2015, *29*）、共著「Resistance to change in goldfish」（*Behavioural Processes*, 2004, *66*）、共著「変化抵抗をめぐる諸研究」（心理学評論，2003, *46*）など。

石井　拓（いしい たく）→ 第Ⅴ章（坂上担当部分を除く）

1998年慶應義塾大学文学部卒。2003年慶應義塾大学大学院社会学研究科後期博士課程単位取得退学。博士（心理学）。現在、和歌山県立医科大学医学部教養・医学教育大講座准教授。専攻は、実験心理学。
主要業績に、「動物のインターバル計時の理論と論点Ⅰ—静的特徴を中心として—」（心理学評論，2008, *51*）、共著「Reinforcement omission in concurrent fixed- interval and random interval schedules」（*Behavioural Processes*, 2007, 74）など。

坂本正裕（さかもと まさひろ）→ Ⅶ—6

1973年早稲田大学文学部卒。1979年早稲田大学大学院文学研究科心理学博士課程単位取得退学。医学博士。元東邦大学医学部統合生理学客員講師。専攻は、神経科学、コミュニケーション学。
主要業績に、共訳『アイゼンク教授の心理学ハンドブック』ナカニシヤ出版（2008）、共著『現代プレゼンテーション正攻法』ナカニシヤ出版（2004）、共著『コミュニケーション回避研究の歴史と現状』（心理学研究，1998, *68*）、共著「Functional properties of monkey caudate neurons」（*Journal of Neurophysiology*, 1989, *61*）など。

三田地真実（みたち まみ）→ BOX18

2002年米国オレゴン大学教育学部博士課程修了。Ph.D（教育学）。言語聴覚士。現在、教育ファシリテーション研究所主任研究員、星槎大学特任講師。専攻は、ファシリテーション論、応用行動分析学。
主要業績に、監訳『問題行動解決支援ハンドブック』金剛出版（2017）、編著『ファシリテーションで大学が変わる！』ナカニシヤ出版（2016）、『ファシリテーター行動指南書』ナカニシヤ出版（2013）、共著『子育てに活かすABAハンドブック—応用行動分析学の基礎からサポート・ネットワークづくりまで—』日本文化科学社（2009）など。

心理学が描くリスクの世界　第 3 版
──行動的意思決定入門

2002年 4 月20日　初版発行
2006年 5 月20日　改訂版第 1 刷発行
2014年 4 月 5 日　改訂版第 4 刷発行
2018年 1 月30日　第 3 版第 1 刷発行
2023年10月30日　第 3 版第 2 刷発行

編著者————広田すみれ・増田真也・坂上貴之
発行者————大野友寛
発行所————慶應義塾大学出版会株式会社
　　　　　　〒108-8346　東京都港区三田 2-19-30
　　　　　　TEL　〔編集部〕03-3451-0931
　　　　　　　　　〔営業部〕03-3451-3584〈ご注文〉
　　　　　　　　　　〃　　　03-3451-6926
　　　　　　FAX　〔営業部〕03-3451-3122
　　　　　　振替　00190-8-155497
　　　　　　https://www.keio-up.co.jp/
装　丁————桂川　潤
イラスト————おかじ伸
印刷・製本——中央精版印刷株式会社
カバー印刷——株式会社太平印刷社

慶應義塾大学出版会

心理学が描くリスクの世界 Advanced
——行動的意思決定の展開

増田真也・広田すみれ・坂上貴之編著　「リスクと意思決定」に関する心理学的知見の基礎知識を初めて解説した入門書、『心理学が描くリスクの世界』の姉妹編であり発展編。近年、興隆著しい行動経済学やリスクコミュニケーション等の「リスクと意思決定」の応用分野について、その基礎研究から最新事例までを幅広く紹介。また、「意思決定と生理」を詳述するほか、ナッジなど注目の話題を扱う14本のコラムも掲載。

定価 3,740 円（本体 3,400 円）

確率の出現

イアン・ハッキング著／広田すみれ・森元良太訳　イアン・ハッキングの出世作、待望の邦訳！　フーコーの考古学の手法を用い、確率の「出現」を1660年前後の10年間に起こった歴史的必然として、医学などとの関わりの深いその前史から鮮やかに描き出す。確率の本質に迫る好著。

定価 4,180 円（本体 3,800 円）

5人目の旅人たち
——「水曜どうでしょう」と藩士コミュニティの研究

広田すみれ著　HTBの「水曜どうでしょう」は、いかにして多くのファン（＝藩士）にとって"人生になくてはならないコンテンツ"にまでなったのか？　自らもファンである社会心理学者がこの番組が支持され続ける秘密に迫る。

定価 1,760 円（本体 1,600 円）